사역자 자녀 상담

사역자 자녀 상담

2007년 3월 24일 초판 1쇄 인쇄
2007년 3월 28일 초판 1쇄 발행

지은이 : 캐머런 리
옮긴이 : 이관직, 윤지선
펴낸이 : 장대윤

펴낸곳 : 도서출판 대서
서울 서초구 방배동 981-56
Tel 583-0612(Fax 겸용)
daiseo1216@hanmail.net

등록 제22-2411호
ISBN 978-89-958776-5-4 03230

PK: Helping Pastors' Kids Through Their Identity Crisis
Copyright©1992 by Cameron Lee
Zondervan Publishing House

Copyright ⓒ 2007 by Daiseo Publishing
책값은 뒤표지에 있습니다.

저작권법에 의하여 무단전재와 복제를 금합니다.
잘못된 책은 바꿔드립니다.

사역자 자녀 상담

캐머런 리 지음 | 이관직, 윤지선 옮김

도서
출판 대서

차 례

역자의 글 _ 7

감사의 글 _ 13

추천사 _ 14

저자 서문 _ 17

프롤로그 연극

제1장 · 도대체 나는 누구인가요? _ 25

1부 무대

제2장 · 유리집에서 성장하기 _ 51
제3장 · 사랑 안에서 진실을 말하는가? _ 99

CONTENTS

2부 대본

제4장 · 작은 반항아인가 아니면 작은 성자인가? _ 129
제5장 · 당신은 무엇을 기대했는가? _ 159

3부 연기자들

제6장 · 모든 피케이들이 똑같이 만들어지지 않는다 _ 197
제7장 · 목회자 부모와 그들의 경계선 _ 233
제8장 · 내부집단과 외부집단 _ 277
제9장 · 하늘 아래 성도들 _ 307

에필로그 요약

제10장 · 새로운 무대와 보다 나은 대본 _ 345

미주 _ 383

역자의 글

이 번역서가 출간된 지 만 6년의 세월이 흐른 지금 다시 세상에 빛을 보게 된 것에 대해서 하나님께 감사와 영광을 돌립니다. 『PK: 아버지가 목사지 나는 목사가 아닙니다』라는 제목을 달고 지금은 없어진 한국목회상담연구소의 이름으로 출간된 후에 초판을 끝으로 묻혀버려 아쉬운 마음이 있었습니다. 그런데 한국교회 목회자와 목회자의 자녀들, 미래의 목회자의 삶을 살게 될 신학생들, 그리고 교회에서 여러 형태로 리더십을 갖고 섬기는 선교사님들, 기관 목회자들, 전도사님들, 장로님들, 집사님들을 포함하는 사역자들과 그들의 자녀들을 위해 이렇게 『사역자 자녀 상담』이라는 새로운 이름을 갖고 개정판으로 출간하게 되어 매우 기쁩니다.

이 책의 장점 중의 하나는 가족치료의 통찰을 사역자들의 가정에 잘 접목하여 사역자의 자녀들을 개인적 차원에서 이해하기보다는 시스템적인 관점에서 이해하고 있다는 점입니다. 자녀들뿐만 아니라 사역자들 자신의 삶과 소명, 그리고 사역을 새롭게 이해하는 데 도전을 준다는 것도 장점입니다. 그리고 저자의 주관적인 생각을 펼치기보다는 여러 나라와 미국 전역에 있는 다양한 계층의 목회자 자녀들의 목소리를 연구 과정을 통하여 소개함으로써 신뢰감과 현실감을 갖게 해주는 것이 또 다른 장점입니다. 통계학적인 접근 대신에 연구 대상이 된 목회자 자녀들의 이야기들을 그대로 인용하면서 질적인 연구방법을 시도한 것도 구체적이며 실제적인 현장의 목소리를 담아내는 데 도움을 주고 있습니다. 또한 목회자 자녀들의 삶에 대해서 긍정적인 면과 부정적인 면을 균형 있게 묘사하려고 시도하였고 구체적인 제안과 대안책을 제시하고 있습니다. 무엇보다도 저자의 탁월한 분석력과 목양적인 마음이 책 속에 잘 녹아 있다는 점에서 읽는 모든 분들이 위로와 도전을 아울러 받게 될 것입니다.

이 책이 목회자 자녀들을 좀 더 깊이 이해하고 공감하며 구체적으로 도울 수 있는 책이 되기를 기대합니다. 이 책을 읽다 보면 목회자 자녀들뿐만 아니라 목회자인 부모에게도 자기 인식을 하는 데 도움을 주는 책임을 깨닫게 될 것입니다. 겉으로 보여지는 것과는 달리 적지 않은 역기능성을 갖고 있는 많은 한국교회 목회자들의 가정들을 이해하고 치유하는 데 조그만 밑거름이 되는 책이 되기를 소망합니다. 이미 한국교회 내에서 목회자 자녀들을 위한 수련회, 선교사 자녀들을 위한 수련회가 제공되고 있습니다. 역자는 이러한 모임을 바람직한 현상으로 생각하며 이 책이 수련회 커리큘럼 속에 포함되었으면 하는 바람을 갖고 있습니다. 그리고 미래의 목회자가 될 신학생들이 자신의 가정과 자녀들과 목회를 어떻게 균형 있게 섬길 수 있을지에 대해 구체적인 도움을 주는 교재로 사용될 수 있기를 기대합니다. 더 나아가 목회자들의 재교육과 제자훈련 과정에 현실적인 도움과 통찰을 주는 책이 될 수 있다고 생각합니다. 성도들에게는 이 책을 통하여 목회자 가정과 자녀들을 보다 현실적으로 이해하며 수용하는 데 도움을 얻을 수 있기를 기대합니다. 상담의 현장에서 목회자 자녀들과 가족들을 상담하게 되는 크리스천 상담사들에게는 이 책이 그들의 삶의 역동성을 깊이 있게 이해하는 데 도움이 되기를 바랍니다. 특히 가족치료적인 개념을 구체적으로 이해하는 데 많은 도움을 줄 것이라고 확신합니다.

 이 책을 읽으면서 독자들은 미국문화와 미국교회라는 환경에서 성장한 미국 목회자 자녀들이 경험하는 내적인 갈등과 심리적인 이슈들이 한국문화와 한국교회라는 환경에서 성장한 한국교회 목회자 자녀들이 경험하는 갈등이나 이슈들과 별반 다르지 않다는 점에서 놀라게 될 것입니다. 목회자 자녀들이 이 책을 읽는다면 읽으면서 마치 자신의 삶의 이야기를 하고 있는 것 같은 착각에 빠질 때가 있을 것입니다. 목사의 장남으로 성장한 역자 또한 여러 곳에서 동일시되는 이야기들을 읽으면서 공감했습니다. '자신의 삶을 이해할 수 있는 사람들이 어디 있을까' 라고 갈등하는 목회자 자녀들에게 이 책은 비슷한 경험을 하고 있는 사람들이 많이 있다는 것을 깨닫게 함으로써 용기와 격려를 줄 것입니다.
 더 나아가 이 책은 단지 목회자 가정에서 성장한 자녀들뿐 아니라 교회에서 주목을 받는 사역자들의 가정에서 자라나는 자녀들을 이해하고 도와주는데에도 도움을 줄 수 있을 것입니다. 책 제목을 『목회자 자녀 상담』이라고 하지 않고 『사역자 자녀 상담』이라고 붙인 이유도 여기에 있습니다. 이 책에서는 목회자와 사역자를 문맥에 따라 동의어로 사용하였음을 밝힙니다. 선교사 자녀들을 MK Missionarys' Kids라고 부르는데 엠케이는 또 다른 연구를 해볼 만한 가치가 있는 영역입니다. 그런 연구가 나올 때까지는 이 책이 선교사와 그들의 자녀들에게 도움이 되는 책이 되기를 기대합니다. 종종 교회 뜰 안에 거주하시는 교회 관리 집사의 자녀들 또한 경계선의 이슈와 비현실적인 기대감으로 갈등하며 성장합니다. 전도사, 장로, 권사, 안수 집사, 주일학교 교사, 성가대 지휘자나 반주자 등등 교회에서 주목을 받을 수 있는 입장에 있는 가정에서 자란 자녀들도 목회자 자녀들과 유사한 어려움을 겪습니다. 일반 사회에서는 대통령의 자녀, 유명 기업인 자녀, 교육자 자녀, 장교 자녀, 경찰 자녀 등 공인들에게서 비슷한 역동성의 어려움을 발견할 수 있습니다. 최소한 그들을 이해하고 또한 그들이 스스로 이해할 수 있도록 하는 데 이 책은 매우 유익한 책이 될 것이라고 확신합니다.

저자는 연극이라는 탁월한 메타포를 사용하여 목회자 자녀의 이슈들을 인식하며 대처하는 데 도움을 주고 있습니다. 연극이 상연되기 위해서는 무대와 배우와 대본이 필요한데, 교회와 가정이 무대이며, 피케이 PK, Pastors' Kids와 부모, 친구들과 교인들이 배우들이며, 대본은 부모의 기대와 교인들의 고정관념이 될 것입니다. 마지막 장에서 저자는 보다 나은 무대 설정과 새로운 대본을 제안하고 있습니다. 마지막 장을 읽어보면 개인주의 문화에 바탕을 둔 미국교회와 목회자 가정과 한국교회와 목회자 가정의 현실은 상당한 차이가 있음을 알게 될 것입니다. 미국 목회자 자녀들이 갖고 있는 생각들은 모두 성경적인 관점을 토대로 하고 있다기 보다는 개인주의 문화에 바탕을 두고 있는 미국 문화의 관점에서 이야기하는 부분들도 있음을 염두에 두고 책을 읽으면 도움이 될 것입니다. 미국의 피케이들은 한결같이 목회자의 삶에서 가정이 최우선순위에 놓여질 것을 요구하고 있습니다. 역자가 출석했던 미국교회들의 예를 보더라도 성탄예배나 신년예배 때 종종 담임목사님 가족이나 부목사님들 중의 일부 가족들이 휴가를 떠나는 경우가 있었습니다. 한국교회에서는 상상하기가 힘든 문화적 차이라고 생각됩니다. 따라서 이 책에서 피케이들이 제안하는 우선순위 문제는 경직된 경계선으로 우선순위를 정하기보다는 좀더 유연성 있는 균형이 필요하리라고 생각합니다. 이 우선순위 문제는 성경 전체의 정신에서 목회가 무엇이며, 목회자의 삶과 사명이 무엇이고, 목회자의 가족의 의미는 무엇인지 살펴보는 것이 필요하다고 생각합니다.

2000년판 번역서의 번역 작업에서 공동 역자로서 대부분의 역할을 감당했던 윤지선 사모는 피케이로 성장했고 총신대 대학원에서 기독교 상담학으로 석사학위를 받았습니다. 목회자와 결혼하여 피케이를 양육하고 있습니다. 현재는 남편과 함께 유학을 떠난 뒤로 소식이 끊어졌지만 이 책이 다시 세상에 빛을 보게 되었다는 소식을 듣는다면 매우 기뻐하리라 믿습니다. 미국 풀러신학교에 유학하여 지금은 미국인 남편과 가족 치료사로 활동하고 있는 박성심 전도사님은 초고를 다듬고 보다 나은 번역서가 되도록 최선의 노력을 기울여주었습니다. 그리고 당시 연구소 간사로서 수고하고 지금은 목회 상담학 전공으로 미국에서 유학 중인 유승혜, 유달석 전도사님도 초판이 나올 때 함께 수고해준 분들입니다. 서울여대 박사과정에서 상담학을 전공하고 있는 송욱 전도사님은 초판 원고를 읽고 문장을 다듬어주는 수고를 아끼지 않았습니다. 이 모든 분들에게 다시금 감사를 드립니다.

개정판을 내면서 원서를 한 문장씩 읽어가며 많은 부분들에서 문장의 표현을 다듬었습니다. 적지 않은 오역들을 찾아내어 수정하였습니다. 구어체로 쓰여진 내용들이 많아 번역하기가 쉽지 않았지만 독자 여러분이 읽는 과정에서 의미가 잘 전달되기를 희망합니다.

 이 책을 읽는 독자 여러분의 마음에 하나님의 평화가 임하시기를 기도드립니다.

2007년 1월 말
미국 켄터키 주 루이빌에서
역자 대표 이관직

감사의 글

 그 어떤 책도 고립된 상태에서 쓰여질 수 없습니다. 특히 이와 같은 책은 더욱 그렇습니다. 저는 많은 이야기와 의견으로 이 책을 채워준 수많은 목회자 자녀들에게 큰 사랑의 빚을 졌습니다. 따라서 이 책이 그들의 신뢰에 작은 보답이 되기를 바랍니다.
 이 계획이 열매 맺도록 다양한 방면에서 도와주신 여러 분들에게 감사를 전하고 싶습니다. 무엇보다도 편집인의 통찰력을 가지고 이 책을 출판위원회에 추천해 준 마이크 스미스와 호주에서 자료 수집에 큰 도움을 주었던 베일리 내외분과 그들의 아들인 나단과 브레들린, 미국 내에서 자료 수집을 도와준 마티 세이츠, 연구 조사를 수행하도록 휴가를 허락해 준 풀러신학교, 또 하나의 책을 저술하는 동안 인내와 사랑으로 지켜봐 준 나의 아내와 자녀들, 고맙게도 내가 탈고하기까지 자신들의 식탁을 마음껏 쓸 수 있도록 휴가를 연장해서 떠난 나의 이웃 레오 부부 내외, 그리고 마지막으로 편집인으로서의 자신의 역할에 끊임없는 열정과 탁월함을 보여준 짐 루악에게 감사를 표합니다.

추천사

작가가 좋은 글을 쓰기 위해서는 여러 사람들의 도움이 필요하다. 그 중에 편집자는 그 글을 보기 좋고 읽기 편하게 만드는 사람이다. 각각의 책에는 독특한 차이가 있는데 어떤 책들은 직업적인 이유에서 편집자들에게 특별한 의미로 다가오기도 한다. 그러나 내가 피케이라는 주제에 특별한 관심을 보인 것은 나의 개인적인 배경 때문이라 할 수 있을 것 같다. 그것은 바로 나 자신이 목회자 자녀라는 사실과 내가 오랫동안 이와 같은 책을 기다려왔기 때문이다.

나는 이 글을 쓰기 위해 캐머런 리가 만나고 관심을 기울였던 1백여 명의 피케이들 가운데 한 사람은 아니다. 그러나 나는 이 책의 각 장에서 내 자신을 발견할 수 있었다. 수년 전 나는 내 문제가 아닌 다른 사람의 문제로 고심하다가 내 과거와 화해하는 경험을 한 적이 있다. 그런데 나는 이 책을 읽어가면서 내가 어떻게 그런 화해의 경험을 할 수 있게 되었는지에 대해 많은 부분을 깨닫게 되었다. 캐머런 리는 사택에서 생활해야 하는 인간이 겪게 되는 복잡한 문제들의 베일을 벗기고 있다. 그는 '경계선'과 '사회 생태학'의 개념을 이용해 피케이의 인생을 독특하고 힘들게 만드는 목회자 가정과 교회에서 발생하는 문제들을 처리할 수 있는 도구를 제공해준다. 그는 이 글 속에서 교회생활을 연극이 공연되는 무대로 표현하며 피케이들을 원치 않는 배역을 맡아 그 무대 위에 선 연기자로 표현하고 있다. 그가 사용한 연극이라는 메타포는 매우 교훈적이고 통찰을 주는 것이라고 할 수 있다.

물론 목회자 자녀들뿐 아니라 저명인사들과 정치가들, 임상 심리학자들의 자녀들과 같이 '유리집'에서 성장해 가는 사람들이 있는 것도 사실이다. 이들도 이 책 속에서 자신들의 일부 모습을 발견하고 통찰하게 될 수도 있을 것이다. 그러나 목회자 자녀들이 처해있는 종교적인 장(場)은 그들에게 과중한 도덕성과 영성을 요구하기 때문에 그들의 문제는 다른 저명인사들의 자녀들의 문제보다 더욱 복잡한 경향이 있다.

이 책이 피케이로서 얻게 되는 특권보다 피케이이기 때문에 겪게 되는 고통에 대해 훨씬 많이 다루고 있는 것은 어쩌면 당연한 일일지도 모른다. 피케이로서 겪게 되는 고통은 빨리 다루어야만 할 것 같은 조급함을 불러일으키며 이해하기도 한층 어렵다. 예수님은 "건강한 자에게는 의원이 쓸 데 없고 병든 자에게 라야 쓸 데 있느니라"라고 말씀하셨다.

여기까지 성장해온 나의 지난날을 뒤돌아보면 내게는 피케이이기 때문에 참아야했던 고통보다는 피케이로서 누렸던 특권들이 훨씬 더 많았던 것 같다. 물론 내가 겪은 고통은 이 책에 나오는 울분을 터뜨리며 이야기할 수밖에 없는 많은 목회자 자녀들의 고통에는 비할 바가 못되지만 말이다. 근본주의자들 속에서 성장한 나의 경험이 예외적인 것은 아닐까 하고 우려되기도 한다. 나는 사실 우리 부모님이 가족의 프라이버시와 적절한 경계선을 유지하기 위해 다른 목회자 가정들보다 더 많이 노력했다는 사실을 알고 있다.

목회자 자녀들이 드러내는 사회적이고 생태학적인 여러 결함들을 시시한 한 개인의 역사로만 치부할 것이 아니라 당면한 현대의 문제로 이해하는 것이 중요하다. 지난 삼십여 년 이상 많은 교회들이 교회 안에서의 관계성의 필요성에 대한 인식을 확대해왔음에도 불구하고 오늘날까지 많은 피케이들은 홀로 고통과 씨름하고 있다. 이 책에서 자신들의 의견을 피력해준 피케이들 가운데에는 현재에도 목회자 부모와 함께 살고 있는 청소년들이 많이 포함되어 있다. 그러므로 우리는 그들에게 잠재되어 있는 심리적인 고통이 충분히 경감되지 않았다고 결론지어야 한다. 지금도 여전히 피케이들에 대한 필요들이 많이 있다.

지금도 상처를 받고 있는 목회자 자녀들에게 이 책은 공감 어린 이해를 통해서 치유의 메시지를 제시할 것이다. 목회자 부모들에게 리 박사는 사택에서의 가족의 삶을 풍성하게 해줄 유익한 여러 방법들을 지적해 줄 것이다. 그리고 이 책은 교인들과 그 외의 독자들에게 그리스도의 몸이 점차 본래 목적을 회복해 가는 데 도움이 되도록 교회생활의 매우 중요한 대안을 제시해줄 것이다.

『사역자 자녀 상담』은 괜찮은 책이다. 그리고 피케이들 역시 괜찮은 사람들이다.

짐 루악

저자 서문

주일 아침이다. 당신은 친구의 권유로 오늘 처음 교회에 나가기로 했다. 그래서 지금 그 친구를 교회 앞에서 기다리고 있다. 몇 분 후 당신은 친구가 오는 것을 보았고 함께 예배당 안으로 들어가기 위해 로비를 지나고 있다. 당신의 친구는 중고등부 학생들과 이야기하며 웃고 있는 한 여학생에게 살짝 인사를 했다. 그리고 나서 그 친구는 당신에게 "그 여자애 봤니?"라고 묻는다. "그 애가 우리 교회 목사님 딸이야."

순간적으로 마음속에 있던 여러 가지 생각들이 움직이기 시작한다. 당신은 그 교회 목회자의 딸이 어떻게 생겼으리라고 기대했었나? 당신은 그녀가 어떻게 행동하리라고 기대하는가? 당신은 그녀가 어떤 부류의 사람일 것이라고 생각하는가? 만일 그녀가 딸이 아닌 아들이었다면 생각에 어떤 차이가 있었을까?

일반적으로 '목회자 자녀Pastors' Kids', '목사 자녀preachers' kids', 혹은 '피케이PK'로 불리는 사역자의 자녀들은 일반인들이 자신(피케이들)의 행동과 성격에 대해서 공통적인 기대를 갖고 있다고 말할 것이다. 종종 주위 사람들의 기대가 상당히 적은 경우에는 목회자 자녀들은 교인들의 그러한 기대를 상당히 즐겁게 수용할 수도 있다. 그러나 다른 경우에는 그 기대들이 너무나 분명해서 피케이들은 다른 사람들이 자신들과 관계하는 방식이 자신의 실제 모습보다는 피케이라는 이미지나 고정관념들, 혹은 왜곡된 이해에 기초하고 있다고 생각하기도 한다. 이런 상황에서 어떤 피케이들은 의도적으로 고정관념들을 깨고 다른 사람들의 기대와는 '정반대'의 모습으로 행동한다. 또 다른 피케이들은 '그 배역에 맞는 행동'을 습득하고 공식적인 모임에서 그들에게 요구되는 표정을 짓는 데 능숙하게 될 수도 있다.

과연 이런 기대들은 어디에서 파생되는 것이며 피케이의 인생에서 얼마나 중요한 위치를 차지하고 있는가? 이것은 매우 복잡한 문제이며 현재까지 출간된 책 중에 도움이 되는 것은 거의 없다시피 한 실정이다. 1989년에 풀러신학교 심리학대학원의 동료 교수인 잭 볼스윅Jack Balswick과 나는 *Life in a Glass House*를 저술했다. 목회자 가족들의 사회적 세계와 정서적 세계에 대한 이 고찰은 실제 리서치에 기초하였다. 나는 그 책의 한 장에서만 전적으로 사역자 자녀들의 문제들을 다루었다. 문헌 연구를 하면서 목회자 자녀들에 관한 실질적인 연구조사가 거의 이뤄지지 않았다는 사실을 발견하게 되었다. 게다가 산재해 있는 소수의 참고 서적의 대부분이 목회자로서 얻게 되는 이점에 관해 부모들이 직접 서술하고 있기 때문에 피케이들의 삶에 대해서는 단편적으로 기록되어 있었다. 그리고 체계적인 연구조사가 거의 이뤄지지 않았다. 팽배해 있는 피케이들에 대한 고정관념들과 그것들이 사역자의 가정에 미치는 영향력을 고려해볼 때 이 주제에 대한 연구 내용이 거의 없다는 사실에 놀랄 따름이다.

따라서 이 책은 정식 리서치에 필요한 자료들을 채우기 위한 초기 작업이라고 말할 수 있다. 이 책은 1백 명 이상의 피케이들과의 실제 설문지, 면접, 그리고 편지 중에서 발췌한 내용을 통해 피케이들의 삶이 어떠한지를 드러내려고 했다. 이들은 다른 사람이 피케이라는 사실이 무엇을 의미하는지를 이해할 수 있도록 돕기 위하여 그들 자신의 사생활을 솔직하게 개방해주었다. 이들은 미국, 호주 등 각기 다른 나라의 30여 개 이상의 주(州)에서 유년기를 보낸 경험을 가진 이들이다. 이들은 십대 초반부터 오십대 중반까지 연령층이 매우 다양하다. 이들의 부모는 아주 작은 시골교회에서부터 도시의 대형교회에 이르기까지 20여 개 이상의 교단에서 사역하는 목회자들이다. 피케이들 중에는 목회를 하고 있는 이들도 있었다. 필요한 부분에서 그들의 응답 내용과 연결되는 여러 소논문들과 자서전들을 포함하는 다른 출처에서 수집한 이야기들로 보완하였다.

*Life in a Glass House*와 마찬가지로 이 책에서 언급된 사역자들은 모두 남성으로 전제되었다: 왜냐하면 부모님 모두 안수를 받은 한 두 사람의 피케이를 제외하고 이 연구에 참여한 피케이들은 실제로 아버지가 사역자인 가정의 출신들이기 때문이다. 아마도 앞으로 이루어질 연구에서는 어머니가 목사 안수를 받은 경우 피케이들에게 어떤 차이점이 발생하는 지를 다루어야 할 것이다.

피케이들이 응답한 이야기들 중에는 많은 유사점이 있을 뿐만 아니라 차이점들도 많다. 이 책의 한 가지 주요 목적은 간단한 논점을 전달하는 데 있다. 만일 당신이 피케이들이 어떻게 살아가는가를 진심으로 이해하고자 한다면 극도로 단순화된 고정관념들은 별 의미가 없다. 따라서 나는 *Life in a Glass House*에서 시도했던 '생태학적'인 접근을 고수할 것이다. 간단히 말해서 사회 생태학적인 접근이란 개인과 그의 행동은 개인이 자신의 사회 환경과 상호작용하는 방식의 관점에서 이해되어야 하며 그러한 실제 삶의 환경과 동떨어져서는 충분히 이해될 수 없다고 보는 접근이다. 이것은 피케이들을 단순히 개인으로만 이해할 수 없다는 뜻이다. 오히려 그들은 가족 안에서 성장하며 이 가족은 교회와 밀접한 관계를 맺고 있다. 피케이는 자신의 선천적인 특징과 자질뿐 아니라 자신의 가족과 그들이 섬기는 교인들의 성격에 따라서 영향을 받으며 성장한다. 행복한 유년기를 거친 한 피케이를 데려다가 낯선 교회에 옮겨놓으면 전반적인 상황이 훨씬 좋지 않게 변할 수 있다. 또한 현재 불행한 상황에 처해있는 또 다른 피케이를 데려다가 그와 부모와의 대화 방식에 변화를 준다면 그 상황은 밝아질 수 있다. 어린시절을 잘 견뎌온 것처럼 보이는 또 다른 피케이는 청소년기에 이르러서 상당한 폭풍을 일으킬 수도 있다.

나는 이 책에 쓰여있는 사례들의 주인공인 피케이들의 비밀보장을 위해 상당한 노력을 기울였다. 내가 인터뷰했던 피케이들 중에는 마지못해 협조하는 이들도 있었다. 왜냐하면 그들은 내가 누구인지를 잘 몰랐기 때문이며 그들이 살아온 경험을 통해서 다른 사람을 신뢰할 때에는 주의를 기울여야 한다는 사실을 터득하고 있었기 때문이다. 그들과의 신뢰를 지키기 위해서 나는 이름, 장소, 시간, 부모님의 특성에 대한 언급을 변경하거나 삭제하였다. 어떤 사례들은 이야기들을 합치기도 하고 또 다른 사례들은 한 이야기를 분리하기도 했다. 그러나 모든 사례에서 나는 피케이들이 말하고자 했던 이야기들을 가능한 한 사실대로 기록하려고 노력하였다.

당신은 사역의 길에 들어설 계획을 하고 있는가? 아직 자녀는 없지만 이미 사역의 길에 들어서 있는가? 나는 이 책이 당신의 자녀가 직면하게 될지도 모르는 일들을 예견하는 데 도움이 되길 바란다. 만약 당신이 사역을 감당하고 있으며 이미 자녀를 양육하고 있다면 나는 여기에 제시된 이야기들이 자녀들과의 관계에 도움이 되길 바란다. 허황된 꿈이나 개인적인 기대는 하지 않는 것이 좋다. 훌륭한 양육 기술은 목사 안수를 받는다고 해서 자동적으로 주어지는 것이 아니기 때문이다. 사역자인 당신 역시 자녀 양육을 위해서 다른 사람과 비슷한 정서적인 대가를 지불해야 한다. 만일 당신과 자녀들 사이에 갈등이 있다면 여기에서 이야기하고 있는 피케이들과 당신 사이에 공감의 다리를 놓아 보라.

혹시 당신이 교회에서 봉사하는 교인이라면 목회자 가족들의 삶에 스트레스를 줄이고 피케이들의 경험을 한층 가치 있게 하는 데 당신이 할 수 있는 일이 무엇인지를 물어 보라. 당신은 지금 목회자나 그들의 가족들을 가르치거나 그들과 함께 사역하고 있는 사람인가? 아마도 당신은 교실이나 상담실에서 많은 피케이들을 만날 수 있을 것이다. 이 책에서 당신은 피케이들이 성장기에 겪는 고투와 극복의 내용을 일부지만 파악하게 될 것이다.

그러나 무엇보다도 나는 이 책을 피케이들을 위해서 썼다. 당신은 피케이인가? 만일 당신이 피케이로서 긍정적인 경험을 가진 성장기를 보냈다면 이 책을 통해 당신의 성장기에 대해 감사해할 수 있기를 바란다. 그리고 그다지 행복하지 못했던 경험을 가진 피케이들을 이해할 수 있기를 바란다. 만일 유리집에서 지낸 당신의 성장기가 부정적인 경험으로 얼룩졌다면 나는 이 책을 통해 당신이 어느 정도의 치유, 즉 최소한 당신은 혼자가 아니라는 사실을 알게 되기를 기도한다. 자신들의 삶을 나와 함께 나누기 위해서 시간을 들이고 위험을 무릅쓰며 이야기해준 모든 피케이들에게 감사한다. 그리고 이 책을 그들에게 바친다.

캐머런 리

프롤로그 **연극**

제1장 · 도대체 나는 누구인가요?

… 사역자 자녀 상담
Counseling for Pastors' Kids

제1장

도대체 나는 누구인가요?

 소위 피케이PK라고 불리는 '목회자 자녀'는 누구인가? 이 질문은 수많은 피케이들이 자신에게 반문하는 질문이기도 하다: "나는 누구인가?"
 목회자의 자녀는 복합적인 사회 속에서 살아가고 있다. 성장기 동안 그들은 교회라는 보다 큰 확대가족 속에서 살아가게 된다. 그 생활은 종교적인 기대감과 개인적인 기대감이 어우러져 있는 노출된 삶이기도 하다. 오늘날을 사는 많은 청소년들이 '자기를 발견'하는 데 어려움을 겪고 있다면 이 문제는 목회자 자녀들에게는 훨씬 더 심각할 수 있다. 한편으로 목회자 자녀들은 교인들의 지지 속에서 확고한 비전과 안정된 사회적 환경을 제공받는다. 그러나 다른 한편으로 역기능 가정들처럼 교회들은 자주 변덕스럽고 자기 모순적으로 행동한다. 이와 같은 경우에 자기 정체성을 추구하는 피케이들은 많은 어려움을 겪게 된다.
 많은 피케이들은 유년시절에 행복하게 가정생활을 했다고 추억하며 또한 그 중의 일부는 부모가 섬겼던 교회에 대해서도 비슷한 감정을 갖는다. 그들은 자신의 유년시절이 '지루하리' 만큼 정상적이었다고 생각한다. 그러나 이와 같은 긍정적인 경험을 한 많은 피케이들은 그들이 알고 지내는 다른 피케이 친구들이 갖고 있는 피케이에 대한 고정관념에 대해 듣게 되면, 자신과 같이 긍정적인 경험을 할 수 있었던 피케이들이 많지 않다는 사실을 깨닫게 된다. 몇몇 피케이들은 교회에 대해 매우 신랄하게 비판하거나 분노하고, 또 가끔씩은 아주 노골적으로 교회에 대한 양가감정을 표현한다. 예를 들면 내가 한 목회자의 딸에게 유년기를 행복하게 보낸 목사의 자녀들도 주변에는 많이 있다고 말했을 때, 그녀는 자신의 생각을 굽히지 않은 채 "그들은 무엇인가를 부인하고 있겠지요"라고 대답하였다. 극단적인 경우 어떤 피케이들은 완전히 교회를 떠나거나 뉴에이지 그룹과 같은 단체에 소속하기도 한다.

이 책을 쓴 목적은 목회자의 가정에서 성장한 것이 좋다거나 나쁘다는 것을 이야기하려는 데 있지 않다. 나는 고통스런 경험을 갖고 있는 사람들에게 보다 많은 관심이 있으며, 그들의 긍정적인 면을 부각시키기보다 부정적인 면들을 이해하며 치유하려는 데 더 초점을 맞추려고 한다. 아무튼 '좋다' 혹은 '나쁘다' 라고 일반화시키는 것은 피케이냐 피케이가 아니냐와 관계없이 어떤 사람의 유년기를 형성하는 수많은 요인들을 무시하는 것이 된다. 따라서 나는 목회자 자녀들의 삶의 질이 그들과 그들이 처해 있는 사회 환경과의 상호작용을 통해 어떻게 결정되는지 올바로 판단해보기 위해 사회생태학의 관점을 통하여 그들을 살피려고 한다. 목회자의 가족은 대부분 다른 전문인들의 가족들보다 '외부의' 사회 환경과 그 가정의 사적인 삶 사이의 경계선이 모호한 경우가 많다.

목회자의 가정들도 각 가정에 따라 차이가 있음에도 불구하고 어느 정도의 고정관념은 언제나 존재하며 별 생각 없이 자신들에게 적용하기도 한다. 분명히 피케이들은 자주 그들이 무엇인가 '독특하다고' 느끼며 다른 아이들과는 무엇인가 다르다고 느낀다. 어떤 목사의 딸이 나에게 말해 주었던 것처럼 어떤 피케이들은 자신이 다른 사람들과 다르다는 것을 매우 싫어한다: "나는 우리가 평범한 사람이 아니라는 사실을 경멸했어요. 피케이라면 누구나 이런 경험을 할 거라고 생각해요."

이같은 고정관념들이 어디에서부터 유래되었는지를 질문하는 것은 '닭이 먼저냐 달걀이 먼저냐'를 묻는 것과 같다. 그러나 확실한 것은 이와 같은 고정관념들을 유지시키는 것은 바로 사회적 환경이라는 것이다. 보통 변호사나 교사, 회계사, 배관공 혹은 다른 어떤 직업을 가진 사람들의 자녀들이 이런 지속적인 기대감을 받고 있다는 사실을 찾아보기란 쉬운 일이 아니다. 다른 가정의 경우 일반적으로 부모의 직업이란 자녀들의 삶에 단지 미약한 영향을 끼치는 것으로 받아들여진다. 그러나 '피케이'라는 용어가 존재하는 것 그 자체가 의미하듯이 목회자의 자녀들은 무엇인가 다를 것이라는 고정관념이 만들어낸 기대가 분명 존재한다.

직업상의 위험들

부모가 목회자라는 것이 왜 문제가 되는가? 정신과 의사의 자녀들에 관해 저술하였던 토머스 매더Thomas Maeder는 이 문제에 대한 실마리를 우리에게 제공한다. 그는 직업과 가정을 분리시켜야 하는 법칙이 모든 가정에 적용되는 것은 아니라는 점을 관찰하였다. 이와 같은 법칙을 가장 두드러지게 드러내는 예가 있다면 그것은 목사와 심리치료사들이라고

그는 지적한다:

> 종교와 심리치료는 단순히 직업이 아니다 …… 귀가할 때 쉽게 일을 정리하고 돌아갈 수 있는 직종이 아니다. 둘 다 사람들의 매일의 삶과 사회적인 상호교류에 깊은 관심을 갖는 철학적인 시스템들이다. 그리고 사람들은 두 직종에 종사하는 사람들에게 어느 수준까지는 그들이 믿는 원리를 그들의 실제 삶에서 드러내 줄 것을 기대한다. 그들의 직업은 그들의 정체성과 분리할 수 없는 것이 되며 또한 그들 가정의 정체성의 일부가 되는 것이다.[1]

많은 사람들은 목회자가 도덕적인 모범이 될 것이라고 기대한다. 교인들은 삶의 모든 영역에서 안내와 지도를 기대하며 목회자를 찾아간다. 이 부분에 대해 목회자들과 피케이들이 어떤 동일한 반응을 나타내는지는 나중에 언급하겠지만, 일부 교인들은 목회자로부터 축복의 말을 듣지 않고서는 교회 일과 때때로 개인적인 일에 있어서 일상적인 결정들조차 내릴 수 없는 듯하다. 그런데 만약 목회자의 가정이 원만하지 못하다면 어떻게 될 것인가? 교인들이 목회자의 가정생활을 지켜보는(혹은 가정생활에 대해서 알고 있다고 생각하는) 것은 그들을 영적으로 지도하는 목회자에 대한 이상적인 이미지를 쉽게 손상시킬 수 있다. 또한 그들이 보는 것에는 목회자 자녀의 행동도 포함된다.

정체성에 대한 매더의 언급은 특히 중요하다. 목사나 그의 배우자가 목회생활이 요구하는 여러 기대에 직면하는 것은 그래도 이해할 만하다. 왜냐하면 그들은 성인이기 때문이다. 그래도 목회는 그들 스스로의 선택이며 어느 정도까지는 그들의 정체성의 일부와 이미 일치되어 있기 때문이다. 하지만 그들 자녀의 경우는 그렇지 못하다. 왜냐하면 그들은 부모가 선택한 환경 속에서 태어났기 때문에 그 점에 있어서 선택의 여지가 없기 때문이다. 그들의 정체성 추구는 그들이 진정으로 자신의 정체성을 발견할 수 있는 기회를 갖기도 전에 이루어진다. 그리고 그 정체성은 어떤 사람이 될 것이며 혹은 되어야 할 것인지를 이미 결정해 놓은 교인들 틈바구니에서 이루어진다. 그 자신이 목회생활을 계속 해야 할지 그만두어야 할지를 갈등하고 있던 한 성인 피케이는 다음과 같이 이야기한다: "내 자신이 알고 있는 나의 정체성과 한 인간으로서 내가 원하는 정체성 그리고 교회가 나에게 기대하는 모습 사이에는 차이가 있었습니다."

나는 정신과 의사의 자녀들과 피케이들 사이에는 중요한 차이점들이 있다고 확신한다. 첫째, 많은 피케이들은 유년시절에 자주 이사를 경험하였기 때문에 "고향이 어디냐?"라고 묻는 질문에 대답하기가 쉽지 않다. 한 전도자의 아들은 유아원 시절에만도 자신은 1십여 개가 넘는 도시를 이사 다니며 살았다고 말하였다. 어떤 피케이는 10년 동안에 열두 번 이상이나 주소를 바꾸어야 했고 한 곳에서 4년 이상을 살아본 적이 없었노라고 대답하였다. 한 아이의 삶에 있어 중요한 시기에 이처럼 자주 이사하는 것은 정상적인 우정을 형성하고 유지하는 것을 어렵게 만들 수 있다. 또한 그로 인하여 피케이들은 가족에게 점점 더 의존하게 된다.

두 번째 차이점은 보다 중요한 것이다. 목회자의 자녀들은 정신과 의사의 자녀들보다 더 많이 남들의 주목을 받는다. 매더가 언급하고 있듯이 예외는 존재하지만 정신치료가 갖고 있는 직업상의 경계선은 호기심 많은 환자들이 쉽게 정신과 의사의 자녀의 삶을 침범하지 못하게 한다. 그러나 피케이들의 경우는 그렇지 못하다. 특히 교회 뜰 안이나 사택에서 사는 경우는 더더욱 그러하다. 이들은 수천 명의 흠모하는 팬들에게 공적인 소유물이 된 방송 저명인사의 자녀들의 삶에 더욱 가깝다. 물론 교인들의 숫자가 수천 명에 달하는 경우가 많지 않겠지만 무대에 올려진 듯한 느낌과 어느 집단에 의해 '소유' 당하는 듯한 느낌은 거의 동일하다.

저명인사인 부모는 그들의 명성을 자청했지만 그들의 자녀들은 그렇지 않다. 어른들은 팬들의 침입에 대응하는 방법들을 알 수도 있지만 자녀들은 이 문제점에 대하여 도움이 필요하다. 캐시 크론카이트Kathy Cronkite는 텔레비전 시사평론가인 월터 크론카이트Walter Cronkite의 딸로서의 자신의 삶에 대해 기술한 글에서 격렬한 어조로 다음과 같이 표현한다:

> 월터 크론카이트의 딸이 된다는 것은 과연 무엇을 의미하는가? 유년시절부터 나는 이런 질문들에 대답하기가 힘들었다. 그리고 이런 질문들은 사람들이 내게 던지는 가장 보편적인 질문이었으며 나를 성가시게 하는 것이기도 했다 …… 나는 이와 관계된 다른 질문들을 들어왔고 또한 사람들이 이 질문들을 묻기도 전에 대답할 수 있게 되었다. 질문들은 크게 두 종류로 나뉘어졌다. 하나는 나의 삶이 얼마나 독특하고 특별한 것일까 하는 호기심이고, 다른 하나는 나를 통해서 유명인 아버지를 좀 더 알고 싶은 시도였다 …… 나는 두 유형의 질문 모두 나 개인과는 아무런 상관이 없는 것임을 알고 있다. 첫 번째 유형의 질문을 듣고 있노라면 나는 병 속에 든 애벌레처럼 느껴졌고 두 번째 유형의 질문을 받으면 나 자신의 생각이나 정체성이 고려되지 않은 아버지의 대변인인 것처럼 느껴졌다.[2]

그녀는 흠모하는 대중의 호기심으로 에워싸인 유년시절을 보냈던 것이다. 아무튼 그녀가 금방 알아차릴 수 있었던 것은 그 질문들에는 그녀의 대답을 듣고자 하는 진정한 의도가 없으며 단지 흠모의 대상에 좀 더 가까이 접근해 보고자 하는 팬들의 바람만 담고 있었다는 사실이었다.

목회자 자녀들도 비슷한 경험을 토로한다. 한 목사의 아들은 호기심 어린 눈빛으로 "너의 아빠와의 생활은 어떠니?"라고 수없이 묻던 교인들에 대하여 이야기하였다. 개인적으로 그는 자신의 아버지가 '하나님 나라 일에만 관심이 있고 땅의 일에 대해서는 실패한 분'이라고 생각하고 있었다. 그러나 적당하게 대답을 얼버무리려고 하기도 전에 교인들은 성급하게 "틀림없이 멋진 분이겠지"라고 말을 잇곤 했다고 말했다. 교인들로부터 이런 반응을 들을 때마다 그 아이는 교인들이 고의적이지는 않지만 진심으로 대답을 듣고자 했던 것이 결코 아니라는 느낌이 들었다고 이야기했다. 그는 그가 느끼고 있는 것을 이야기할 수 있는 기회가 주어지지 않는 것에 대하여 좌절감을 느꼈다. 이와 같은 대화는 아무도 그에 대하여 진심으로 알고 싶어하는 것이 아니라고 느끼게 하는 또 하나의 사례가 될 뿐이었다. 초점은 언제나 사람들의 우상인 스타에게 머물렀고 그 아들은 단지 엑스트라처럼 느낄 수밖에 없었다. 이것은 피케이들과 유명인사의 자녀 모두에게 중요한 이슈를 제기한다. 즉 자기 정체성을 추구하는 것과 관련된 것이다. 캐시 크론카이트는 다시 다음과 같이 쓰고 있다:

> 호의라는 이름으로 다가오지만 정작 본인들에게는 관심이 없는 팬들의 무신경은 유명인사의 자녀에게 가장 파괴적인 영향력을 끼친다. 그런 무신경은 우리가 갖고 살아야할 정체성과 혼합되어 서로 분리되지 않는 상태가 되며 정체성의 결여가 반복적이게끔 한다.[3]

그러나 팬들의 이런 흠모는 단편적인 모습일 수 있다. 우리는 유명인사들에 대한 기사내용을 통해 자기가 좋아했던 사람에 대해 실망하거나 환멸을 느낀 팬들이 얼마나 철저하게 사악해질 수 있는지 알 수 있다. 피케이들도 동일한 종류의 사악함을 경험할 수도 있다:

* 당신이 행하는 모든 것은 대중에게 노출되어 있습니다. 만약 어떤 이가 나에게 목회자의 자녀가 되는 것이 어떤 것과 같으냐고 물어본다면 나는 유명인사가 되는 것과 같다고 말하고 싶습니다. 목회자 자녀들은 대중에게 공개되어 있고 또한 기대를 받고 있습니다. 그리고 그 기대들을 만족시키지 못할 때 비판을 받으며 《Inquirer》(역자주: 미국의 대중잡지명)에 오르내리거나 교인들의 수군거리는 입에 오르내리게 됩니다.

다른 피케이들은 교인들의 섬뜩한 호기심을 증오하기까지 한다: "사람들은 더러운 것을 원합니다. 만약 당신이 우리 교인들을 위하여 타블로이드판 신문을 발행한다면 날개 돋친 듯이 팔릴 겁니다."

정체성의 문제점

피케이들에게 있어서 정체성의 문제는 아주 중요한 것이다. 그들의 부모는 전국적이지는 않더라도 지역적인 유명인사이다. 더구나 그들의 명성에는 그 직종에 부합하는 도덕적인 기대감이 아울러 존재한다. 어린 자녀들은 보통 부모가 특별하고 실제보다 위대하다고 믿을 만큼 반복적으로 감명을 받을 수도 있다. 대부분의 아이들은 이와 같은 느낌들을 갖고 인생을 시작하지만 자라면서 부모에 대한 그들의 인식은 보다 현실적이며 보다 덜 이상화된다. 그러나 만약 다른 사람들이 계속해서 그들의 부모를 이상화해서 본다면 어떻게 될까? 그리고 그들의 부모 역시 이와 같은 식으로 비추어지기를 원할 때는 어떻게 될까? 만약 아빠와 엄마에 대하여 보다 현실적으로 인식할 기회를 주지 않는다면 자녀들은 스스로 현실적인 정체성을 확립하는 데 어려움을 겪게 될 것이다.

지금까지 나는 이 글에서 '정체성'이라는 용어를 다소 가볍게 사용하였다. 참으로 이 용어는 정의하기가 어렵다. 그것은 내면적인 일관성과 관계 있다. 또한 과거와 현재 사이의 연속성과 관계 있다. 그것은 "나는 누구인가?"라는 질문에 대한 하나의 답변이기도 하다. 여기서 '나'는 단지 나의 사적인 자기를 의미할 뿐만 아니라 이 자기-개념을 지지하거나 혹은 도전하는 타인들과의 관계 속에 있는 '나'를 포함하는 것이다.

수십 년 전 '정체성 위기'라는 용어는 전체 청소년 세대의 표어가 된 적이 있으며 그 용어는 후에 청소년 심리학의 주제가 되었다. 그 용어를 보편화시킨 정신분석학자 에릭 에릭슨Erik Erikson은 정체성 형성을 청소년기 발달단계의 핵심적인 과제로 간주하였다.[4] 실제로 에릭슨은 매우 격정적이기도 한 청소년 시기를 유년시절에서 성인의 삶으로 변환하기 위해 반드시 거쳐야 하는 중간 단계이자 중요한 단계로 보았다. 청소년들은 자신들의 유년기의 다양한 경험들을 이해하고 그것들을 일관성 있는 자기정체감이라는 우산 아래에 하나의 의미 있는 전체로 통합하여 가져다 놓으려고 애쓴다. 에릭슨은 다음과 같이 표현한다:

이 단계에서 성취해야 할 정체성을 나는 내적 정체감이라고 불러왔다. 젊은이는 그가 오랜 유년시절 동안 형성하였던 것과 그가 미래에 어떻게 될 것이라고 약속하는 것 사이에서, 그리고 그 자신이 어떤 사람이라고 생각하는 것과 그를 바라보고 그에게 기대를 갖고 있는 타인들을 인식하는 것 사이에서 점차적인 연속감을 느껴야만 한다.[5]

에릭슨이 명명한 것처럼 인간은 공통적으로 '자아-통합'을 지향하는 욕동drive을 갖고 있다. 그것은 경험을 정돈하며 삶의 역사에 의미와 일관성을 부여해 주는 자기-개념을 향한 끊임없는 추구이자 근본적인 원동력이다. 청소년기는 직업과 배우자를 선택하는 성인기의 중요한 시기에 그 진가를 드러내게 될 시험적인 정체성의 실마리들을 끌어 모으는 단계이다.

우리는 에릭슨이 정체성 형성에 있어 사회적 요인들과 문화적인 요인들을 강조했음을 간과하지 말아야 할 것이다. 한 개인의 정체성은 진공상태에서 형성되는 것이 아니다. 아이들은 보다 넓은 세계에서 타인들과의 성공적인 상호작용을 통해 정체성 형성의 기본 요소들을 습득한다. 인간 최초의 학습은 부모와 형제자매들을 통하여 이루어진다. 후에는 다른 친척들과 선생님들, 그리고 친구들과의 경험을 통합시켜야만 한다. 이 경험들을 통해 그들은 기꺼이 관계를 맺을 수 있는 능력, 다른 역할들을 예상하며 실험할 수 있는 능력, 할 수 있는 것은 무엇이며 해야 할 일은 무엇인지 혹은 그것을 해낼 수 있는 자신감이 있는지를 규명해 내는 능력 등 정체성 형성의 중요한 요소들을 획득한다. 이것들이 에릭슨의 모델이 제시하는 정체성 형성의 '재료'이다. 정체성의 '윤곽'은 이같이 수많은 자료들로부터 그리고 넓게는 문화로부터 추출된 조각 조각의 사회적 모델로부터 형성되기도 한다.

한 개인의 정체감이 제대로 기능하기 위해서는 개인의 삶에서 일어나는 사건과 관계들이 그가 속해 있는 사회 그룹의 가치들과 융합되어야 한다. 청소년들이 이 같은 문제로 갈등하게 되는 것은 너무도 당연한 일이다. 청소년들에게는 새로운 생각을 실험해보고 새로운 가치와 모습을 시도해 볼 어느 정도의 여유 시기가 필요하며 사회는 이 사실을 잘 인식하고 있다. 에릭슨은 이것을 '심리사회적 유예' 기간이라고 불렀으며 이것이 정체성 형성에 필수적이라고 간주하였다.

이 단계는 피케이들이 그들의 유년시절을 어느 방향으로 평가할 것인지 결정 짓는 매우 중요한 시기이다. 자신의 과거를 비교적 긍정적으로 평가하는 사람들을 보면 그들은 자아감이 발달되는 시기에 부모로부터 어느 정도의 자유를 보장받은 것 같다. 그러나 그렇지 못한 이들의 경우 그들이 드러내는 부정적인 행동의 정도는 피케이로서 그들이 감당해야 했던 역할의 경직성과 구속성의 정도가 클수록 더 큰 것 같다. 부모의 직업상의 정체성을 이와 같이 연장하게 되면 이들은 다른 대안책이 없다고 느낀다. 그리고 이들을 한 개인으로 바라보지 못하게 만들 수 있다. 이것은 유명인사의 자녀들에게도 적용된다:

> 두 가지 삶과 정체성을 갖고 살아가기란 어려운 일이에요. 나는 월터 크론카이트의 딸 캐시라는 이유 때문에 데이트도 하고 결혼도 하고 역사 과목에서 낙제도 할 수 있는 평범한 캐시가 될 수 없어요. 그래요, 월터 크론카이트의 딸 캐시가 (전속 기자와) 데이트도 하고 결혼도 하고 역사과목에서 낙제를 하는 것은 당연히 세인들의 홍밋거리가 되겠지요. 또 그것을 가지고 반항한다는 별 흥미롭지 않은 심리학적 설명들을 할 수도 있겠지요. 그런데 그것이 그냥 내가 역사 과목에는 별로 신통치 못했다는 사실로 끝날 수는 없을까요? 월터의 딸이 아닌 캐시로서 말이에요.[6]

다른 사람들이 역사 과목에서 낙제했다고 해서 사람들이 그런 관심을 보일까? 왜 그것은 사람들의 '흥미'를 불러일으키는 것일까? 캐시의 상황에서 볼 때, 유명인사의 자녀가 느끼는 좌절감은 자신의 부모를 알고 있다는 이유만으로 자신에 대해서도 이미 다 알고 있는 것처럼 생각하는 사람들과 항상 부딪혀야 한다는 사실에서 비롯된다. 그것은 포장되며 딱지를 붙이고 도장이 찍혀 분류되는 경험과도 같다. 그것은 비인격화되는 느낌과도 같은 것이다. 이것은 자녀가 자신의 모습 그대로 다른 사람들에게 보이기보다는 단지 부모의 연장으로서만 보이는 것을 의미한다. 앨린 포터Alyene Porter는 다음과 같이 표현한다:

> 어떤 목회자의 자녀도 익명의 느낌을 가질 수는 없다. 한 여성 평신도가 되어 집에서 2천 마일이나 떨어진 낯선 교회에 들어서는 요즘에도 나는 사람들의 시선이 나에게로 향하는 것을 느끼며 "저 여자 목사 딸이래요"라고 소곤거리는 소리를 들을 수 있다. 그 순간부터 나의 모든 움직임은 그 기대감에 맞춰져야만 한다.[7]

이와 같은 방식으로 피케이들의 정체성을 '포장'하려는 것에는 예리하게 침범하는 무엇인가가 존재한다. 많은 피케이들은 그들의 유년시절에 이러한 역할을 감내한다. 가끔은 그것을 자신들에게 유익한 것으로 승화시키기도 한다. 하지만 청소년기에 접어들면서 그들은 개체감을 가질 수 있는 자신의 능력이 무엇인가에 의해 구속당한다는 느낌을 갖기 시작한다:

* 그리고 그렇게 수년을 보내었습니다. 나는 '해밀튼 목사의 아들 브라이

언' 이었지 그냥 '브라이언' 이 아니었습니다. 내가 '하나님의 사람' 의 아들이라는 사실에 대하여 점차적으로 상반된 태도를 갖고 있음을 깨닫게 된 때는 나의 진짜 이름이 '해밀튼 목사의 아들 브라이언' 인지를 발견하려고 시도했던 바로 그 시기였습니다. 나는 모든 목회자의 자녀가 갈등해야만 하는 것, 즉 자아감 발달을 위해 진정으로 갈등하기 시작했습니다.

일부 피케이들 중에는 그들이 교회라는 환경을 떠난 후에야 비로소 자기 정체성의 발달이 일어나는 경우도 있다. 한 목회자의 딸은 대학에 진학해서야 아버지 그늘에서 살던 삶에서 벗어나 대학 생활이 제공하는 익명성을 즐길 수 있었다:

* 대학에 입학하였을 때 나는 나의 성(姓)을 다른 사람들에게 이야기하고 싶어하지 않는다는 사실을 깨달았지요. 성을 밝힌다는 것은 곧 내가 아버지의 딸이라는 것을 드러내는 것을 의미했거든요. 이름을 밝히지 않는다는 것은 고정관념화되지 않는다는 뜻이며 남들이 내가 진짜 누구인지를 모르게 하는 것을 의미했지요. 여기에 있는 누구도 나의 아버지에 대해 아는 사람이 없으며 또한 관심도 없기 때문에 나는 나의 모습을 찾아갈 수 있었습니다. 너무나 멋진 일이었어요! 나는 개별적인 정체성을 얻기 위하여 애썼다고 생각해요. 아무튼 나는 그 정체성을 많은 교인들에게는 보여주지 않았어요. 나를 부를 때 항상 나의 이름과 함께 성을 덧붙여 부르던 선생님이 계셨어요. 교실에 있는 모든 친구들은 메리, 제인 혹은 존 혹은 스티브라고 이름만 불렀는데 나는 언제나 레이 목사님 딸이었지요. 나에게는 성과 이름을 함께 사용했어요. 그 성이 내 몸에 문신이라도 되어 있는 것처럼 말이에요!

공적으로 존경받는 부모의 그늘에 서 있다는 사실만이 자신을 드러내지 못하게 하는 유일한 장애물은 아니다. 동생들이 부모를 우러러보는 것처럼 형이나 언니도 자주 우러러본다. 형이나 언니가 '적절한' 피케이의 역할을 맡아서 잘 감당해내면 그것은 동생들에게 또 다른 장애물이 된다. 어느 분야에서나 재능이 있는 형이나 언니가 그 과정을 이미 거쳐갔기 때문에 가정에서, 교회에서 심지어 대학에서조차 동생은 자신의 개인적인 성향이나 능력에 관계없이 또 다른 기준에 맞추어 살아야 하는 경향이 있다.

목사의 아들인 앨런은 재주가 많아 부모와 그가 성장한 교회의 교인들로부터 칭찬을 받고 자랐다. 하지만 그의 여동생은 재주 면에서 오빠에 미치지 못했다. 그녀가 뛰어나게 잘해서 칭찬을 받을 만한 영역을 발견하기란 힘든 일이었다. 그 이유는 손위의 오빠나 언니들이 보다 재주가 있었고 이미 가능한 모든 선택들을 차지해버렸기 때문이었다. 상황을 더욱 악화시킨 것은 계속해서 그녀가 오빠나 언니와 비교되는 것이었다. 앨런은 다음과 같이 회상한다: "동생은 항상 나의 여동생으로서 지칭되었습니다. 우리가 예배하러 가면 사람들이 동생을 소개할 때 '앨런의 여동생'이었지 자신의 이름으로 소개되지 않았습니다."

다른 가족의 명성에 맞추어 살아갈 것을 기대하는 것은 세대 간에 걸쳐서 이어질 수 있다. 어떤 피케이들의 가계도는 집안의 어느 한 쪽 혹은 양쪽에서 목사들이 많이 배출되어온 오랜 전통을 갖고 있다. 이런 집안에서 피케이로 자랄 경우 선조들의 발자국을 따라가야 한다는 압박감은 클 수 있다. 이것을 잘 나타내는 한 예가 바로 애런 버Aaron Burr의 비극적인 경우이다.

애런 버의 비극적인 삶

애런 버는 토머스 제퍼슨 대통령 재직 당시 미국의 부통령을 지낸 인물이다. 그러나 아마도 그는 그의 오랜 정적이었던 알렉산더 해밀턴을 결투 끝에 살해한 인물로 더욱 널리 기억될 것이다. 역사가들의 평가는 버가 정치적으로는 부적당한 인물이었으며 인간적으로는 불량배였다고 보는 경향이 짙다. 그의 삶이 피케이로서 겪어야 했던 여러 갈등으로 인해 어떤 영향을 받았으며, 그 보다 앞선 세대의 목사들과 구별된 정체성을 가져보려는 노력에 의하여 어떻게 영향을 받았는지 궁금할 것이다. 버의 집안의 목사들 가운데는 유명한 신학자이자 부흥사였던 조나단 에드워즈가 있다.

버의 유년시절은 비극적인 상실들로 점철되어 있었다. 그의 아버지였던 애런 버는 장로교 목사였으며 나중에 프린스턴 대학교의 제2대 총장이기도 했다. 아버지 버 목사는 교회 일로 종종 집을 비웠고 물질적인 지원은 충분히 했는지 몰라도 그의 가족에 대한 정서적인 지원은 소홀했던 것 같다. 그는 아들 애런이 두 살이 채 되기 전에 죽고 말았다. 그러나 슬퍼할 여유가 없었다. 대학의 졸업식이 이틀 후에 있었고 애런의 삼촌인 티모시 Timothy가 그 졸업식에서 졸업을 하는 날이었기 때문이다. 애런의 외할아버지였던 에드워즈는 그 대학의 총장 후임으로 선출되었다. 에드워즈는 천연두가 유행하던 기간에 대학으로 이사를 왔는데 부임한 지 6개월이 채 지나기도 전에 예방주사의 부작용으로 죽고 말았다. 에드워즈가 죽은 지 몇 주 후에 애런의 어머니마저 사망하였다. 애런과 그의 여동생은 할머니의 집에 보내어졌는데 할머니 역시 6개월이 채 못되어 이질로 사망하고 말았다. 티모시 삼촌이 그들의 후견자가 될 때까지 4년 동안 애런과 그의 여동생은 이집저집을 전전해야 했다.

비극에 비극이 덮쳤다는 점을 고려해보면 분명 버의 삶은 예외적이다. 이와 같은 삶의 역사를 경험하였다면 어떤 아이라도 특별한 이해와 안정을 필요로 할 것이다. 그러나 그가 이와 같은 감정적인 위로와 지지를 받았는지 우리는 모른다. 하지만 우리는 다음과 같은 질문을 던질 수는 있을 것이다. 애런 버는 여러 대에 걸친 목회자 집안의 자손이었고 그가 피케이였다는 사실이 그의 성인의 삶에 어느 범위까지 영향을 끼쳤을까? 그의 외할아버지였던 에드워즈는 목회자 가정의 전통이 가져다주는 압박감을 상속한 사람이었다 :

> 에드워즈는 여러 가지 큰 기대에 대한 부담을 느끼기도 했지만 그 기대를 초과하여 성취할 때 어떤 만족감이 찾아오는지 알고 있었다. 결국 그는 그 기대가 요구하는 값비싼 대가를 치렀다. 목사의 독자이자 아마도 그 당시의 뉴잉글랜드 (역자주: 미국 북동부의 여섯 주들의 총칭) 출신의 가장 영향력 있는 목사로서 노샘턴 Northamton 시에서 목회했던 솔로몬 스탓다드 Solomon Stoddard의 외손자였던 그는 목사란 직업의 오랜 전통을 잘 알고 있었다. 그를 둘러싸고 있던 누이들과 매우 지성적이며 의지가 굳었던 어머니, 요구형의 아버지는 그가 스탓다드의 후계자가 될 것이라고 생각했다. 그의 이런 가정 환경은 그에게 심리적인 압박감으로 다가왔다.[8]

그의 외할아버지인 에드워즈와 마찬가지로 버의 영적인 가풍은 당연시되었다. 영적인 전통에 대한 풍부한 인식은 그의 정체성 추구와 유년시절의 비극을 절충시키고자 했던 갈망을 무색하게 한 것 같다:

버의 고뇌는 대부분의 사람들이 그의 조상들을 성자로 간주했기 때문에 더욱 악화되었다. 그는 어디를 가나 그의 조상들을 추앙하는 말을 들어야만 했다. 어디로 고개를 돌려도 그는 가계의 경건성에 대한 이야기들을 들을 수 있었다. 버는 조상들로 인해 어디서든 환대를 받았다. 어디서도 그의 결점을 언급하는 사람들은 만날 수 없었다. 버르는 그의 가문을 사랑하였다. 하지만 그는 또한 그에게 관심을 쏟지 않고 감정적으로 유기했던 가족들을 미워하였다. 그 느낌에 대해서는 외부로부터 어떤 인정도 받을 수 없었다.9)

버는 또한 대학 친구들로부터도 그 굴레를 벗을 수 없었다. 한 역사가는 그의 대학시절에 캠퍼스를 휩쓸었던 신앙 부흥 운동에 대하여 다음과 같이 기술하고 있다: "그의 몇몇 동창들은 회심을 경험하였다. 그의 친구들은 버에게 그리스도에게 헌신할 것과 그의 훌륭한 부모와 조부모의 모범을 기억할 것을 촉구하였다."10)

물론 150년도 훨씬 전에 죽었던 한 사람의 심리적인 삶의 역사를 재구성한다는 것은 기껏해야 시험적인 시도일 수밖에 없다. 하지만 버의 생애에 대한 이와 같은 해석이 설득력 있는 것은 이와 같은 표현이 오늘날 많은 목회자 자녀들의 삶과 부합하기 때문이다. 대부분의 목회자 자녀들이 버가 겪었던 모든 비극들을 겪지는 않는다. 그러나 수년 동안 사택의 닫혀진 대문 안에서 벌어졌던 언어 폭행과 신체적 폭행 혹은 성폭행으로 인해 많은 목회자 자녀들이 상담치료를 받고 있다. 가벼운 실망으로부터 정신적 외상 충격에 이르기까지 매 사건은 설명되거나 직접 다루어짐으로써 한 자녀의 자아감이 성장하는 과정 속에 통합되어야 한다. 경험한 것에 스스로 의미를 부여해야만 하는 상황이 되면 자녀들은 아이로서의 제한된 관점으로 인하여 그 경험을 확대시키거나 왜곡시킨다. 아이들은 어른의 도움을 필요로 하지만 많은 피케이들에게 있어서 어른들은 스스로 목사 가족에 대하여 자신들이 가지고 있는 영광스러운 이미지들을 유지하는 데 보다 관심을 가질 뿐 피케이들이 겪는 상처와 두려움을 돕는 데에는 별 관심을 갖지 않는다.

이 모든 경험들은 피케이들이 영적인 정체감을 발달시키는 데 영향을 끼친다. 때때로 교인들은 목회자의 어린 자녀들에게까지 나이에 걸맞지 않는 영적 성숙을 기대한다. 이것은 칭찬받고자 하는 그들의 정상적인 욕구를 다른 방향으로 이끌어갈 수 있다:

> * 목회자의 아들로서 가장 어렸을 때 기억나는 일은 내가 무언가 다른 사람들과 다르다는 느낌이었다. 교인들은 내가 마치 하나님과 직통으로 이야기하는 방법을 알고 있는 것처럼 나를 대했다. 당시 나는 나이도 어리고 모르는 것도 많다는 것을 적극적으로 교인들에게 알리지 못했다. 그렇게 나를 대하는 사람들을 설득하여 단념시키지 못했다. 오히려 나는 특별한 존재이며 다른 교인들보다 어쨌든 '낫다'고 믿고 싶었다.

하지만 목회자 자녀들은 오래지 않아 교인들의 이와 같은 일반화가 하나님과의 실제적인 관계보다는 사람들의 기대에 기초하고 있음을 깨닫게 된다.

사람들은 종종 "신앙은 습득하는 것이지 가르쳐서 되는 것이 아니다"라고 이야기한다. 피케이가 신앙과 하나님과의 관계에 대해 배운 내용 중 많은 부분은 강단에서 배운 것이 아니라 집에서 부모와의 관계에서 습득 된 것이다. 이 둘 사이에 모순이 거의 없다면 얼마나 좋겠는가! 한

목사의 딸은 "나 자신의 신앙을 발견하려고 노력하는 것은 거의 불가능한 것처럼 보였습니다."라고 말하였다:

* 아버지가 아빠인 동시에 목사도 된다면 하늘에 계신 아버지에 대하여 가르쳐 줄 사람은 누구인가요? 이것은 매우 혼동스러운 일입니다. 어디까지가 당신의 아빠이고 어디까지가 당신의 목사인지 구별하기가 어려울 것입니다.

시간이 흐르면서 피케이와 이해심 있고 사려 깊은 부모가 일관성 있는 긍정적인 관계를 맺게 되면 이와 같은 혼동은 해결될 것이다. 그리고 이것은 영적인 성숙으로 나아가는 사람이라면 누구나 겪을 수 있는 잠깐의 혼란에 지나지 않을 것이다. 그러나 목사나 교인들이 분명한 경계선을 설정하기를 주저하게 될 때 피케이는 부모와 교회 그리고 하나님을 향한 감정들을 서로 어떻게 구별해야 할지 혼동을 겪을 것이다. 어떤 목사의 아들은 반항적인 행동을 취함으로써 그 자신의 경계선을 설정하려고 시도하였다:

* 나는 아버지와 교회에 대하여 애증 관계를 가졌습니다. 아이 때는 보통 이 둘을 동일시하지요. 하나님과 아버지를 동일시하는 것이지요. 그래서인지 유년기 동안, 특히 정체성과 더불어 갈등하던 시기에 나는 많이 힘들었습니다. 나는 내가 피케이라는 사실에 대하여 반항하였습니다.

이와 같이 피케이의 영적 정체성 확립을 어렵게 하는 것은 그가 목사의 자녀인 동시에 하나님의 자녀라는 사실을 인정하고 시간이 흐름에 따라서 그 둘의 모습을 성공적으로 분리해야 하는 데 있다. 이 과정은 목사의 자녀가 하나님과 육신의 부모를 혼동할 수도 있는 것을 포함한다. 뿐만 아니라 다른 사람들이 그의 행동에 대하여 어떻게 인식하며 반응하느냐 하는 문제를 포함한다. 어떤 피케이들은 그들의 영적 성장에 있어서 주위로부터 어떤 '혜택'도 받은 적이 없다고 느낀다. 여기에서 문제가 되는 것은 어린 자녀들이 그들의 부모와 하나님을 분리할 수 없는 점이 아니라 일부 교인들이 목사의 자녀들을 부모와 분리된 개별적인 존재로 인식하지 못한다는 것이다. 그리고 목회자 자녀들 역시 하나님과 개인적인 관계를 유지하며 헌신하고 있는 영적인 정체성을 가진 존재라는 사실을 보지 못하거나 보지 않으려 한다는 것이다.

* 내가 중고등부에 참석하면 교인들은 보통 아빠가 시켰기 때문에 내가 참석했다고 생각하였습니다. 그리고 내가 중고등부에서 질문에 맞는 답을 하거나 새로운 아이디어나 통찰력을 나누면 사람들은 내가 그 아이디어들을 스스로 생각해낸 것이 아니라 아빠한테서 얻었다고 생각하는 것 같았습니다.

여기에 심각한 모순이 있다. 한편으로 사람들은 목사의 자녀들이 모범적인 기독교인으로 행동하기를 기대한다. 그래서 그들은 중고등부에서도 활동적으로 참여해야 하며 성경에 관한 질문들에 대해서도 답을 알고 있어야 한다고 기대한다. 그러나 다른 한편으로는 그들이 이와 같은 기대를 만족시킬 때 사람들은 그들이 갖고 있는 동기와 자발성에 대해 의문을 던진다. 담겨 있는 메세지는 거의 다음과 같은 것이다: "너는 너 자신의 영성을 갖고 있는 것이 아니야! 너는 단지 아버지가 이루어 놓은 것을 덤으로 소유하고 있을 뿐이야!" 짐 콘웨이와 샐리 콘웨이 부부는 여기에 대하여 다음과 같은 실례를 들고 있다:

> 우리 딸들 중 한 아이가 매우 빠르게 영적 성장을 체험하고 있을 때 그 아이는 거의 매주일 예배 때마다 하나님이 가르쳐주셨던 것을 간증했습니다. 결국 어느 날 한 여자 교인이 내 딸아이에게 "글쎄, 우리는 나눔의 시간에 네가 항상 할 말이 있을 것이라고 믿는단다. 네 아빠가 너를 부추겼을 것이 틀림이 없어"라고 말했습니다.11)

그 여자 교인은 목회자의 딸의 간증에 대하여 함께 기뻐하며 그 아이가 영적으로 성장하도록 오히려 격려할 수도 있었겠지만 오히려 그 반대였던 것이다. 대신에 그녀의 짓궂고 냉소적인 반응은 그 아이의 열정을 좌절시켰다.

피케이들은 영적인 정체성을 형성함에 있어서 또 다른 어려움에 직면한다. 이것에 대해서는 어느 정도까지만 부모에게 이야기하게 된다. 교인들은 목사에게 하나님과의 친밀하고도 지속적인 관계를 유지하는 모범이 되어 줄 것을 기대하는 데 이 기대는 종종 자녀에게까지 연장된다. 칭찬받는 신앙의 형태가 비현실적인 것이 될 때 문제점은 발생한다. 이 같은 신앙은 '독성을 지닌 신앙'이라고 불리는 것이다. 이것은 은혜가 풍성한 하나님과의 살아 있는 관계보다는 종교성과 연관된 신앙이다.12) 사람들은 모두 영적으로 절정기와 침체기를 경험한다. 그러나 만약에 교인들과 목사인 부모가 피케이들이 겪는 침체기에 대해 이해할 수 없다면 그들은 두 배나 타격을 받게 된다. 그들은 양쪽으로부터 하나님에 대한 의심은 직면해서 해결해야 할 문제라기보다는 억압해야 할 문제라는 메시지를 받는다.

한 목사의 딸은 교인들의 영적인 기대가 가져다주는 압박감을 표현하며 목회자 부부들에게 다음과 같이 조언한다:

* 나는 목회자들에게 어떤 방법을 제시할 수는 없습니다. 그러나 목회자는 그들의 자녀들이 부모가 바라는 모습이나 당연히 그런 사람이 되어야 한다고 생각하는 모습이 아닌 자녀 스스로가 어떤 사람이 되어야 할지를 발견할 수 있도록 도와야 한다고 생각합니다. "나는 예수 그리스도를 믿습니다"라고 고백할 수 없거나 그와 같은 고백이 무엇을 의미하는지 이해할 수 없는 시점에서도 피케이들은 자신이 다른 가족 구성원들을 배반하고 있다는 고통스러운 감정을 가질 필요는가 없습니다.

피케이들은 어떻게 해야 할 것인가? 전인성을 이루기 위해 '자기정체성의 위기'가 내포하는 개인적이며 영적인 문제들을 어떻게 해결해 나갈 것인가? 목사의 자녀들에게 있어 이 질문들은 시급한 것이다. 이 책을 쓰기 위해 내가 조사하면서 만난 피케이들 중에는 그들 자신이 직접 이런 책을 써봐야겠다고 장난 섞인 말을 했던 이들이 꽤 있었다. 그중의 일부는 또 "만약 당신이 그 책을 쓰지 않는다면, 내가 쓰겠다"라고 공감적으로 이야기하기도 했다.

피케이가 되는 연극

나는 피케이의 정체성 추구를 교회라는 공동체의 무대 위에 상연되는 연극으로 보고 싶다. 따라서 나는 연극이라는 메타포를 사용하여 이 책의 틀을 구성하였다. 나는 이 은유가 매우 적절한 것으로 생각되는데 그 이유는 "문제점의 일부는 아빠가 목사라는 사실과 우리 모두는 배경처럼 처리된다는 사실이었습니다. 우리는 마치 연극의 배우처럼 저마다의 역할을 따라 훌륭하게 연기하도록 기대를 받고 있었습니다"라고 말했던 어느 목사의 아들의 이야기처럼 피케이들은 참 자기를 드러내기가 힘든 환경에서 성장하기 때문이다.

이 연극에서 피케이가 맡은 역할을 보여주는 대본은 일반적인 고정관념과 기대들로부터 뽑아온 것이다. 등장인물들은 네 그룹들로 나뉘어지는데 피케이 자신들과 부모, 교회 안팎의 친구들, 그리고 교인들이다.

이 연극을 구성하는 각각의 요소는 '생태학적으로' 다루어질 것이다. 다시 말해 이 각각의 요소들은 피케이들이 안정된 정체감을 형성할 수 있도록 도와주는 사회 환경을 만드는 데 일조하는 큰 전체의 일부로서 간주될 것이다.

마지막 장에서는 피케이들이 하고 싶은 말들을 실었고 연극 대본 자체를 다음 세대의 목회자 자녀들을 위해서 개작하는 방안들을 제안하였다.

내가 여기에서 '생태학적'이라는 용어를 사용하였기 때문에 '생태학적' 접근이 무엇인지에 대해 덧붙이는 것이 자연스러울 것 같다. 이 책에서 언급하고 있는 것 중에서 모든 피케이들을 다 포함할 수 있을 만큼 일반화할 수 있는 내용은 거의 없다. 피케이들은 각기 다른 가족과 교회, 그리고 지역사회 속에서 각각 다른 특징들을 갖고 태어난다. 이 모든 요소들을 포함하고 있는 그 이상의 요소들이 모여 그들의 유년기를 형성하게 된다. 생태학적으로 이해하는 방식의 요점은 피케이들의 이야기에서 공통적인 요소들을 찾아내고 그 요소들이 특정한 사례들에서 어떻게 상호작용하는지를 조사하는 데 있다. 물론 이것은 목사의 가정에서 태어났다는 것이 좋다 혹은 나쁘다라고 단정지어 말하는 것 이상으로 훨씬 더 복잡한 것이다. 하지만 이와 같은 복잡성이 훨씬 진실에 가깝다고 말할 수 있다. 이러한 이유 때문에 이 책의 장별 순서는 약간 임의대로 배열하였다. 각 장은 사회적 환경의 한 국면을 나타내지만 다른 장들과 서로서로 연결되어 있으며 그것들이 어우러져서 하나의 전체를 형성하도록 하였다. 이것은 원을 그릴 때 어디에서 '시작하는지'를 결정하는 것과 어느 정도 비슷하다.

이 연극은 모든 피케이들에게 동일한 것은 아니다. 무대를 설정하고 대본의 세부사항과 출연진을 결정할 때에는 중요한 차이점들이 존재한다. 게다가 각 요소들은 부분적으로 다른 요소들에 영향을 받는다. 무대는 대본에 따라서 설정되지만 대본은 또한 무대의 특성에 따라 수정되어야만 한다. 또한 동일한 대본을 가지고도 출연진에 의해서 약간씩 다른 의미로 공연될 수도 있다. 따라서 이 책은 하나의 총체로서 다루어져야만 한다. 그리고 이 책은 어떤 특정한 목사의 자녀의 삶을 어떻게 이해할 수 있는지에 대한 개요만을 제시할 따름이다.

이제 연극이 상연되고 있는 무대를 살펴보면서 천천히 시작해보기로 하자. 제2장은 목회자 자녀들의 삶에서 존재하는 불명확한 사회적 경계선들의 문제점을 다루고 있다. 우리가 흔히 유리집이라고 표현하는 교회 사택에서 살아가는 피케이들은 어떻게 정체성을 세워나가는가?

# 제 1 부 무대

제2장 · 유리집에서 성장하기

제3장 · 사랑 안에서 진실을 말하는가?

··· 사역자 자녀 상담
Counseling for Pastors' Kids

제2장
유리집에서 성장하기

다음은 최근에 출간된 어느 소설의 한 장면이다. 농촌의 한 침례교 목사의 아들인 십대 소년이 혼자 집을 보고 있는 여자친구의 집에 놀러간다. 그들은 곧장 2층 그녀의 방으로 올라간다. 소년이 우연히 유리창 밖으로 흘끗 내다보았을 때 그 동네에서 수다쟁이로 소문난 사람이 쌍안경으로 벽에 기대어 있는 소년을 바라보고 있다.[13] 실제 있었던 일인가 아니면 꾸며낸 이야기인가? 아마도 이것을 두고 문학작품상의 '윤색'이라고 할 것이다. 그렇다고 이를 가리켜 엉뚱한 상상에 지나지 않는다고 말할 수도 없을 것이다. 어떤 피케이도 누군가 쌍안경으로 자신을 염탐하고 있다고 말한 적은 없다. 그러나 많은 피케이들은 교인들로부터 끊임없이 감시당하는 것 같은 느낌을 받는다고 말한다.

유리집 안에서 살아가는 것 같은 느낌 혹은 '어항 증후군'은 목회자 가정이면 어느 가정이나 불가피하게 겪게 되는 감정이다. 이것은 목회자 가족의 일거수일투족이 교인들에 의해 면밀히 관찰되고 있는 것 같은 느낌을 말한다.

　＊ 나는 시내에 나가든지 교회에 있든지 상관없이 언제나 가족 전체가 감시당하는 것 같은 느낌을 받았습니다. 나는 교인들이 우리 가족이 완벽하지 않다는 것을 알게 되면 아빠를 더 이상 좋아하지 않게 되거나 아빠가 목회를 하는 것을 더 이상 원치 않을까 봐 몹시 두려웠습니다.

　어떤 피케이들에게는 마치 집의 벽이 유리로 만들어지기라도 한 것처럼 감시당하는 듯한 느낌이 그 가정 구석구석에 배어 있다. 교인들 중에는 목회자 가족에 대해 끊임없이 호기심을 갖는 이들이 있는 것 같다. 목사님의 결혼생활은 어떠한가? 사모님과 싸우지는 않는가? 아이들은 순종적인가? 아니면 말썽꾸러기여서 반항하지는 않는가? 몇몇의 피케이들은 감시당하는 것 같은 그 막연한 기분을 다음과 같이 회상한다: "비록 상세한 것은 기억할 수 없지만 때때로 나는 모든 사람들이 내 생활에 관해 알고 있는 것 같은 착각을 느꼈던 기억이 납니다." 또 어떤 피케이들은 사생활이 보장되지 않는다는 사실로 인해 큰 중압감을 느꼈다고 말한다: "어항 속의 경험은 내 생활의 상당한 부분에 영향을 미쳤습니다. 나는 내 삶이 끊임없이 다른 사람들에게 노출되는 것이 너무 싫었습니다."
　다음의 콘웨이 부부의 예는 끊임없이 감시당한다는 것이 어떤 것인지를 분명하게 나타내 준다.

　주일학교 선생님은 전체 유년부 아이들 앞에서 큰 소리로 이렇게 말했습니다.
　"바바라, 기도시간인데 너는 왜 눈을 뜨고 있었니? 너 목사님 딸이잖아!"

선생님 역시 눈을 뜨지 않은 한 어떻게 자신이 눈뜬 것을 알았는지 큰 딸아이는 의아해 했습니다.14)

때때로 누군가 정말로 쌍안경을 사용할 수도 있지 않을까? 이것은 충분히 있을 법한 생각이다.

* 우리가 새로운 교회로 이사 와서 막 짐을 풀었을 때 한 교인이 우리 집 벨을 눌렀습니다. 그 이유는 내 어린 동생이 그 집(사택) 소파에 발을 올려 놓은 것을 따지기 위해서였습니다. 우리가 거주했던 사택은 내 동생이 이런 '의심을 받을 만한' 입장에 처하지 않아도 될 만큼 도로에서 안쪽으로 꽤 깊숙이 떨어져 있었는데도 말입니다. 내 남자친구들이 우리 집에서 놀다가 몇 시에 돌아가는지 알고 있을 정도로 그들이 오가는 것을 주시했던 이전 교회와 이 교회는 다를 바 없었습니다. 마치 부모님들이 그때 집에 계시지 않아 남자친구들이 오가는 사실을 전혀 모르는 것처럼 말입니다.

유리집 안에서 살아가는 듯한 느낌은 '마을의 모든 주민들이 상호간에 무슨 일이 일어났는지를 잘 아는' 작은 마을이나 작은 교회에서 사역하게 될 때 피케이들에게 한층 더 두드러지게 나타날 수 있다. 소문은 날개 돋친 듯 퍼져 나간다. 그 목회자 가정의 누구에게도 익명성이 보장될 가능성은 거의 없다: "꽤 작은 마을에 살았기 때문인지 그 동네 모든 사람들은 내가 목회자 딸이라는 것을 알고 있었습니다." 어떤 상황에서든지 교인들은 목회자의 가정생활에 대해서 그들이 알아야 될 범위 이상으로 알고 있는 것이 사실이다. 대부분의 목회자 가정은 그 교인들과 같은 지역에 살기 때문에 최근 목회자 가정에 무슨 일이 일어났는지 쉽게 알 수 있다. 사택에서 생활하는 목회자 가정에게는 사생활이 훨씬 덜 보장된다. 때때로 교인들은 목회자 가정의 대화를 엿듣기도 한다. 사택의 각 방들은 주일학교나 교회의 다른 활동을 위한 장소로 쓰일 수도 있다. 대부분의 아이들이 개인적인 공간을 각자의 취향에 맞게 꾸며놓고 '이건 내 방이야' 라는 인식을 가지고 성장한다. 그러나 사택에서 자란 피케이들은 주일 아침 주일학교 공과공부가 자기 방에서 진행되기 때문에 토요일에는 자신들의 방을 깨끗이 정돈했어야 했던 기억을 떠올린다. 어떤 교인들은 사택이 교회 소유이기 때문에 얼마든지 자유롭게 왕래해도 된다고 생각하기도 한다.

목회자의 가족들은 이 모든 이유로 인하여 자신들의 사생활이 존중 받지 못한다는 생각을 하게 된다:

* 우리는 출입문 하나로 교회와 연결된 사택에서 살았습니다. 사람들은 언제나 갑자기 들이닥쳐 우리 집 물건들을 함부로 다루곤 했습니다. 물론 가져가지는 않았지만 자기들 마음대로 사용하곤 했습니다.

'교회' 소유의 소파에 발을 올려놓은 피케이의 행동에 대해서 불만을 표시했던 교인처럼 교인들은 단순히 사택이라고 생각하는 것이 아니라 은연 중에 사택 안에 있는 모든 것이 공동 소유라고 생각하는 것 같다. 이러한 현상은 어떤 극단적 상황으로 흘러가는가?

* 내가 살았던 사택은 교회와 지붕 있는 통로로 연결되어 있었습니다. 나는 종종 내 방을 깔끔하게 청소해야 했는데 특히 오픈 하우스나 모임이 있을 때는 더욱 그러했습니다. 나는 오픈 하우스가 진행되는 동안 한 교인이

심지어 벽장을 열고 샅샅이 살펴보는 것을 목격했습니다.

　당신의 집 벽장을 열고 샅샅이 살펴보는 손님들을 목격하게 된다면 당신은 과연 어떻게 행동할 것인가? 당신은 그것을 사생활 침해라고 간주할 것이다. 벽장을 샅샅이 살피는 것은 분명 흔한 일은 아니다. 설사 그보다 덜 심한 행동이라 할지라도 그것은 목회자 가정과 그 사이에 존재해야 할 적절한 사회적 경계선을 침범하는 것을 의미하기 때문에 불쾌감을 준다.

적절한 경계선

　한 가족의 사회적 경계선에는 어떤 것들이 있는가?[15] 그것은 가족의 일원이 누구이며, 가족이 외부 세계와 어떻게 상호작용할 것인지를 규정하는 데 사용되는 무언의 '규칙들'이다. 이러한 규칙들에는 가족의 정체성을 규정해 주고 다른 가족들과 그 가족을 구분할 수 있게 해주는 여러 가지 기대들과 일상적인 규칙들이 포함되어 있다. 이렇게 정체성을 창출하고 정체성을 잃지 않게 하는 규칙의 범위는 '우리는 언제나 함께 모여서 저녁 식사를 한다'와 같은 일상적인 규칙에서부터 '우리는 어려움에 처해있는 이들을 돕는다'와 같은 비전에 가까울 정도의 규칙까지 다양하다. 따라서 그것들은 가족과 지역사회('우리는 집안에 낯선 사람을 들이지 않는다') 그리고 가족 자체 내의 관계('부부간의 말다툼에 아이들을 끌어들이지 않는다') 사이에 적절한 경계선을 설정해 준다.
　가족들은 외부와 고립된 상태에서 살아갈 수 없다. 따라서 그들은 주위의 현실적인 사회 환경과 완전히 모순되는 규칙들을 제정할 수 없다. 생존을 위해 모든 가족은 주위 환경과 '조화'를 이루어가야 하는 데 이것은 주위의 기대에 어느 정도 적응해야 한다는 것을 의미한다. 문제는 한 가족이 주위 환경에 어느 정도까지 순응해야 하며 사회 환경이 가족들에게 얼마 만큼 순응해줄 수 있을까 하는 것이다. 가족의 사회적 경계선에 관한 궁극적인 질문은 '우리는 누구이며 무엇을 해야 하는지에 대한 결정권을 누가 갖고 있느냐?' 라는 것이다.

프라이버시 privacy 대다수의 핵가족 구성원들 사이에서 일어나는 일들은 한계가 분명하지는 않지만 자신들이 처리해야 할 문제라고 생각한다. 아이들을 양육하는 방법은 부모의 결정사항이다. 아이들이 어떻게 행동하느냐 하는 것은 외부 사람들의 관심이 아니라 가족들의 관심사이다. 그러나 피케이에게 있어서 목회자 가족 안에서 일어나는 생활 전반의 문제들은 마치 모든 사람들의 문제인 것처럼 여겨진다. 도대체 개인적인 문제와 공적인 문제를 구분 짓는 사람은 누구인가? "나는 내 고민들을 이야기하고 함께 나누는 친구들이 있었지만 그들은 나와 헤어진 후 교인들에게 내 고민들을 이야기하고 다녔습니다" 라고 회상하는 피케이가 있다. 그가 겪었던 프라이버시를 침범 당한 느낌을 상상해 보라. 또 어떤 피케이는 교인 중에 자격증을 갖고 있던 한 상담자를 믿고 그에게 자신의 결혼생활의 문제점들을 이야기했지만 그 상담자가 온 교인들에게 그 이야기에 대한 소문을 퍼뜨렸다는 것을 나중에야 알게 되었다. 이 사례에서 상담자는 두 가지를 위반했는데 상대방과의 개인적인 신뢰와 내담자에 대한 전문 상담사로서의 비밀보장의 의무를 저버린 것이다. 이렇게 피케이의 개인적인 문제를 공개한 것을 어떻게 정당화 할 것인가?

만일 어떤 사람이 아무런 예고도 하지 않고 당신의 집에 불쑥 들어온다면 당신은 프라이버시를 침범당했다고 느끼지 않겠는가? 실제로 어떤 가족들은 친구들이나 친척들 또는 이웃들에게 일종의 '개방 정책'을 취하기도 한다. 그러한 가족들은 아마도 사택 생활이 부당하게 침범당하고 있다고 생각하지 않을 것이다. 또 어떤 가족들은 자신의 집에 방문하려는 사람이라면 누구든지 사전에 먼저 양해를 구해야 한다고 생각할 것이다. 그러나 어떤 형태가 보다 적절한 것인지에 대해서는 누가 결정할 것인가? 목회자 가족은 프라이버시를 지킬 권리를 가지고 있는가? 혹은 교인들이 사택을 자신들의 소유라고 생각하고 자유자재로 드나들어도 괜찮은가? 만일 목회자 가족이 사택에 살지 않는다면 그 한계를 어디에 둘 것인가?

경계선은 가족이 주변 세계와 어떻게 상호작용하며 또한 가족 구성원들간에 서로 어떻게 상호작용하는가에 영향을 미친다. 아이들이라면 누구나 항상은 아니더라도 혼자 있을 수 있고, 자신이 원하고 필요한 것들을 소중하게 다룰 수 있는 자유가 보장된 개인적인 심리적 '공간'이 어느 정도 필요하다. 이런 필요는 심지어 유년기에도 충족되어야 한다.

대니얼 스턴Daniel Stern은 어린 딸과 장난하며 노는 한 엄마의 예를 들었다. 그 아이는 겉으로 보기에도 신체적인 자극을 잘 받아들이지 못하는 것 같았고 실제 간지럼이나 얼굴 표정과 같은 일상적인 놀이에 반응을 잘 보이지 않았다. 그러나 그 엄마는 딸의 반응에는 주의를 기울이지 않고 오히려 더욱 부드럽게 놀아주려고 애썼다. 결국 그 아이는 눈을 감고 머리를 돌려버릴 정도로 점점 더 반응을 하지 않게 되었다.[16] 이것은 유년기 아이의 경계선을 침범한 한 예이다. 만일 관찰자인 엄마가 조금 더 민감했다면 그 유아의 반응이 멈춰달라는 명확한 표시임을 깨달았을 것이다. 그러나 이 엄마는 아이와 상호작용을 '멋지게' 해내고 싶은 자신의 욕구에 몰두한 나머지 아이의 진정한 필요를 놓친 것이다. 다행스럽게도 그 아이는 나중에 엄마랑 하는 자극 놀이를 차츰 수용하게 되었고 주기적으로 보이던 거부반응을 중단하게 되었다. 이런 일이 일어나지 않았더라면 그 아이는 엄마와 개인적인 경계선을 설정하는 데 계속적으로 상당한 어려움을 겪게 되었을 것이다.

부모들 중에는 자녀들이 이런 개인적인 경계선을 설정할 수 있도록 함에 있어서 다른 부모들보다 훨씬 서툰 사람들이 분명히 있을 것이다. 지나치게 간섭하는 스타일의 부모들은 유아기의 자녀들에게 낮은 자존감을 갖게 할 것이고 이는 자녀가 성인이 될 때까지 영향을 미칠 것이다. 아이들에게는 반드시 개인적인 공간을 마련해주고 개인적인 사색을 할 수 있게 해야 한다. 나는 심지어 욕실까지 자녀들을 따라다니면서 끊임없이 잔소리를 해대는 한 어머니를 알고 있다. 이 어머니는 자녀들이 정상적으로 자라가면서 각자의 인격으로 성숙해 가는 것을 방해하고 있는 것이다. 이러한 행동은 그녀 자신의 정체성이 불분명한 나머지 자녀들이 자신의 일부가 되어야 한다는 생각에서 비롯된 것이다. 물론 이것은 극단적인 사례임을 인정한다. 문제는 모든 아이들은 성숙해감에 따라 '개별화'의 문제를 처리해야 한다는 것이다.

개별화 differentiation 일반적으로 개별화는 타인으로부터 정서적인 압박을 받고서도 흔들리지 않는 실제적인 자아 개념을 말하는 것이다. 이는 한 사람의 개인으로서 '나는 누구인가'를 규정하는 작업이다.[17] 그리고 그것은 평생에 걸친 과정이다. 그것은 자신의 생각과 감정들이 보류되고 상대방의 생각과 감정이 표현되기 시작하는 지점에서 무엇이 '나'이며 무엇이 '내가 아닌가'를 규정하는 자유를 수반한다.

  아이들은 여러 가지 형태의 프라이버시 침해와 간섭에 대처해 나가야 한다. 어떤 아이들은 독립심 강한 본질적 자아가 될 권리를 단념하고 부모들과 정서적으로 밀착되어 가면서 그들의 압력에 굴복하고 만다. 한 피케이가 자신의 어머니와 정서적으로 얽혀서 마침내 성인에 이르기까지 어머니의 영향에서 벗어나지 못했던 사실에 대해서 설명한다:

> * 내가 선택한 결혼 예복의 색상은 어머니의 선택이었으며 나는 그것이 나에게 전혀 어울리지 않는다는 사실을 분명히 알고 있었습니다. 그리고 나는 부모님과의 기도 모임에서 문자 그대로 어머니와 거의 하나가 되었다고 느껴지는 경험도 했었습니다. 나는 점점 어머니가 되어간다는 느낌으로 앉아 있었습니다. 그러니 내 걸음걸이와 몸을 바라보면서 어머니같이 변해 간다는 사실을 앞으로 종종 느끼게 되겠지요.

  또 어떤 피케이들은 자신이 결정할 권리를 침범하는 것은 무엇이든지 완강하게 대항하고 그것에 대해 예민하게 반응하는 것 같다:

> * 실제적으로 우리 집의 벨이 울린다는 것은 어떤 식으로든 어느 부분에서든 나의 자유를 구속하려는 누군가의 시도입니다. 나는 이런 점에 있어서 거의 병적이라고 할 수 있습니다. 그 어느 누구도 내게 무엇을 하라고 말할 수는 없습니다. 나는 내 인생의 선택을 통제하고 내 행동의 자유를 어떤 방식으로든 제지하는 상황이나 사람을 생각하면 극도의 정서적 협소 공포증을 겪게 됩니다. 교회를 떠나면서 나는 '이제 그 누구도 다시는 어떻게 살아야 한다고 내 인생에 간섭할 수는 없어'라고 생각했던 기억이 납니다.

나중에 우리는 일반적으로 예측할 수 있는 피케이의 '반항'이 걱정 많은 부모와 교인들이 부여한 구속적이고 숨막힐 듯한 규칙들로부터 벗어나기 위한 자유를 향한 투쟁으로 설명될 수 있음을 알게 될 것이다. 수년간 고분고분하던 자녀가 어느 시점에서 탈출구를 보고 도망을 칠 때 그 행동은 가족에게 혼란과 충격을 줄 수 있을 것이다.

많은 피케이들이 자신의 정체성을 찾고자 고투하면서 종종 자신이 실존 인물이라기보다는 연극 속의 배우인 것처럼 느껴지는 어려움을 겪는다. 그것은 배역과 대본이 결정되어 있는 상태에서 즉흥적으로 어떤 대사나 행동을 제 마음대로 할 수 없는 배우의 감정과도 유사하다. 그 역할에 거는 기대들이 너무 엄격하게 규정되면 그들은 마치 생각이나 감정을 표현하며 개인적인 경계선을 설정할 권리가 없는 것처럼 느껴질 것이다. 그것은 그들이 있는 존재 그대로 사랑 받고 존중 받는다고 느끼는 것과는 달리 어느 누군가의 인생에서 그들이 맡은 배역 때문에 사랑 받는다고 느끼게 되는 것과 같다.

균형Balance 물론 현실에서는 삶의 정황이 사실상 흑백으로 뚜렷하게 구분되지는 않는다. 그것은 흑이냐 백이냐의 문제가 아니라 균형의 문제이다. 교인들이 일반적으로 경계선들을 배려하고 존중한다면 이따금 발생하는 침해의 문제는 그다지 문제되지 않을 것이다:

* 나는 단 한 번도 내가 '어항' 안에서 살았다는 생각을 하지 않았습니다. 나는 언제나 가정과 교회에서 보호를 받았습니다. 교인들은 모두 사랑이 넘치고 성숙한 분들이었기 때문에 프라이버시를 인정해주었습니다.

* 많은 성도들이 우리 가족을 그들과 동일한 인간으로서 배려했기 때문에 나는 그들이 우리에게 관심이 있다고 생각합니다. 일전에 우리 가족 중 한 명이 병에 걸렸던 일이 있었습니다. 얼마 있지 않아 그 사실이 많은 사람들에게 알려진 것 같았습니다. 그때는 정말이지 모든 교인들이 이 사실을 알기를 바랐습니다.

때때로 의식적인 노력과 적절한 환경이 환상적으로 결합됨으로써 목회자 자녀들은 유리집 안에서 살아간다는 느낌으로부터 벗어나게 된다.

* 비록 우리는 목회자 가족이었지만 아빠와 엄마는 한 번도 우리에게 그 사실을 주지하지 않으셨습니다. 그분들은 언제나 교회와 가정을 분리하셨습니다. 또한 주로 우리가 주택가에서 생활했던 것은 실제로 교인들이 우리를 쉽사리 주시하지 못하도록 의도했던 것 같습니다. 어쨌건 우리는 즐겁고 재미있고 행복한 가족이었으며 목회자 가정이라서 당혹스러웠던 경험은 별로 없습니다.

이 가정에서는 어항 증후군이 존재하지 않는다. 첫째, 부모들이 억지로 교회 일을 가정에 끌어들이지 않으려고 노력하였기 때문이다. 둘째, 위의 가족은 분명히 교회와 어느 정도 일정한 거리를 유지하면서 생활했기 때문이다. 셋째, 실제로 거기에는 엿보려는 호기심이 거의 없었기 때문이다. 말하자면 경계선이 명확하고 분명하게 존중되었기 때문이다.

경계선 침범

사회적인 경계선의 침범 상황은 다양한 유형으로 나타난다. 사실 어떤 사회 시스템 속에도 많은 경계선들이 존재한다. 목회자 가정에서는 몇 가지 특정한 유형의 침범이 공통적으로 발생하는 것 같다. 아마도 각각의 목회자 가족은 다음 요인의 전부는 아니지만 그 가운데 몇 가지 요인을 결합시켜 자기 가족의 생활을 상연할 무대 설정의 경험을 할 것이다. 다음은 흔히 발생되는 경계선의 침범 문제와 그것이 피케이의 정체성 추구에 어떤 영향을 미치는가를 개괄한 것이다.

경계선 침범 1
'목회자 가족의 시간과 에너지에 대한 교인들의 지나친 기대'

가족마다 함께 있고 싶어하는 시간의 양이 다르다. 그러나 모든 가족들은 최소한 몇 시간 정도는 함께 지내야 하고 언제 이런 시간을 가질지에 대한 결정권이 그들에게 있다는 사실을 느끼고 싶어한다. 목회자 가족이 아닌 대부분의 가족들에게는 직장과 가정생활 사이에 경계선을 긋는 것이 용납된다. 만일 가정에서 업무를 하게 된다면 그것은 자신의 선택에 의한 것이지 직장에서 그것을 요구하기 때문은 아닐 것이다. 그러나 대부분의 사역자 가족들에게는 많은 사역의 부분들이 가정이라는 경계선을 침범하게 된다. 그들이 아무런 방해를 받지 않고 가족과의 시간을 갖는다는 것은 불가능하지는 않겠지만 쉽지는 않다.

목회자들과 사모들은 일반적으로 과도한 사역과 적은 사례비에 시달린다고 알려져 있다. 어떤 교인들은 교회와 관련된 곳이면 어디에서도 목사와 사모로서의 역할을 감당하고, 부탁 받지 않은 일들까지도 수행하고, 매우 사소한 일까지 결정하며, 매일 매 순간 의무를 감당하기를 기대한다:

＊ 어느 누가 상담하러 와도 아버지는 그 문제에 열중하셨습니다. 덧붙여서 말하자면 교인들은 상담을 하기 위해서나 도움을 얻기 위해 한밤 중에 심지어 아빠가 쉬시는 날에도 우리 집을 방문하곤 했지요. 아빠는 무슨 일이라도 언제든지 기꺼이 감당하려고 하셨지만 그렇다고 그분에게 하루 24시간을 일하도록 요구해서는 안 될 것입니다. 그분 역시 다른 사람들처럼 휴식이 필요합니다.

피케이들이 갖고 있는 가장 흔한 불만 중의 하나는 그들이 부모님의 시간과 관심을 요구하는 교인들과 경쟁해야 한다는 것이다. 캐시 크론카이트가 주목했듯이 저명 인사의 자녀들에게도 이와 유사한 문제점이 나타난다:

어떤 의미에서 팬들은 자신들의 우상의 시간과 관심에 대하여 어떤 권리가 있다고 생각하는 것 같다. 어떤 면에서는 그것이 옳을지도 모른다 …… 그러나 팬들의 소유욕은 부모를 온전히 소유하고 싶은 저명 인사의 자녀들과 직접적인 갈등을 불러일으킨다.[18]

목회자는 봉사의 삶에 자신을 헌신한 사람이기 때문에 교인들의 수많은 요구는 나름대로 합당한 이유를 가진다. 그러나 목회자 가족들에게도 한 가족으로서 함께 시간을 보내고 싶어하는 정당한 요구가 있다. 그런데 이러한 요구가 교인들에 의해 종종 무시되곤 한다. 어떤 피케이들에게는 가족이 함께 모이기만 하면 어김없이 목회자가 직접 처리해야 되는 일이 교회에 일어난다는 징크스가 있기도 하다:

* 가족끼리 집에서 무엇인가를 할 때면 십중팔구 누군가 전화를 걸거나 눈이 부을 정도로 울고 우리 집을 찾아온다는 사실에 나는 짜증이 났습니다.

심지어 가족끼리 매우 의미 있는 휴가를 보내고 있는 중에도(사실 어떤 교인들은 이러한 휴가조차도 못마땅해 하지만 말이다) 목회자는 장례 예배가 있으니 급히 돌아와 달라는 연락을 받게 될 것이다. 이때 피케이들이 받는 충격은 상당하다:

* 나는 사람들이 언제나 아버지에게 지나친 요구를 해왔다고 생각합니다. 사람들이 아버지를 필요로 하는 순간이면 그분이 어느 곳에 있거나 무엇을 하거나 상관없이 그들의 자리에 있어 주기를 요구했습니다. 그들은 아버지가 일주일 이상을 집에 앉아서 쉬지 못했다 하더라도 곧장 달려와 주기를 고집합니다.

대부분의 전문직에 종사하는 이들에게는 특정한 경계선이 인식되고 인정된다: "내가 집에 있거나 비번일 때 혹 휴가 중이거나 한밤 중에는 연락하지 마십시오." 어떤 목회자는 그렇게 제한 상황을 설정하는 것에 대해서 죄책감을 가진다. 그럼에도 불구하고 목회자들은 가족을 위해서 어떻게 해서든지 명확한 경계선을 유지하도록 의식적인 노력을 기울여야 한다.

* 교인들은 우리 가족 간의 시간과 식사시간까지 방해하면서 우리 집을 들락날락했습니다. 전화기는 피케이 가정의 제일 못된 침입자입니다. 우리는 종종 전화기의 코드를 뽑아버렸습니다.

자녀들은 이러한 끊임없는 요구들을 지켜보면서 부모의 필요나 관심사가 그다지 존중 받지 못한다는 사실을 알게 된다:

* 나는 사람들이 아버지에게 밤낮으로 아무 때나 전화를 걸어서 도움을 요청할 때마다 종종 '이건 말도 안 되는 일'이라고 생각했습니다. 또한 심지어 어머니의 관심사와 달란트에는 맞지 않는데도 불구하고 교인들은 어머니가 교회 사업을 계획하고 피아노 반주를 맡고 모든 모임에 참석해서 관여해야 한다고 생각하곤 했습니다.

* 부모님이 한 교회를 섬겼을 때였는데 그들은 엄마를 원더우먼이라고 생각했습니다. 엄마는 성가대를 지휘했고 여전도회를 지도했으며 성경학교를 보조했고 주일학교의 한 반을 가르치는 등 수없이 많은 일을 감당해야 했습니다. 그리고 또한 많은 사람들이 자신들의 문제를 엄마와 상담하는 것 같았습니다. 그러나 정작 엄마는 자신의 문제를 그 누구와도 나누지 못했습니다. 엄마는 실제로 몇 달에 한 번씩 스트레스를 심하게 받았고 세상에 대해서 화를 냈습니다.

때때로 어떤 피케이들은 경계선이 존중되지 않는 것에 대해서 점차 냉소적으로 변해간다:

* 나는 아버지가 병으로 고생하고 계실 때 한 남자가 우리 집에 찾아와서 아버지의 침대 옆에 앉아 자신의 문제들을 얘기하는 것을 보고 당혹스러워했던 일을 생생하게 기억합니다.

이와 같은 침범의 문제들은 반드시 그 대가를 지불하게 한다. 우리가 나중에 살펴보겠지만 이로 인해 어떤 피케이들은 어떻게 해서든지 목회자의 삶을 살지 않겠다는 영구적인 냉소주의에 빠진다:

* 어릴 때 나는 결코 목회자와 결혼하지 않겠다고 맹세를 했습니다. 이런 이야기를 여러 번 들었을 겁니다. 내가 그런 맹세를 한 이유는 단 한 가지였는데 그것은 내 남편을 세상의 모든 사람들과 공유하고 싶지 않았기 때문입니다. 나는 그것을 엄마에게 말했던 것으로 기억합니다. 나는 능히 그럴 수 있는 이기적인 사람입니다.

아무런 갈등 없이 목회 사역을 피해가겠다고 말하는 것은 아닐 것이다. 대부분의 피케이들은 하나님께 봉사하려는 진심 어린 열망을 가지고 있다. 동시에 부모들이 보호해 주지 않았던 경계선을 어느 정도까지 지켜내려는 강한 열망도 가지고 있다.

그러나 이것은 이야기의 일면에 지나지 않는다. 피케이들은 교인들이 자신의 부모에게 너무 지나친 요구를 한다고 느끼며 부모를 '피해자'라고 생각한다. 또한 처음부터 교인들과 가족들 사이에 적절한 경계선을 설정하지 못한 부모의 무능력을 문제로 인식한다.

경계선 침범 2
'목회자들이 교인들과 명확한 경계선 유지의 필요성을 간과하는 것'

옛말에 "겉옷 벗어 주었더니 속옷까지 벗어달라"는 속담이 있다. 만일 당신이 길 잃은 고양이에게 우유 한 접시를 먹였다면 이제 당신은 고양이 밥을 사 줄 준비를 해야 할 것이다. 물론 인간이 점점 좋은 것을 원하는 것에 대해서 비난할 수는 없을 것이다. 따라서 목회자가 부당한 요구에 대해서 어떤 행동을 취하거나 말을 하지 않는다면 교인들의 태도는 바뀌지 않을 것 같다.

비록 그렇기는 하지만 또한 많은 목회자들과 사모들은 자신들의 의사 표현을 분명히 하기를 주저한다. 이런 과묵한 태도는 사역에 대한 잘못된 훈련 때문에 생긴 혼란스러움에서 기인되었는지 모른다. 상당수의 부모들은 신학교에서 가족의 필요보다는 교회의 필요를 우선으로 해야 한다고 배웠다. 또한 그들은 오랫동안 자신들과 가족 간의 관계를 희생하면서 비싼 대가를 지불한 후에야 경계선 유지의 필요성을 알게 된다.

이러한 경계선의 침범은 종종 전혀 다른 방식으로 이루어진다. 목회자가 교회에 충성을 다했다고 해서 교인들이 목회자 자녀 앞에서 목회자를 욕하지 않는 것이 아니다. 따라서 솔직한 감정들을 언제 어떻게 드러내야 하는가가 중요한 문제가 된다. 자녀들은 부모들이 겪는 혼란스러움을 감당하려고 늘 준비하고 있는 것이 아니다. 그리고 균형 잡힌 판단을 할 수 있을 만큼 성숙하지 못했을 수도 있다. 그들은 그러한 경험을 통해서 인간 본성을 알게 되는 의미 있는 경험을 하기보다 오히려 부모들이 겪

은 일에 대해서 분노할지 모른다:

* 아빠는 매번 교역자들 모임을 마치고 집에 돌아와서는 저녁 식탁에 앉자마자 "아무개 목사는 너무 나쁜 사람이야!" 라고 말하면서 식탁을 내리치곤 했습니다. 때때로 아빠는 사람들간에 생겨나는 사소한 세력 다툼에 대해서 말씀하시곤 했습니다. 물론 이런 이야기는 그런 사람들에 대해 갖는 나의 개인적인 시각에 영향을 미치게 되었습니다. 몇몇 좋지 않은 상황들이 발생했으며 우리는 그 문제들이 몇몇 사람들에 의해 일으켜진 것으로 이해하게 되었죠 …… 일시적으로 그 목사님은 잠시 상당한 파워를 갖게 되었고 결국 아빠를 포함한 여러 교역자들을 내쫓았습니다. 내가 그 교회를 생각할 때 과연 무엇을 떠올리게 될까요?

이 목회자가 불만을 느끼는 것은 어쩌면 당연한 일인지도 모른다. 그러나 과연 그가 자녀들 앞에서 자신의 분노를 적절하게 처리한 것인가? 이 사건을 다른 시각으로 생각해보자.

* 우리가 성장해감에 따라 엄마와 아빠는 우리들 앞에서 교인들이나 그들의 문제를 이야기하지 않으셨습니다. 특히 부모님과 대치하고 있는 교인들의 경우에는 더욱 그러하셨습니다. 만일 우리가 그러한 이야기를 알게 됐다면 그것은 교회에 떠도는 소문을 통해서 알게 된 것이었으며 그런 일도 매우 드물었습니다. 부모님은 여러 가지 이유에서 우리에게 말씀을 안 하신 것입니다. 그분들은 특정한 몇몇 교인들에 대해서 우리가 부정적인 감정을 갖는 것을 원하지 않으셨던 것입니다. 만일 우리가 그러한 사실을 안다 하더라도 그러한 감정들을 통제할 능력이 없다는 것을 아신 것이죠. 그

리고 누군가 나쁜 말이나 행동을 한다 하더라도 그 사람이 '무조건' 나쁜 사람이 아니라는 것을 우리가 깨닫기 원하신 것입니다. 우리는 단 한 번도 저녁 식사시간에 교인들을 화제로 삼아 이야기한 적이 없었습니다.

이 목회자 부부는 자녀들 앞에서 격한 감정을 분출하는 것이 어떤 문제를 초래하는지 인식하고 있다. 또한 자녀들에게 온유함을 가르치고 사역지와 가정간의 명확한 경계선을 유지하려고 의식적인 노력을 기울인 것이다.

메시아 함정 Messiah Trap 교회 문제를 집에서는 절대 이야기하지 않겠다는 기준은 경계선의 문제를 극단적으로 단순화시켜서 해결한 것이다. 특히 목회자가 분명한 자기-경계선들을 가지고 있지 않을 때 문제를 회피하는 방식으로서 이러한 기준을 세우게 된다.

사회적 경계선들을 적절하게 구분할 수 있는 사람들은 자신에게 그렇게 할 권리가 있다는 근본적이고 분명한 확신을 가지고 행동한다. 이러한 확신은 다른 사람들, 특히 자신들의 특성을 존중해 주는 부모와의 경험에서 생겨난다. 만일 그들이 그러한 기초를 빼앗겼다면 그들은 자신감과 자존감을 잃게 될 것이다. 물론 인간은 다른 이들의 욕구를 인정하고 고려해야 하지만 동시에 자신의 욕구를 만족시킬 수 있어야 한다. 어떤 이들은 자신의 장점이 아닌 약점을 통해서 다른 이들에게 조금씩 봉사한다. 그것은 그들의 삶에 넘쳐나는 은혜의 결과가 아닌 필요한 존재가 되어야 한다는 욕구의 결과일 것이다. 그것은 만일 내가 선(善)하게 최선을 다해 희생한다면 결국에 누군가 내가 열망하는 존경과 경의로 나를 대해 줄 것이라는 환상을 갖는다는 말이다. 그리고 그 환상이 깨질 때마다 그들은 실망과 좌절을 경험한다는 의미이다.

많은 크리스천들에게 흔히 나타나는 이러한 증상을 카멘 배리^{Carmen} ^{Barry}는 '메시아 함정' 19)이라고 칭했다. 그것은 '만일 내가 그것을 하지 않으면 안 될거야'와 '모든 사람들의 필요는 내가 대신 채워야 돼' 라는 두 가지 상반된 거짓 신념에 근거한다. 이런 함정에 빠진 목회자는 모든 사람이 모든 일을 목회자가 하리라고 기대하게 된 원인이 실제로 자기 자신에게 있다는 사실을 깨닫지 못한다. 만일 내 아내가 내가 직접 양말을 꺼내 신은 적이 한 번도 없다고 불평하면서도 날마다 나를 위해 양말을 꺼내준다고 상상해 보자. 그렇다면 나는 과연 스스로 양말을 꺼내 신을 수 있을까? 내 아내는 자신이 인내심이 있고 책임감 강한 사람이라고 생각하면서 어느 정도 만족을 얻을 것이다. 그러나 보다 중요한 것은 내가 스스로 책임지는 법을 배워야 한다는 데 있다. 메시아 함정에 빠진 목회자들은 끊임없이 다른 이들의 필요를 채우기 위해 과도하게 애쓰는 것이 어리석은 일임을 인식해야 된다.

경계선을 설정하고 구분하기를 힘들어 하는 목회자들은 아마도 유년기에 개인적인 경계선을 존중받지 못하며 성장했을 가능성이 높다. 그들은 이러한 상황에서 느끼게 되는 공허감을 매우 힘들어하며 더 나아가 공허감을 채우고 싶어 한다. 그들은 가족의 정서적인 부분을 감당할 수 없기 때문에 사역에 몰두할 수밖에 없다.

공허감에서 비롯된 사역은 단조롭고 고될 뿐이다. 자기희생을 칭찬하는 신실한 크리스천들은 목회자의 자기희생에 대해 일시적으로 격려를 보낼 것이다. 그러나 일시적인 칭찬이 목회자의 근본적인 공허감을 채워줄 수 없다. 따라서 목회자들은 자신의 도움을 받은 사람들이 감사의 보답을 하지 않더라도 공허감을 채우기 위해 점점 더 희생할 수밖에 없다고 느끼게 된다.

어린 시절 피케이들은 욕심 없이 내어주는 것을 모범적인 크리스천의 삶이라고 생각하는 다른 이들처럼 자신의 부모에게도 경계선이 없다는 사실을 수용할 것이다. 그러나 아이들이 점차 성장해감에 따라 다음에 나오는 쓰라린 상처를 경험한 한 목회자 아들이 그랬던 것처럼 이러한 상황을 다른 관점에서 이해하게 될 것이다:

* 어린 시절 나는 마치 아버지처럼 헌신하는 것이 크리스천답다고 생각했습니다. 그분은 많은 고통과 희생을 감수하셨는데 나는 그 모습을 존경했습니다. 그러나 나는 성장해가면서 점차 그러한 모습이 지겨워지기 시작했습니다. 십대 후반에 이르러서야 나는 사실에 근거하여 정확한 결론을 얻어낼 수 있게 되었습니다. 나는 대학에 입학한 후 가족과 떨어져 살게 되면서 사실상 나의 아버지의 모습이 자신의 이슈를 해결하지 못한 모습이며, 그다지 크리스천다운 모습이 아니었음을 깨닫기 시작했습니다 …… 죄책감을 느끼기 때문에 어떤 사역을 하는 것이 되어서는 안 됩니다. 사랑하기 때문에 하는 것입니다. 건강한 사람은 감정이 상했을 때 '아니오'라고 말할 수 있으며 그리스도는 그것 때문에 당신을 미워하시지는 않습니다. 이 사실을 깨닫는 데는 수년의 시간이 필요했습니다.

부모와 멀리 떨어져 있는 동안에 이 피케이는 자신의 아버지가 고통을 겪은 것은 무모한 교인들 때문만이 아니라 적절한 시기에 '아니오'라고 말하지 못하고 알맞은 경계선을 설정하지 못한 아버지에게도 책임이 있다는 사실을 알게 된 것이다.

혼란스럽게 함 경계선을 잘 유지하지 못하는 목회자 부모 밑에서 자라는 자녀는 혼란스럽다. 사역을 잘 감당한다는 의미가 교인들이 원하는 일이라면 무슨 일이든지 해야만 한다는 의미일까? 어디에 경계선을 그어야 할 것인가? 한 목회자의 딸이 이러한 딜레마에 빠져 있었다:

* 어머니는 교인들과 적절한 경계선을 잘 설정하지 못하셨습니다. 우리는 교인들이 얼마나 프라이버시를 침범하는지에 관해 이야기를 나누었습니다. 교인들 중에는 내게 키스받기를 원하는 사람들이 있었습니다. 나는 그들에게 키스하고 싶지 않았지만 '의무적인 키스'를 해야만 했습니다. 그러면서 나는 스스로 '좋아, 나는 그에게 다가가서 키스를 할 거야 그 사람은 교회에 헌금을 많이 하잖아'라고 생각했습니다. 더욱이 그들 중에는 조금씩 '신체적으로 접촉'하려고 애쓰는 사람도 있었습니다. 저는 매우 불쾌했지만 늘 그런 식이었습니다.

이 피케이는 '교인들의 관습'을 따르고 있었던 것이다. 그러나 때가 되자 그녀는 자신의 경계선을 설정하기 시작했다:

* 그러나 이제 나는 그렇게 하지 않기로 했습니다. 그 문제를 악수로 대처합니다. 그러나 어머니는 내가 친절하게 그들에게 키스를 해야 한다고 말씀하셨습니다. 나는 "엄마, 엄마가 그들에게 키스하고 싶지 않다면 제발 나한테도 이래라 저래라 하지 마세요! 사람들이 그렇게 엄마의 프라이버시를 침범하게 놔둘 필요가 없잖아요"라고 말했습니다. 그러자 엄마는 "그렇지만 때때로 그렇게 밖에 할 수 없다는 걸 너도 잘 알잖니. 그렇게 하지 않으면 사람들이 무례하게 보거든"이라고 말씀하셨습니다. 나는 '지겨워, 정말

신물이 나'라고 생각했습니다.

교인들이 목회자의 프라이버시를 어떻게 침범하든지 관계없이 목회자는 개인적인 경계선을 유지하기 위해서 몇 가지 책임을 져야 한다. 목회자의 자녀들은 부모의 삶 속에서 자신들이 보고 자란 대로 신앙과 봉사의 개념을 갖게 된다. 만일 자녀들이 부모가 유지해 온 명확한 경계선을 본받을 수만 있다면 피케이들의 영적인 정체성과 개인적인 정체성이 흔들리지 않을 것이다. 그리고 자신들의 개인적인 경계선을 갖는다는 것이 크리스천답지 않은 일이라고 생각하지 않을 것이다. 그러나 책임을 진다는 것은 몇몇 목회자들과 사모들에게 있어 고통스러운 자기 성찰과 사역에 대한 자신들의 마음가짐을 재정비해야 된다는 것을 의미한다.

 경계선 침범 3
'목회자의 역할과 이미지가 부모-자식간의 관계를 해치도록 허용하는 것'

경계선 침범 1과 2의 문제가 서로 얽히면서 피케이들은 세 번째 침범을 경험한다. 명확하지 않은 경계선을 가지고 있으면서 교인들의 높은 기대감을 받고 있는 목회자들은 점차 부모의 권위를 포기해야 될 것 같은 압박을 받게 된다. 그렇게 됨에 따라서 교인들이 아이들의 행동을 지도하도록 방치할 수 있다. 이러한 침범은 다음의 몇 가지 유형으로 나타난다.

이미지 많은 피케이들은 이미지가 전부인 것처럼 생각한다. 목회사역을 하는 부모들은 교인들에게 특정한 인상을 풍기도록 자녀들에게 가르친다. 자녀들은 그러한 부모의 요구에 순종한 결과 칭찬을 받는다. "오,

매우 착한 아이로구나!' 라는 교인들의 칭찬은 부모에 대한 긍정의 표현이 되는 것이다. 그렇다고 피케이들이 이러한 사실을 분간 못하는 것은 아니다:

> * 교인들은 내가 성장해 갈수록 언제나 좌석 맨 앞줄에 즐거운 표정으로 고상하게 앉아 있으면서 필요할 때마다 피아노 반주를 하는 아이라고 생각했습니다. 아빠가 피아노 선생님에게 내가 교회에서 이따금씩 반주를 할 수 있도록 꼭 찬송가를 가르쳐달라고 부탁했고 그 결과 나는 교회 반주자가 될 수 있었습니다. 그것은 그분이 내게 기대하는 것을 이루어가는 방식이었습니다.

이는 자신의 아버지가 교인들로부터 칭송받고 싶어하는 마음을 겉으로 드러내지 않으면서 실제로는 그 칭찬과 인정을 얻기 위한 수단으로 자신을 이용했다고 생각하는 한 여성의 고백이다. 그 결과 그녀는 유기되었다는 느낌을 갖게 된 것이다.

물론 자녀들은 부모들의 공적인 이미지를 형성하는 데 도움이 되어야 한다. 그러나 목회자 부모와는 달리 일반 부모들은 자녀들이 밖에서 필요한 다른 사람들에게 좋은 인상을 줄 수 있을 만큼만 신경을 쓴다. 분별 있는 부모들은 자녀들이 주위 상황에 맞게 자녀들이 행동하도록 교육할 것이다. 문제는 '그런 교육이 과연 누구의 유익을 위한 것인가?' 하는 것이다.

누구의 유익을 위한 것인가? 자녀들이 사회에 필요한 인물이 되도록 교육하는 것은 당연한 일이다. 또한 부모들이 자신들의 윤리의식과 한 가족으로서 그들의 정체성이 어떻게 그들의 행동 규칙들과 연관되는지에 대한 느낌을 나누는 것 역시 당연하다. 그러나 부모 스스로가 자신들의 갈등이나 난처함을 피하기 위해 자녀를 교육하는 것은 다른 차원의 문제이다. 다음에 나오는 한 목회자의 아들에게 있어 '이미지' 의 문제는 아버지와 아들과의 관계에 있어 장애물이 되었다:

* 나는 언젠가 학교에서 말썽을 부렸던 일을 기억합니다. 나는 아버지가 목회하는 내내 교인들이 아버지 자신에 대해 어떻게 생각하는지를 매우 중요하게 여겼다는 것을 압니다. 당시 선생님은 학교에 아버지를 오시라고 해서 내가 했던 행동들에 대해 이야기하셨습니다. 그 이야기를 듣고 난 아버지는 매우 무안해 하셨습니다. 나는 아주 분명하게 기억합니다. 아버지는 집에 돌아오자마자 마치 성난 사자처럼 내게 달려들어 멱살을 움켜잡았습니다. 그리고 허리띠로 아무데나 닥치는 대로 휘둘렀습니다. 그러면서 그 순간에 했던 말이 지금까지 내 마음속에 깊이 남아있습니다. 내가 벌을 받은 이유는 내가 그런 식으로 행동했기 때문이 아니라 사람들이 우리를 어떻게 생각하겠냐는 것 때문이었습니다.

이 피케이가 받은 벌은 그가 저지른 잘못 때문이 아니라 공개적으로 무안을 당했다는 사실에 대한 아버지의 분노 때문이다. 아버지에게 중요했던 문제는 자신이 어떻게 생각하는가 라는 문제보다 다른 사람들이 자신을 어떻게 생각할 것인가였다. 그 아버지는 마치 언제나 교회의 연장선 위에 서 있는 사람처럼 행동한 것이다.

이 피케이는 목회자인 아버지가 자신의 뜻이 아닌 다른 사람들의 뜻에 따라 자신의 행동을 규정했다는 것에 대해 배신감을 느낀 것이다. 이런 상황이 계속되면서 그는 아버지에 대한 아들로서의 역할을 포기하게 되었다.

이러한 경험은 비인간적인 정서를 갖게 할 수 있다. 교인들과의 관계에서 목사로서의 명예를 수호하고자 했던 경계선은, 즉 교인들과의 관계는 부자간의 관계를 지키려는 경계선보다 훨씬 강력하였던 것이다.

설교의 예화들 목회자들은 설교의 예화로 자녀들의 이야기를 사용하는 것 자체가 그들의 프라이버시를 침범한다는 사실을 인식하지 못할 수도 있다. 사택에서 생겨나는 에피소드들은 목회자에게는 좋은 설교 자료가 될 수 있으나 피케이들에게는 당혹스러운 공개적 폭로일 수 있다. 때때로 피케이들이 자신들의 유년 시절에 대해 강단에서 듣게 되는 경우가 있다. 이 경우 그들은 매우 놀란다. 누구의 유익을 위함인가? 설교자의 가정 생활에서 끌어온 강단 예화들은 종종 내용보다는 효과를 위해서 불필요하게 사용되기도 한다. 그러한 예화를 활용하는 것이 피케이들이 겪게 될 당혹스러움보다 가치 있는 것인가? 피케이에게는 먼저 듣고 동의할 권리가 없는가?

여기에는 균형이 필요하다. 경계선을 인식한다는 의미가 설교의 예화에서 자녀들에 관한 이야기를 하지 말라는 것이 아니다. 그러나, 자녀들의 삶을 함부로 노출시키는 것은 개인적인 경계선을 존중하지 않는다는 표시이다.

마지못한 참여 Unwilling Recruit 프라이버시 침범의 또 다른 예는 적절한 경계선을 유지하기 힘들어 하는 목회자 부모가 자신이 정서적으로 탈진되었다는 것을 알면서도 자녀들을 제외하고는 어디에서도 위안을 찾지 못할 때 발생한다. 교인들의 말에 고분고분한 '메시아'가 되어 가는 목회자들은 이와 동일한 방식으로 자녀들과 관계를 맺을 것이다. 이런 목회자들은 교인들의 여러 기대에 건강한 경계선을 그을 수 없었던 자신들의 무능력을 자녀들이 보완해주기를 기대하게 된다. 그 결과 자녀들의 경계선을 침범한다. 한 목회자의 딸은 자신의 가족 경계선의 문제들이 한 세대에서 다음 세대로 어떻게 전달되는지에 대해 다음과 같이 서술한다:

* 나는 아버지가 그랬듯이 사람들의 문제를 떠맡았습니다. 나는 아버지에게 일종의 인정을 받기 위해서 아버지가 호소하는 문제들에 대해서도 들어주어야 했습니다. 그로 인하여 나는 여러 가지 면에서 내가 사람들의 이야기를 들어주는 사람이라고 생각하게 되었습니다. 비록 후에 내가 다른 사람의 문제를 듣고 싶어하지 않는다는 것을 알게 됐지만 말입니다. 나는 문제들을 들어주는 데 수많은 날들을 보내 왔습니다. 하지만 이제 나는 내 문제들을 이야기하고 싶습니다. 때때로 나는 아버지에게 그 동안 상담해주었던 '상담료'를 청구하고 싶습니다.

교인들의 칭찬을 필요로 했던 이 목회자는 칭찬을 얻기 위해서 그들의 문제를 떠맡았던 것이다. 또한 그의 딸은 집에서 그를 위해서 똑같은 방식으로 문제를 떠맡은 것이었다. 여기에서 나타나는 정체성의 혼란에 주목해 보라. 그녀는 이런 일이 자신의 개인적 경계선들을 침범한 것임을 깨달았음에도 불구하고 다른 이들의 문제에 진심으로 귀를 기울이는 자신을 인식하고 있다. 그러나 그녀의 문제에는 과연 누가 귀를 기울여 줄 것인가? 아마도 그녀는 상담료를 내고 전문 상담사를 만나야 할 것이다.

딸이 성장하는 과정에서 아버지가 상담해주며 도움을 주어야 하는 데 거꾸로 딸이 아버지를 상담해주어야만 했던 상황이 옳지 않은 것이라고 그녀는 느낀 것이다. 그녀가 상담해준 것에 대해서 아버지가 상담료를 내야만 한다고 느끼는 것은 어쩌면 당연한 일일 것이다.

경계선 침범 4
'목회자 가족을 이상화시키는 것'

앞에서 살펴봤듯이 어떤 교인들은 목회자 가족에게 끊임없이 관심을 쏟는다. 가족 간의 말다툼은 특히 그들의 호기심을 유발할 것이다.

* 어떤 이들은 목회자 가족끼리 말다툼을 하거나 어떤 문제에 관해서 의논하는 것을 엿들었을지도 모릅니다. 또 어떤 이들은 마치 자신들에게 목회자 가정의 사생활에 대해 알 권리가 있는 것처럼 생각할 것입니다.

* 만약 목회자 자녀가 이혼을 하거나 데이트하다가 헤어진다면 그것은 교인들 사이에 험담이 될 것입니다. 만일 목회자 가족 간에 말다툼이 있었다면 대부분의 교인들은 그 사실을 이미 알고 있을 것입니다.

어떻게 그러한 일들이 교인들 사이에 전해지는지 분명하지는 않다. 그러나 일단 이런 일이 퍼지기 시작하면 소문은 삽시간에 번지게 된다. 때로는 목회자 가족이 그러한 사실을 다시 전해 듣고 상처를 받기도 한다.

* 약 일 년 전에 우리 가족은 가까운 친척 한 분과 상당히 좋지 않은 일이

있었습니다. 이 일로 부모님은 서로 다투시게 되었습니다. 아무도 모르게 말입니다. 그러나 어떻게 알았는지 교인 중의 한 사람이 이 사실을 알게 됐고 그는 부모님이 곧 이혼하게 될 것이라고 이야기하고 다녔습니다. 이혼이란 단어는 한 번도 언급된 적이 없었는데 말입니다. 며칠이 지나자 부모님 사이에 있었던 문제는 해결되었고 이전보다 더욱 서로를 아끼게 되었습니다. 그러나 과장해서 말하는 교인들 때문에 많은 문제들이 생겼습니다.

이러한 소문이 종종 목회자의 자녀들에게 집중된다는 사실은 그리 놀랄 만한 일이 아니다. 그들이 누구와 데이트를 하는지는 교인들의 특별한 관심사이다:

* 내가 여자친구들과 데이트를 시작하면서 소문이 매우 빠르게 퍼진다는 사실을 알게 되었습니다. 내가 피케이이기 때문에 사람들은 나를 주목하고 있었던 것입니다. 그냥 데이트하는 수준이고 별로 진지한 사귐이 아닌데도 교인들은 이미 입방아를 찧고 있었습니다. 그들은 이미 모든 것을 알고 있었던 것입니다.

다음의 미혼 여성이 겪은 딜레마를 살펴보자:

* 내 남자친구 폴과 나는 몇 개월 동안 사귀었습니다. 그는 센트럴 시티에 살고 있었는데 어느 날 그곳과 가까운 도시에 살고 있는 한 교인과 우연히 마주치게 되었습니다. 우리가 주일 날 교회에 들어가는데 마침 그 교인이 안내를 하고 있었습니다. 내가 한 번도 "이 사람이 내 남자친구 폴이에요"라고 소개하지 않았음에도 불구하고 그는 폴에게 "오, 자네가 센트럴 시티

에 산다는 그 친구인가"라고 인사를 건네는 것이었습니다. 일단 폴은 교회로 들어갔고 폴에 관한 사실이 여기저기 퍼지게 되었습니다. 사람들은 내게 끊임없이 물어왔습니다. "폴과 결혼할거니? 반지는 벌써 받은 거야? 반지는 어디 있어? 언제 결혼할거니? 아이는 몇 명이나 가질 예정이야?" 그것이 교인들이 상관할 문제인가요? 결코 아니잖아요?

때때로 피케이들은 교인들의 관심이 호기심을 훨씬 능가한다고 생각한다:

* 내가 한 남성을 사귀고 있는 것을 알았을 때 대부분의 교인들은 우리가 어떤 관계인지 알고 싶어했습니다. 나는 그들이 마치 그 남성을 승인할 권리가 자신들에게 있는 것처럼 행동한다는 느낌을 받았습니다.

교인들의 이러한 태도는 그녀의 가족이 교회를 대표하기 때문에 그녀 역시 교회에 '소속되어 있는 존재'라고 생각하는 것에서 비롯된다. 그녀는 모든 이들의 관심사였다.

이와 같은 침범에는 또 다른 측면이 있다. 때때로 교인들은 결점과 과실을 주시한다:

* 많은 사람들이 서로에 대해 알고 있는 작은 도시에서는 사람들이 혹시나 피케이들이 실수하지는 않나 살피면서 그들의 행동을 주목하고 캐묻기를 좋아할 것입니다. 사람들은 가족들 특히 우리에 관해서 이야기하곤 했었습니다. 만일 우리 중의 누가 교회 안팎에서 어떤 비행이라도 저지르면 이미 모든 사람들이 그 사실을 알고 있었으니까요.

* 교인들은 언제나 나를 주시하고 있었습니다. 만일 내가 무슨 일이라도 잘못하면 그들은 언제나 예리하게 그 실수를 지적하면서 신랄하게 비난하곤 했습니다. 나는 전도하는 일에 상당한 죄책감을 느꼈습니다. 왜냐하면 나는 실수하면 안 되는 사람으로 비춰졌기 때문에 크리스천으로서 소금과 빛이 되지 못하고 있다는 면에서 많은 죄책감을 느꼈기 때문입니다.

이중 잣대 피케이들이 목회자 자녀로 선택되었다는 사실에 대해 이런 식으로 원망하는 것은 특별히 그들에게 적용되는 이중 잣대 때문에 더욱 그러하다. 즉 교인들은 피케이들의 행동은 쉽게 비난하면서도 교인들 중의 다른 아이들이 이와 유사하거나 더 못된 행동들을 할 때에는 간과하기 때문이다:

* 내가 교인들의 입장에서 잘못된 것이라고 여겨질 수 있는 행동을 할 때면 언제나 그 모든 행동이 교인들에게 알려진다는 사실을 깨닫게 되었습니다. 나의 행동은 전혀 다른 내용으로 퍼져 나갔습니다. 예를 들어, 내가 파티에서 술을 마셨을 때 교인들은 한결같이 어떻게 목회자의 자녀가 그렇게 술을 마실 수 있느냐고 하더군요. 그러나 교인 집의 다른 아이들이 그렇게 했을 때에는 아무런 문제도 되지 않았습니다. 이것은 결코 공정한 것이 아닙니다. 사실 대부분의 교인들은 나와 함께 교회 활동을 하는 다른 아이들이 어떻게 행동하는지는 전혀 알지 못하면서 말입니다.

공정성의 결여 때문에 피케이들은 반항적이 될 수도 있다:

* 우리 교회 교인들은 자신의 신앙이 정통이라고 했지만 그러나 그들의

자녀들은 제멋대로 행동했습니다. 그들은 주일학교 책상 위를 뛰어다니고 교회 지붕 위에 올라가는 등 여러 가지로 멋대로 행동했던 반면에 나는 화장이 너무 진하다는 이유로 나의 외모가 말썽이 됐던 것을 기억합니다. 그로 인해서 나는 실제로 마음에 상처를 입고 반발심으로 담배와 술을 시작했습니다 …… 비록 그들은 그 사실을 몰랐지만 나는 그때 완전함에 대해서 반항했던 것입니다.

왜 호기심을 갖고 사사건건 따지면서 이중 잣대를 적용하는가? 여러 저자들이 진술했듯이 목회자 가족들은 교인들에게 중요한 상징적인 기능을 담당한다. 윌리엄 더글라스William Douglas는 이것을 '왕실royal family' 현상이라고 부른다. 즉 목회자 가족은 교인들의 상징적인 부모이고 하나님과 공동체의 확대 가족을 표상한다는 것이다.[20] 그러므로 그들은 양들의 모범이 되어 주리라는 기대를 받는 것이다. 그들은 모든 면에서 크리스천의 삶에 있어 모범이 되어야 하며 특히 가족 관계는 더욱 그러하다. 교인들은 목회자 가족을 귀감으로 삼고 살 가능성이 높다:

* 교인들은 개인적인 생활 면에서 우리를 본받고 싶어하고 그렇게 하기 위해서 우리를 끊임없이 살폈습니다. 심지어 어떤 부부는 우리 형제와 똑같은 수의 자녀를 낳았고 아빠가 훈계하실 때 사용하시던 표현 등 여러 가지를 따라했습니다.

교인들은 아이들을 훌륭하게 훈육하는 방법을 알고 싶을 때면 언제든지 목회자 가족을 주목한다:

* 부모님은 내 나이 또래의 자녀들이 있는 가정들을 위해 훌륭한 부모가

되는 길을 정해놓고 있는 것 같았습니다. 사실 교회에서 바지를 입을 수 있게 된 것은 내가 교회에 바지를 입고 참석한 뒤에 용납된 것이니까요. 그리고 학교 댄스 파티에 가게 된 것도 부모님이 허락하신 뒤에야 이루어진 것입니다.

토마스 매더Thomas Maeder는 이와 유사한 이야기를 하고 있다:

"대부분의 어머니들은 내 딸의 옷차림에 상당한 주의를 기울이지요"라고 한 사모님이 내게 말했다. "만일 그 아이가 학교에 무릎 위까지 올라가는 스커트를 입고 갔다면 그들은 하나님이 올해는 미니 스커트를 입어도 좋다고 허락하셨다는 의미로 생각할 겁니다."[21]

사회적 통념 만들기 목회자의 가족은 크리스천 생활의 전형으로 우상시 되고 존경을 받는다. 교인들은 각각의 목회자 가족을 모든 면에 있어서 도덕적으로 보다 바람직한 모습을 갖췄으리라고 여긴다. 보다 지혜롭고 영적이고 용서를 실천하고 자기 희생적이리라고 생각한다. 목회자는 이상적인 결혼생활을 해야 하고 그들의 자녀들은 착하게 행동하고 영적으로 성숙해야 한다고 본다. 심지어 어떤 교인들은 마치 피케이들이 그들의 부모의 연장선상에 서 있는 것처럼 그들이 자신들의 영적인 문제까지 상담해줄 수 있으리라고 생각한다.

수많은 사회적 통념들은 실제로 몇 가지 근거를 가지고 있다. 즉 목회자들은 대체적으로 더 나은 결혼생활을 할 것이다. 그리고 그들의 자녀들은 다른 아이들보다 훨씬 착하게 행동할 것이다. 이러한 환상은 반드시 그렇게 되어야 한다는 소망을 표현한 것이다. 따라서 그와 같은 이미지는 사실과 상관없이 계속해서 남아있게 된다. 대부분의 청소년들은 한 두 개의 팬클럽에 가입한다. 왜냐하면 십대 문화가 본질적으로 인기 있는 스타들을 양성하기 때문이다. 십대 청소년들은 그들의 스타와 직접 대면하는 꿈을 꿀 것이다. 그리고 그 사람이 얼마나 멋진 사람인가를 상상할 것이다. 자신들이 그토록 열정을 다하는 대상이 사실은 그저 평범한 사람임을 발견하게 될 때 그들은 대부분 다음의 두 가지로 반응한다. 지금까지 믿어온 자신들의 통념들을 유지시키기 위해서 그러한 기사를 부인할 것이다. 아니면 화를 내면서 자신들의 환상을 깨버린 그 스타를 거부해 버릴 것이다.

이것은 목회자 가족들의 경우에도 마찬가지이다. 그러한 통념들은 양날을 가진 칼과 같다. 만약 어떤 사람이 감동을 받고 목회자 가족을 존경한다 하더라도 그들은 또한 자신들이 갖고 있는 기존의 이미지를 퇴색시키는 목회자 가족의 어떠한 오류나 과실에도 민감하게 반응할 것이기 때문이다.

* 나는 언제나 교인들이 우리 가족을 지켜보고 있으며 누군가 우리가 무슨 행동을 하는지 감시하고 있다고 느꼈습니다. 그들은 우리 가족에게 문제나 어려움이 있는지를 지켜보면서 은근히 문제가 생기길 기대하고 있는 것 같았습니다. 그리고 정작 문제가 생기면 만족스러워 하는 것 같더군요. 한 동안 나는 많은 교인들 특히 내 나이 또래의 교인들은 우리 가족이 실패하기를 바란다고 가끔씩 생각했습니다.

왜 교인들은 목회자 가족이 실패하기를 바라는가? 사실 우리는 종종 우리가 이상적으로 생각하는 인물들에게 상당한 양가감정을 갖고 있다.

그들은 우리가 되고 싶어하는 모습을 대신해서 나타내준다. 우리는 그들에게 기대를 걸고서 '사회에서 미덕으로 인정하는' 그들의 선행을 통해 대리 만족을 얻는다. 그러나 다른 한편으로 그렇게 완벽한 사람 곁에서 살아가면 우리는 우리가 갖고 있는 약점들을 인식할 수밖에 없다. 사람들은 자신들의 결점을 해결하는 것을 회피하는 만큼 다른 이들의 결점을 부각할 것이다. 훌륭한 사람이라고 생각했던 이에게서 결점을 발견함으로써 자신이 부족한 사람이라는 느낌에서 벗어날 수 있기 때문이다. 사람들은 이상적으로 생각하는 인물들이 뜻밖의 결점을 가지고 있다는 사실을 발견하면서 만족해한다:

* 행복하지 못한 가정 생활을 하고 있는 어떤 교인은 우리를 질투하면서 매우 사소한 실수까지 들춰내려고 애를 썼습니다. 그들은 또한 자신들이 영적으로 성숙하지 못한 것을 아빠의 탓으로 돌리기도 했습니다.

교인들은 목회자 가정의 결점을 드러냄으로써 자신들의 문제를 직면하는 것을 회피하며 스스로 영적인 성장을 책임져야 하는 사실을 회피하려 할 수도 있다:

* 교인들은 목회자 가족을 유심히 관찰하고 어떤 결점이든지 찾아내려고 합니다. 나는 교인들이 자신들의 가족과 자녀들이 목회자의 가족과 자녀들과 같아야 한다고 생각하기 때문에 우리에게서 어떤 흠을 발견하게 될 때마다 그렇게 비판적일 수밖에 없다라고 이해합니다.

이러한 지나친 관심은 목회자 가정에, 특히 교인들 가정보다 실제로 더

낫다고 생각하는 목회자 가정에 상당한 혼란을 야기한다. 문제는 교인들이 목회자 가족의 아주 부분적인 행동에만 의존해서 반응한다는 것이다. 어느 정도의 비난은 목회자 가족에게 특정한 역할을 감당해 달라는 교인들의 요구를 표현하는 것이다. 진정한 스타는 팬들의 변덕스러움과 대중의 인기를 누린다는 것이 얼마나 불확실한 것인가를 잘 인식한다. 캐시 크론카이Cathy Cronkite는 배우였던 루비 디Ruby Dee와 오씨 데이비스Ossie Davis의 딸인 노라 데이비스Nora Davis의 말을 다음과 같이 인용한다:

> 수많은 유명인사들이 성공을 거두지만 그 이유는 알지 못한다 …… 그들은 사람들이 그토록 자신들을 흠모하다가 얼마 지나지 않아 왜 그리 돌변하는지에 대해서도 그 원인을 알지 못한다. 그래서 그들은 만일 자신을 추종하는 이들을 조금이라도 잃게 된다면 실패할 것이라는 사실에 두려워한다. 그렇게 되면 그들은 더 이상 그들 자신의 모습으로 살 수 없게 된다.[22]

다음의 한 목회자의 아들의 회고와 비교해 보자:

> * 아버지는 그 누구의 기대에도 어긋나지 않도록 최선을 다했습니다. 그분은 집에서는 불평하고 소리를 지르기도 했지만 교회에서는 언제나 미소를 지었습니다. 어머니는 교인들의 일거수일투족을 다 읽어내느라 편집적이 되었고 지금도 여전히 매우 편집증적인 삶을 살고 있습니다.

연예계와 목회에서의 성공은 전적으로 각 개인의 달란트에 의해 좌우되는 것은 아니다. 그 달란트는 다른 이들의 호감을 살 수 있는 하나의 수단이며 불안정한 기초에 지나지 않는다. 자기 개념이 성공 여부와 복잡하게 얽혀있는 사람들은 실패의 공포와 편집증으로 인해 평온한 삶을 살 수 없다. 심지어 건강한 자아상을 갖고 있는 사람들조차도 지금의 성공을 유지하기 위해서 자신의 정체성을 타협하기도 한다. 팬들은 변하기 마련이다. 언제까지 그들이 멋지게 인정해 준다는 사실에만 집착해 있을 것인가? 그것은 마치 특정한 역할을 얼마나 잘 감당하고 있는가에 자신의 성공을 걸고 앞으로 벌어질 일을 내다보지 못한 채 그 역할을 감당하기로 수락하는 사람과 같다.

이 장 초반부에 한 피케이가 말했던 것을 상기해 보자: "나는 사람들이 나와 우리 가족이 완벽하지 않다는 것을 알고 아빠를 더 이상 좋아하지 않게 된다거나 혹은 더 이상 아빠가 목회를 못하게 될까봐 몹시 두려웠습니다." 교인들에게 완벽한 존재가 되어야 한다는 것은 숨막히는 일이 아닐 수 없다. 특히 무엇이 옳고 그른지를 배워가는 아이들에게는 더욱 그러하다. 그러한 기대감은 완벽한 누군가를 소유하고 싶은 교인들의 필요나 혹은 완벽하게 되고자 하는 목회자의 소망에, 혹은 이 두 가지 모두에 근거한 것이다(경계선 침범 2). 이러한 기대감은 크리스천적인 모범에 대해서 은혜의 역할에 전혀 여지를 두지 않는 잘못된 관념으로 인해 더 합법화된다.

모범적인 은혜 나는 이런 현상을 어떤 근거에 의해서 '우상화'라고 표현해왔다. 교인들이 목회자 가족을 완벽하다고 기대한다면 그것은 우상숭배이다. 목회자 가족들이 스스로에게 이런 모습을 기대한다면 그것 역시 우상숭배이다. 그 이유는 교회가 자신들의 삶의 중심에 모셔야하는 주님에게 초점을 맞추는 대신 목회자의 가족에게 몰두해 있기 때문이다. 교회는 목회자 가족이 '선한' 행동을 하리라는 기대에 몰두해서는 안 된다. 왜냐하면 선한 이는 오직 한 분이시고 다른 모든 인간들의 선함은 그분에게서 나오는 것이기 때문이다(마 19:17). 목회자 가족들은 교인들의 모범이 되어야 한다. 그들이 모범이 되어야 할 부분은 하나님과 현실적이며 현존적인 관계를 맺고 매일매일 그분의 은혜가 필요함을 인식하는 삶의 모습이다.

교회는 매일의 모든 관계 속에서 은총이 삶의 현실이 되는 곳이다. 그리고 이 은총을 받은 사람들이 각자의 영적인 은사들을 발견하며 하나님을 섬기는 특별한 사명을 발견하도록 격려받는 곳이다. 이러한 분위기 속에서 서로 간의 지지와 수용 그리고 경계선의 존중이 일어날 수 있다. 그리고 그곳에서는 목회자 가족을 포함한 교회에 참석하는 모든 이들이 있는 모습 그대로 인정된다. 그리고 누구나 갖는 인간적인 한계로 인해 사역에 부적합하다는 판정을 받지는 않는다. 이런 환경은 목회자 자녀들에게 목회자와 동일한 틀을 요구하지 않는다. 오히려 사랑과 이해가 있는 환경 속에서 그들의 개인적인 자질들이 잘 계발되도록 격려한다.

경계선 침범 5
'자녀들의 행동에 목회자가 책임지게 하고
부모의 행동에 자녀들이 책임지게 하는 것'

자녀의 품행은 부모들이 어떻게 양육해 왔는가를 알 수 있는 척도가 된다(한정된 범위에서만). 아이들의 성격이나 행동에는 양육 요인 이외에도 선천적인 기질, 또래 그룹, 살면서 겪은 일들을 포함하는 많은 요인들이 영향을 미친다. 부모들은 자녀들이 어떻게 성장했는지에 대해 상당한 책임을 져야 할 것이다. 그러나 그렇다고 해서 부모들이 그 결과에 대해 전적으로 칭찬받아야 한다거나 전적으로 비난받아야 하는 것은 아니다.

그러나 부모들은 이런 사실을 망각하는 경향이 있다. 특히 아이들이 어떤 삶을 살게 되는가에 자신들의 자존감을 전적으로 거는 부모들의 경우에는 더욱 그러하다. 더욱이 목회자 부모들에게 문제가 되는 것은 피케이들이 모범적인 자녀들이 되어야 한다는 일반적인 기대이다(경계선 침범 ④). 경계선 침범 5는 부분적으로 그 기대가 악순환적으로 강화된 것이다. 즉 자녀들이 완벽하지 않을 때 목회자 부모를 무능력하고 부족한 사람으로 여긴다는 것이다. 그러나 이러한 사회적 통념을 인식하기는커녕 교인들은 목회자 부모를 비난하거나 혹은 목회자 스스로가 이 점에 대해 자책할 것이다. 어느 경우에도 목회자 부모가 겪는 압박감은 상당하다:

＊어머니가 교회에 다녀오시면 자주 우셨던 때가 있었습니다. 그 이유는 안수 집사님의 부인이 주일 내내 어머니와는 한마디 말도 나누려고 하지 않았기 때문입니다. 우리는 그 부인의 그런 행동이 우리가 입은 짧은 치마와 우리가 좋아하는 머리 모양이나 화장 스타일과 관계가 있다는 것을 알고 있었습니다. 교인들은 우리의 그런 행동을 원치 않았던 것입니다.

비록 목회자가 자신의 사역과 부모의 역할 사이에 적절한 경계선을 유지하려고 애쓴다고 할지라도 그러한 압박감은 계속 존재한다:

＊교인들은 부모님이 우리를 완벽한 크리스천으로 키우기를 원했습니다. 우리는 모두 신앙인이었지만 나는 교인들의 눈에 절대적으로 못 미치는 아이였습니다. 만일 내가 그들 보기에 만족스럽지 않게 행동을 하면 틀림없

이 그것은 부모님에게 누를 끼치는 일이 되었습니다. 나는 이로 인해서 부모님이 상당한 압박감을 받았다고 생각합니다. 아빠 역시 피케이였기 때문에 사회가 부여하는 수많은 기대들에 내가 대처할 수 있도록 도와주셨습니다. 엄마는 우리가 다른 아이들처럼 시행착오를 겪는 '보통 아이'로 자랄 수 있도록 허용하기 위해 훨씬 더 고심하셨습니다. 내 기억으로 교인들의 최대 관심사는 엄마와 아빠의 기독교적인 생활방식이 우리들에게 얼마나 훌륭하게 모범이 되는가에 집중돼 있었습니다.

반항의 뿌리 과연 교인들이 목회자 자녀의 신앙생활 방식을 자신의 기준으로 판단할 수 있는 것인가? 정신분석학자인 위니캇D. W. Winnicott에 따르면, '비교적 괜찮은good enough' 부모의 역할로 간주될 수 있는 범위는 넓다.[23] 부모에게 완벽을 요구하는 것과 자녀들에게 완벽을 강요하는 것은 비현실적이고 비합리적이다. 그것은 아이들을 각자의 권리를 지닌 인간으로 대하는 것이 아니라 부모의 연장선상에 놓고 대하는 것임을 의미한다.

이러한 기대 속에는 상당한 아이러니가 존재하는 데 소위 반항적인 피케이들의 경우에 더욱 그러하다. 대부분의 반항적인 행동은 그것이 의식적이건 무의식적이건 자신을 한 개인으로서 인정받고자 하는 노력에 그 뿌리를 둔다. 목회자 자녀들은 교인들이 자신들에게 기대하는 모습을 그들에게 보여줄 필요가 없다는 사실을 보여주기 위해 종종 상당히 반항적이 된다. 청소년 목회자 자녀들은 여전히 효심을 느끼는 부모에게 직접적으로 반항하기보다는 기대되는 역할에 더 자주 반항한다. 그러나 그들의 전략은 무산된다. 교인들은 피케이들의 개성을 인정해주기는커녕 오히려 그 상황을 벗어나고 싶은 아이들의 마음을 더욱 부추기기라도 하듯 그들의 부모를 비난한다. 그렇게 되면 부모와 자녀 사이에 문제가 생기게 되고 가족들은 사태가 이전보다 훨씬 심각해졌음을 느끼게 된다.

그러나 피케이들과 교인의 자녀들은 부모들의 결단과 편견 때문에 고통을 겪게 될 수도 있다. 로미오와 줄리엣의 이야기는 어른들간의 반목이 자녀들의 인생을 어떻게 파괴할 수 있는지를 보여주는 전형적인 사례이다. 교회가 분쟁하는 상황 속에서 아이들은 때때로 부모가 선택하는 편에 끌려가게 된다. 목회자에게 문제를 제기하는 이들은 목회자의 자녀가 그 갈등에 아무런 원인을 제공하지 않았음에도 불구하고 목회자와 자녀들을 동일시할 것이다. 아이들의 관심사와 부모의 관심사를 구분하지 못하게 될 때 결국 목회자 자녀들과 성도의 자녀들 사이의 우정마저 깨어지는 고통을 야기할 수 있다:

* 교회 친구들에게도 분명히 부모들이 계시잖아요. 그런데 그 부모들이 교회 내의 분쟁에 휘말리게 되자 자녀들까지도 자기 편을 들게 했습니다. 만일 내 친구의 부모님이 아빠의 반대편에 가담하기로 결심했다면 그것은 내가 그 친구와 더 이상 친하게 지낼 수 없다는 것을 의미하지요. 나는 그것이 정말 잘못된 일이라고 생각합니다. 그 교회는 딱 절반으로 편이 갈라졌습니다. 내 친구의 부모님은 어느 한편을 지지했는데 그 친구는 반대편에 속해 있던 여자친구를 사귀기 시작했습니다. 결국 그는 더 이상 나와 친하게 지내고 싶어하지 않았습니다.

그 피케이의 친구는 분쟁의 반대편을 지지하는 교인 가정의 여자친구를 사귐으로써 자신의 부모로부터 독립을 주장할 수 있었다. 그러나 그가 목회자 자녀와의 우정은 지속시킬 수 없었다는 점은 모순이 아닐 수 없다.

개별감을 발달시키는 것은 인간이 자신의 행동에 책임을 진다는 것을 의미한다. 완벽하지 못한 피케이들의 모든 일탈 행동에 대해서 목회자 부모에게 끊임없이 비난하는 것은 별 도움이 되지 않는다. 목회자 자녀는 부모의 연장 인물이 아니다. 따라서 그들이 스스로 상호 책임 관계를 발전시킬 수 있도록 허용하고 격려해야 할 것이다.

경계선 침범 6
'피케이들과는 아무 상관없는 갈등을 빌미로
그들을 삼각구도 속으로 몰아 넣는 것'

경계선 침범의 마지막 실례는 가족 치료사 머레이 보웬Murray Bowen이 '삼각구도' 라고 칭했던 것과 관계가 있다. 간단히 말해서 삼각구도란 자신의 신념을 분명하게 표현할 능력이 약해서 갈등을 회피하는 두 사람이 취하는 방식이다. 그들은 상호 간에 직접적으로 관계를 맺지 않고 중재자가 되어줄 사람이나 서로의 관심을 분산시킬 수 있는 공통의 골칫거리인 제 삼자를 등장시킨다.

목회자 자녀들은 자신들이 부모님과 교인들 사이에서 일어나는 갈등에 종종 휘말려드는 것을 깨닫게 된다. 목회자인 부모들은 대개 그러한 갈등에 자녀들이 말려들지 않기를 원한다. 집에서 가끔 고래고래 소리를 지르는 경우는 예외이지만 말이다. 어떤 교인들은 자신들이 목표를 달성하는 데 실패했거나 목회자와 직면하는 것을 원치 않을 때 목회자 자녀들을 함정에 빠뜨리려고 애쓴다. 그들은 자주 피케이들에게 부모님에 대해서 불평함으로써 그의 '도움' 과 공감을 얻어내려고 애쓴다. 한 피케이는 교인들이 '엄마와 아빠에 대해서 그리고 부모님의 문제점에 관해 비열한 비방'을 꾸며내곤 했다고 응답하였다. 또 다른 피케이는 다음과 같이 응답했다:

* 교인들은 부모님을 공격하기 위해서 순진한 나에게 예리한 질문을 했습니다. 그리고 내가 있는 자리에서 부모님에 대해 신랄하게 비난했습니다. 심지어 나를 공격하기까지 했습니다.

목회자와 대립하고 있는 갈등에 자녀들을 연루시키는 것은 부당하다. 이 삼각구도의 유형은 경계선 침범 5의 당연한 결과로서 성인들 간의 반목의 결과를 아이들에게 부담 지우는 것이다. 그러나 삼각구도는 목회자 자녀들을 독립된 인간으로 보지 못한 것 그 이상의 의미가 있다. 그것은 자녀들을 통해서 그들의 부모인 목회자 부부에게 해를 끼치려는 이면의 동기가 숨어있다:

* 교인들은 자기들이 원하는 쪽으로 부모님을 설득해달라고 나에게 충고하면서 나를 연루시켰습니다. 그들은 나에게 부모님에 관한 좋지 않은 이야기들을 직접적으로 하곤 했습니다.

이렇게 삼각구도로 얽혀진 피케이들은 중간에 끼어 불안감을 느낀다. 그래서 교인들에게 부모님과 직접 이야기하라고 설득하는 노력을 할 수도 있다:

* 교인들은 부모님과의 갈등 속에 나를 여러 번 연루시키려고 시도했습니

다. 그들은 내가 자신들을 위해 아빠나 엄마를 비난하거나 흉을 보게 하려고 애썼던 것이지요. 그들은 결코 자신들이 겪고 있는 갈등에 관해서 직접 부모님에게 말할 수 없었습니다. 그 대신에 내가 일종의 '중재자'가 되어주기를 원한 것입니다. 이는 부당한 일입니다. 나는 단 한 번도 부모님에게 이런 말을 하지 않았고 그들에게 부모님과 직접 얘기하라고 여러 차례 말했습니다. 그러나 내가 그들에게 단호하게 행동하지 않는 이상 교인들은 과거의 습관대로 계속 행동할 것입니다.

피케이들이 교인들에게 단호한 행동을 취해야하는 상황에 처해있다는 것은 불행한 일이다. 어떤 이들은 중재자를 만들어 문제를 해결하려는 것이 서로의 의견 차이와 다툼을 일대일로 해결하라고 말씀하신 예수 그리스도의 교훈에 위배된다는 사실을 알고 있다(마18:15). 또한 피케이를 삼각구도에 넣는 것은 그들을 사람이 아닌 도구로 대하는 것이다. 그것은 결국 그들을 목적을 위한 수단으로 취급하는 것이라는 사실을 깨달아야 한다. 만일 당신이 목회자와 갈등을 겪고 있는 중이라면 그것은 당신과 목회자 한 사람과의 문제임을 인식해야 한다. 따라서 자녀가 부모에게 불효하게 하는 교묘한 술수를 사용해서는 안될 것이다.

목회자들은 삼각구도로 인해 자녀들이 여러 갈등에 연루되지 않도록 해야한다. 그리고 피케이 자신들은 때때로 단호하게 교인들과 적절한 경계선을 유지하면서 관계하는 것이 보다 유익하다는 인식을 가지고 거절할 수 있어야 한다.

> **경계선 침범의 예들**
>
> 1. 교인들이 목회자 가족의 시간과 정력에 지나치게 많은 기대를 거는 것.
> 2. 목회자들이 교인들과 명확한 경계선을 유지하는 일을 간과하는 것.
> 3. 목회자라는 직업의 역할과 이미지를 요구하는 교인들이 부모-자식간의 관계를 해치도록 허용하는 것.
> 4. 목회자 가족을 이상화시키는 것.
> 5. 자녀의 행동에 목회자가 책임을 지고 부모의 행동에 피케이가 책임지게 하는 것.
> 6. 피케이들과는 아무 상관없는 갈등을 빌미로 그들을 삼각구도 속으로 몰아 넣는 것.

복잡한 환경

대개 피케이들이 성장하는 사회적 환경은 매우 복잡할 수 있다. 에릭슨의 심리사회적 발달모형은 유아기의 모자 관계에서 점차 가족과 학교 등으로 그 관계가 확장되는 것을 전제한다. 청소년기의 정체성 형성은 각각의 환경 속에서 자신들이 경험한 것과 자신과 타인들에 대해 이해하게 된 것을 통합하려는 하나의 시도이다. 그러나 일반적으로 피케이들이 속한 사회는 인간관계에 있어 또래 친구들이 속한 사회보다 훨씬 더 밀도 있게 밀집되어 있다. 더욱이 이 모든 사람들이 피케이들의 인생에 어떤 역할을 하며 어떤 영향을 미칠 것인지는 항상 분명하게 드러나는 것이 아니다.

일반적으로 부모들은 자녀들이 점차적으로 정체성을 발달시키도록 각자의 사적인 공간을 제공해주어야 한다. 그러나 사람들이 여러 감정과 기대, 견해를 가지고 어지러울 정도로 각 방면에서 강요하는 경우에 아이들의 정체성 발달은 점차 어려워진다. 가족 구성원끼리의 경계선이나 가족을 둘러싸고 있는 외부와의 경계선이 불분명할 때 특별히 귀담아 들어야 할 목소리나 본받아야 할 지도자가 없어진다. 유리집에서 성장한다는 것은 경쟁이라도 하듯 자신들을 감시하는 교인들의 눈초리를 받으며 혹은 그들의 끊임없는 잔소리를 들으며 성장하는 것을 의미한다.

한 목회자의 딸이 피케이들에 관한 나의 글을 읽고 편지를 보내왔다. 그녀는 교회생활 중에 갖게 되는 다양한 감정에 대해서 매우 잘 표현하고 있다. 그녀가 쓴 편지의 일부분으로 이 장의 결론을 맺는 것이 좋을 것 같다.

> * 나는 특히 가족 생활에 초점을 맞추어 종종 유년기를 회상하는 데 내 기억이 마치 유목민의 무리 마냥 혼란스럽다는 사실을 알게 됐습니다. 이제야 깨닫게 된 것은 나는 그들의 일거수일투족을 관찰하는 아이였다는 것입니다. 그들을 이해하고, 관심을 가지고, 그들 때문에 놀라고, 그들에게 사랑받고, 칭찬받고 그들에게 미안해하고, 그들에 대한 생각이 많았던 것입니다. 이렇게 성장한 결과는 양면적입니다. 나는 재미 있고 좋은 사람들을 많이 알게 되었습니다. 그리고 여러 부류의 사람들을 좋아하게 되었습니다. 나는 타인들을 공감하고 이해하는 데 탁월하다고도 생각합니다. 반면 나는 또한 사회적 환경 속에서 내 자신의 개인적인 경계선을 긋는 법을 배우고

유지하는 데 어려움을 많이 겪었습니다. 나는 타인들에게 관심을 쏟느라고 정작 나 자신을 규정하고, 표현해내는 데 어려움을 겪어야 했습니다.

··· 사역자 자녀 상담
Counseling for Pastors' Kids

제3장
사랑 안에서 진실을 말하는가?

제2장은 "나는 타인들에게 관심을 쏟느라 정작 나 자신을 규정하고 나 자신을 표현해내는 데 어려움을 겪어야 했습니다"라고 말한 어느 피케이의 비탄에 잠긴 독백으로 끝을 맺었다. 개인의 정체성을 형성하는 데 있어서 자기를 규정하는 것과 자기를 표현하는 의사소통은 동전의 양면과 같다.

정체성은 개인과 공동체 모두의 문제이다. 다른 아이들과 마찬가지로 피케이도 자신이 처해있는 사회적 환경에 적절한 정체성들을 규정해야 한다. 시행착오적인 정체성들이 구체화되면서 자신이 설정한 개인적인 경계선들에 대해 타인들과 의사소통을 해야한다. 그들이 차츰 피케이의 경계선을 존중해줄 때 상호적인 인정이라는 긍정적인 순환고리를 형성해갈 수 있다. 건강한 의사소통은 이와 같은 발달을 촉진시킨다. 왜냐하면 의사소통은 아이들에게는 성인들로부터 지도와 피드백을 받을 수 있는 통로가 되기 때문이다. 의미 있는 성인들과의 의사소통이 왜곡되거나 차단되는 한 아이들은 그저 한 어린아이의 제한된 방식과 경험으로만 자신의 세계를 이해할 것이다.

'사랑 안에서 진실을 말하는 것'은 교회를 영적으로 성장시키며 교인들을 심리적으로 성숙시키는 촉매제이다(엡 4:14~16). 많은 교인들은 다른 사람들과의 관계 속에서 하나님의 은혜를 책임감 있게 드러낸다. 개방적인 의사소통은 상호 신뢰가 보장될 때 그 진가를 발휘한다. 사람들은 개방적인 의사소통을 두려워하면서도 그것이 성장으로 나아가는 길에 필수적이라는 사실을 인정한다.

불행하게도 어떤 교회들 중에는 솔직하게 터놓고 이야기하는 것을 방해하는 장애물들이 있다. 제2장에서 우리는 교인들로 인해서 목회자 가정이 얼마나 빈번하게 우상화되는지를 살펴보았다. 흔히 이 우상화는 비현실적인 '승리주의triumphalism'라는 한층 범위가 넓은 우상화 경향의 한 증상이다. '승리주의'는 고통과 부정적인 감정들이 죄성이 있는 옛사람의 일부분이라고 보는 일부 기독교의 가르침이다. 승리주의의 삶에서는 격노감이나 두려움과 같은 감정들을 직면해서 처리하기보다 부인하기가 더 쉽다. 이러한 부정을 통해서 교회와 교인들은 완벽 정도는 아니어도 슈퍼맨 목회자를 요구하는 피상적인 영성에 안주하고 싶어한다.

끈질긴 사회적 통념들

이런 우상화 경향을 보이는 교회들로부터 두 가지 상호 관련된 사회적 통념을 쉽게 발견할 수 있다. 첫째는 이미 제2장에서 토론한 것인데 목회자 가족 전원이 견고한 신앙과 행복한 결혼생활을 하며 가정 생활의 귀감이 되는 크리스천이어야 한다는 것이다. 이러한 사회적 통념은 모든 교인들 뿐 아니라 때로는 목회자들 사이에도 남아 있다. 그래서 그들은 직접 강단에서 그 사실을 지지할 수도 있다. 한 피케이는 아버지가 설교 중에 상당히 심각했던 어머니의 병을 언급하면서 두 분 다 그 병에 대해서 조금도 염려하지 않는다고 말했던 것에 대해 매우 분노하고 있었다. 그 피케이는 아버지의 이러한 냉정함은 자신의 문제들을 정직한 감정으로 다루고 싶어하는 교인들을 교회로부터 또한 목사인 아버지로부터 멀어지게 할 뿐이라고 생각했다. 그녀는 "우리도 인간이라는 생각을 할 수 있도록 양육을 받지 못했습니다"라고 당시를 회고했다.

불명확한 경계선의 상황을 만들어내는 두 번째 통념은 목회자의 가족이 실패하면 교회도 자동적으로 실패할 것이라는 생각이다:

* 어린 시절 나는 목회자 가정이 무너지면 나머지 교인들도 무너질 것이라고 생각했습니다. 이것은 '우리는 뭉쳐야만 한다. 만일 우리가 단결하지 않으면 교인들 역시 뭉칠 수 없기 때문이다'라는 그릇된 신념에서 출발한 것입니다.

이것은 마치 목회자 가족이 교인들을 대신해서 영적이어야 하는 것과 마찬가지이다. 그러한 그릇된 신념이 남아 있는 한 교인들은 자신들의 영성이 약해져도 별로 걱정하지 않을 것이다. 이러한 통념이 무너질 때 교인들은 목회자 가정이 대신해 주었던 신앙의 근본이 흔들리는 것을 느끼고 전체 교회가 위협감을 느낄 수도 있다. 따라서 일부 교인들이 목회자 가족이 완전하게 보이기를 바라는 것은 놀랄 만한 일이 아니다. 교인들은 "우리를 실족하는 일이 없도록 하세요"라는 뜻을 은근하면서도 분

명하게 목회자 가족에게 전하는 것이다:

* 나는 매우 고통스러웠습니다. 그런데 그 어느 누구에게도 그러한 고통에 대해 말할 수 없었습니다. 매우 훌륭한 부모님을 만났다고 여기는 분위기 속에서 그러한 고통을 다른 사람에게 이야기한다는 것은 부모님에 대한 큰 배신 행위라고 생각했습니다. 우리는 그처럼 훌륭한 크리스천 가족인데 이런 쓰레기 같은 감정들에 흔들려 도대체 뭘 어떻게 할 수 있겠습니까? 그냥 마음에 묻어 두는 수밖에 없었습니다.

이렇게 목회자에게 자신들의 영성을 전이하려던 계획이 실패하게 되면 교인들은 또 다른 방어 전략, 즉 그 목회자를 비방하고 쫓아내는 방법을 사용한다. 한 목회자의 아들은 "나는 목사님이 자신의 실수를 고백하고 약점을 인정한 것을 빌미로 목사님을 괴롭히는 교인들을 수없이 보았습니다. 결국 그들은 그 목사님을 쫓아내고야 말더군요"라고 이야기했다.

우리는 이러한 통념들을 통해 오늘날의 사회적 환경에서는 오직 긍정적이고 훌륭하고 성공한 사람들만이 인정받는다는 사실을 알 수 있다. 분노와 슬픔, 고통, 두려움은 이상 증세로 치부된다. 그리고 그러한 감정 자체를 부인하거나 떨쳐 버리려고 애쓴다. 사랑은 피상적인 친교나 갈등이 없는 상태로 재정의된 채 야비하게 변질되어 간다. 하나님 앞에서 자신의 마음을 솔직히 여는 방편으로서 믿고 기도하는 대신에 교인들은 고통이든 뭐든 상관없이 고귀한 크리스천의 이미지를 위협하는 것은 무엇이든 제거하고자 하는 욕구의 노예가 되어가고 있다.

이런 현 상태를 유지하기 위해서 교인들은 해야될 말과 해서는 안 될

말, 표현해도 되는 감정과 표현해서는 안 되는 감정들에 관한 의사소통의 규칙들을 채택한다. 이러한 의사소통의 규칙들은 좀처럼 인식되거나 뚜렷하게 드러나지 않는다. 어린아이들이 문장의 단어를 어떻게 배열하기 시작하고 복수와 시제를 맞추어 가는지를 관찰해 보라. 부모는 문법의 규칙들을 세세하게 가르쳐 주지 않아도 된다. 왜냐하면 아이들은 어른들과의 '대화'를 통해서 그런 것들을 배우기 때문이다. 심지어 정확한 문장을 구사할 수 있을 만큼 성장한 나이가 되어서도 어떻게 이런 것을 배웠는지 혹은 그 모든 규칙들이 무엇인지를 설명할 수는 없을 것이다. 그 문제에 관한 한 어느 누구도 그들을 '가르칠' 수 없다. 그러한 규칙들은 일상의 대화 가운데 은연중에 습득되는 것이다.

이와 마찬가지로 의사소통의 규칙들은 가정이나 교회와 같은 사회 그룹을 통해서 직접적으로 인식할 수 없는 방법으로 길들여지고 강화되는 것이다. 라이먼 윈Lyman Wynne이 '거짓된 상호 가족'이라고 불렀던 가정에서는 피상적인 친밀감을 위협하는 것은 무엇이든지 제거한다.[24] 그러한 가족들은 부정적인 감정과 의견 차이가 있는 문제에 난색을 표하거나 공공연히 벌을 준다. 가족 구성원들은 서로 친밀하며 배려받고 있다는 그릇된 통념을 갖는다. 그리고 이러한 통념에 맞지 않고 불순하다고 여겨지는 모든 인식과 감정들을 제거하거나 부정하거나 왜곡한다. 그러한 통념은 가족의 의사소통을 지나치게 통제해서 절대적인 상명하복의 상태에 이르게 한다.

* 우리 가족에게는 갈등을 처리할 만한 적절한 방법이 없습니다. '부정적인 감정을 결코 갖지 말지니라'는 계명이 존재한다는 것을 인식하는 것은 참으로 두려운 것이었습니다.

부정적인 감정을 처리하기

건강하고 안정된 정체성을 발달시키기 위해서는 인생의 유쾌한 경험과 불쾌한 경험 모두를 통합해야 한다. 이 세상의 어느 누구도 아무런 실패 없이 승승장구하거나 아무런 슬픔 없이 늘 행복한 것은 아니다. 아이들은 성장하면서 화내고 좌절하며 안달하는 데 어른들 역시 마찬가지이다. 다만 차이점이 있다면 어른들은 이미 이러한 감정들을 처리하는 데 필요한 여러 심리적 기제들을 가지고 있지만 아이들은 계속해서 이 기제들을 습득해가고 있다는 점이다.

때때로 어른들은 아이들이 감정을 희석하지 않은 채 표현하는 것을 보고 위협을 느끼기도 한다. 좌절감에 빠져있거나 화가 난 소년은 "차라리 엄마(아빠)가 없으면 좋겠어요!"라고 소리칠 수도 있다. 부모가 자녀의 격분에 어떻게 반응하는가는 평소에 자신의 분노를 얼마나 충분히 해결했는가에 달려 있다. 어떤 부모는 공감적으로 반응하면서 그 아이가 자신의 감정들을 인정하고 해결할 수 있도록 도와줄 것이다. 그러나 어떤 부모는 자신의 감정을 조절하지 못한 채 아이와 똑같이 반응하기도 할 것이다. 어떤 부모는 '그런 의미로 말하지 않았을 꺼야!' (아니, 그런 의미로 말했지요!)라며 사실을 부정하는 반응을 보일지도 모른다. 또 어떤 부모는 '어떻게 감히 부모에게 그런 식으로 말할 수 있어!' (그런 당신은 그 아이에게 어떤 식으로 말하고 있나요?)라고 말하며 당장 그 자리에서 아이가 다시는 그런 말을 하지 못하도록 혼내기도 한다.

도대체 그 아이가 무엇을 배웠을까? 아이는 분노를 느끼고 있으며 비록 서툴기는 하지만 자연스러운 방법으로 부모님과 의사소통을 한 것이다. 그러나 그 아이가 이러한 상호작용을 통해 배운 것은 감정에 대한 규칙과 감정을 표현하는 규칙이다. 언제나 부정적인 반응을 보이는 부모는 "다시는 그런 감정을 갖지 말아라"는 식으로 말함으로써 그런 금지의 상황 속에서 하나의 규칙을 만들어 낸다.

그러나 그 대답의 어투에 실제적으로 깔려 있는 의미는 거절이다. 왜냐하면 그 소년은 그 감정의 실체를 부인할 수 없기 때문에 '나의 감정들은 용납될 수 없어'에서 '나는 용납될 수 없는 아이야'라는 생각으로 한 걸음 더 나아가게 되기 때문이다. 한 피케이가 부모님이 자신의 부정적인 감정들을 용납하지 않았던 경험이 자신의 자존감에 어떠한 영향을 미쳤는지에 대해 표현한다:

* 나는 그 모든 일들이 나라는 존재를 용납하지 않는 것이라고 생각했습니다. 나는 '내가' 누구인지 확실히 몰랐기도 했지만 '내가' 어떤 사람이든 상관없이 나의 존재는 용납되지 않는다고 생각했던 것입니다. 이제야 나는 그동안 내가 얼마나 어리석은 생각에 휩싸여 있었는지 압니다. 나는 마치 억압된 분노의 화약고와 같았습니다. 지금도 부모님은 내가 고통스러워하는 것을 못 견뎌 하시는 것 같습니다. 내가 그분들과 나의 이런 마음의 분노와 고통을 나누기도 했습니다. 그때 받은 느낌은 마치 "그래 빨리빨리 이야기하고 치유를 받아야지, 이런 고통이 뭐 그리 대수라고 그러니"라고 말씀하시는 것 같았습니다. 그러나 사실 그분들은 그것을 어떻게 처리해야 할지 여전히 모르십니다.

부정적이고 상처 입은 감정들도 건강한 정체감에 현실적으로 통합되어야 한다. 그런데 많은 가정들이 의사소통의 암시적인 규칙들을 만들어서 부정적인 감정들을 대화 중에 표현하지 못하도록 한다. 균형 감각을 상실한 승리주의를 지향하는 기독교 가정들은 그렇게 함으로써 종교적인 정당성을 찾는다. 즉 그런 가정에서 자라나는 피케이들은 가족과 교인들 모두로부터 그러한 사회적 통념들을 그대로 유지해 나가도록 압박을 받아 고통을 배나 겪게 될 것이다.

솔직한 의사소통

연구에 참여했던 많은 피케이들은 부정적인 감정을 가정과 교회에서 직접적이고 개방적인 의사소통을 통해 처리한다고 응답하였다. 그들은 부정적인 감정을 사랑과 기도로 해결해 나간다:

* 부정적인 감정들은 언제나 직접적으로 처리합니다. 직접적으로 표현하는 것이 감정을 처리하는 최선의 방법입니다. 그리고 끊임 없는 기도와 솔직함이 유일한 해결책입니다.

다음의 예에서 나오는 피케이의 부모는 갈등을 해결함에 있어서 적극적이었다. 그래서 자녀에게 긍정적인 실례를 제시하였다:

* 엄마가 화가 나거나 몹시 당황해 할 때 아빠는 언제나 엄마를 진정시키는 분이셨습니다. 혹시 그분들 사이에 의견 차이가 생기기라도 하면 부모님은 그런 사실을 우리에게 숨기지 않으셨습니다. 그분들은 그런 문제를 그 자리에서 곧장 해결하기보다는 우리가 따를 만한 훌륭한 모범을 제시해 주셨던 것입니다. 부모님에게 중요한 의미가 있던 성경 구절은 "해가 지도록 분을 품지 말라"(엡 4:26)였습니다. 그분들은 어떤 문제든지 우리가 잠

자리에 들기 전에 해결할 수 있도록 애를 쓰셨습니다.

어떤 가정에서는 이러한 의지가 정기적인 가족의 모임을 통해 드러나기도 한다:

* 우리 가족은 부정적인 감정들을 포함해서 여러 가지 이야기를 하는 주말 모임을 가졌습니다. 이를 통해서 우리는 부정적인 감정이 생길 때마다 해결할 수 있다는 희망을 가지고 함께 이야기하며 힘을 얻었습니다.

이처럼 가정에서나 교회에서 일어나는 문제의 대부분은 그것의 실마리를 찾고 신속하게 다툼을 해결하려는 목회자의 의지에 달려있다:

* 아버지는 교인들에게 부정적인 감정을 하나님 앞에 내려놓고 고백하고 기도하며 직면해서 해결하도록 가르쳤습니다. 아버지는 사람들이 가지고 있는 부정적인 감정을 간과하지 않으셨습니다. 감정을 억압하지 말고 처리해야 한다는 확신을 갖고 계셨습니다.

한 목회자의 딸은 이렇게 기록하고 있다:

* 부정적인 감정들은 언제나 해결되었습니다. 아빠는 문제를 무시해 버리는 것을 싫어하셨습니다. 그분은 문제에 직면해서 솔직하게 처리하시는 분입니다. 따라서 아빠는 우리가 어떻게 느끼는지 알고 싶어하셨습니다. 나는 언제나 당면한 문제들을 아빠와 대화를 통해 풀었습니다. 아빠는 교회에서도 이와 같은 방법으로 문제를 해결 하셨습니다. 만일 아빠가 어떤 사

람과 언쟁을 했다거나 좋지 않은 감정을 갖게 되었다면 그분은 그 감정을 확대시키지 않았을 겁니다. 그리고 그 사람에게 가서 그것에 대해 진지하게 대화를 나누셨을 것입니다.

위에 언급한 목회자의 딸이 "언제나 나는 당면한 문제들을 아빠와 대화를 통해 풀었습니다"라고 말할 수 있다는 것은 중요한 의미를 담고 있다. 그녀는 아버지가 자신의 감정에 대해 진정으로 관심을 가지고 있었기 때문에 자신을 양육해주었다고 느꼈던 것이다. 게다가 그녀는 아버지가 집에서나 교회에서 늘 일관되게 문제를 해결하는 것을 보았던 것이다. 이것은 다음 피케이의 경우도 마찬가지이다:

* 부모님은 내가 '미친 듯이 화를 내기도 하고, 슬퍼하며, 다른 사람들의 비위에 거슬리는 정도까지' 행동할 수 있도록 허용해주셨습니다. 부모님이 모든 사람들은 이따금씩 그런 식의 표현을 할 필요가 있다고 말씀해주셨습니다. 그분들은 일관성 있게 나에게 그러한 본을 보여 주셨습니다.

의사소통 을 하는 데는 가족마다 각기 다른 방식이 있다. 어떤 가족들은 긍정적인 감정을 강조한다:

* 우리는 사람을 비판하기보다는 문제를 제기하며 문제에 대해서 언급하라고 배웠습니다. 또한 우리는 긍정적인 면을 보도록 배웠고 사랑으로 다른 이들을 지지하라고 배웠습니다.

"문제의 실마리를 찾아서 합리적으로 논의함으로써 부정적인 감정들을 다루었습니다" 혹은 "우리는 부정적인 감정들이 어디에서 연유된 것인지 그 원인을 찾아내기 위해 노력했으며 그것들을 처리하려고 무던히도 애써 왔고 앞으로도 그럴 것입니다"라고 기록한 피케이들의 이야기에서 알 수 있듯이 어떤 가족들은 보다 분석적인 방법을 사용하기도 한다. 감정적인 반응의 근원을 이해하게 되면 나름대로의 통찰력을 갖게 되고 다음에는 유용하게 적용할 수 있게 될 것이다. 덧붙이면 자녀의 부정적인 감정들을 수용하고 공감해주라는 것이 부모로서 자녀에게 한계를 그어주는 책임마저 포기하라는 의미는 아니다 :

 * 우리 가족은 건강한 의사소통을 통해서 부정적인 감정들을 처리했습니다. 만일 교정이 필요하다면 야단도 치셨습니다. 그러나 위로와 격려도 뒤따랐습니다. 엄마와 아빠는 교회에서도 이와 같은 방식으로 그런 문제들을 처리하셨습니다.

사실 가장 가까운 가족 간에 개방적인 의사소통은 어려운 것일 수도 있다. 그러나 무엇보다도 중요한 것은 자녀들이 그러한 개방적 의사소통을 통해 용납되는 느낌을 갖게 된다는 것이다 :

 * 교회에서 부정적인 감정을 처리할 때는 집에서보다 조금 더 참게 됩니다. 우리는 불량하게 행동하든 그렇지 않든 간에 무조건적으로 용납되었습니다. 그러나 인생에 대해서 긍정적인 태도를 가질 것이라는 부모님의 기대감 속에 양육을 받았습니다. 교회에서는 부정적인 감정들이 매우 관대하고 조심스럽게 다루어졌습니다.

부정적인 감정들을 억압하기

목회자 가정 가운데에는 부정적인 감정이나 논쟁을 억압하라는 엄격한 규칙들을 의식적으로든 무의식적으로든 세우는 가정들이 있는 것 같다. 이러한 상황에서 감정에 대한 개방적인 의사소통은 거의 혹은 전혀 지지받지 못한다. 한 피케이는 그것에 대해서 다음과 같이 간단하게 표현한다 : "우리는 부정적인 감정을 갖는 것이 그릇된 것이라고 생각하게 되었습니다." 또 다른 피케이는 다음과 같이 응답했다 :

* 우리 가족들 사이에서 부정적인 감정은 주로 억압되었습니다. 나는 별로 대화가 없는 가정에서 성장했습니다. 우리는 마음을 활짝 열고 솔직하게 대하는 법이 없었습니다. 나는 아버지나 어머니와 친근하게 이야기를 나누는 것이 불편했습니다. 나는 가족들 중 누이와 가장 친하지만 그러나 누이와도 적당한 거리를 유지했습니다.

이러한 금기는 너무나 강력해서 명백하고도 심각한 결과를 야기하는 상황에서도 쉽게 깨뜨려지지 않는다 :

* 우리 가족은 완전히 역기능적입니다. 우리는 전혀 의사소통을 하지 않습니다. 좋은 감정이든 나쁜 감정이든 어쩌다 표현한다 하더라도 대수롭지 않게 여기거나 억압했습니다. 심지어 어머니의 신경쇠약에 관해서 조차도 우리는 여전히 의사소통을 할 수가 없습니다.

개방적인 의사소통의 통로를 유지하는 데 다양한 방법들이 있는 것처럼 의사소통을 차단하는 데에도 다양한 방법들이 있다. 일부 가정들과 교회들은 한 피케이가 "부정적인 감정들을 숨기고 이야기하지 않은 채 버티어 나갔습니다"라고 설명했던 것처럼 그와 같은 규칙에 따라 다소 수동적으로 행동할 것이다. 또 어떤 가정과 교회는 좋지 않은 감정을 보다 적극적으로 처리하기도 할 것이다. "우리가 어떻게 생각해야 할지에 대해서 하나님 아버지와 충분한 대화를 해야합니다"라는 설교는 강단에서뿐만 아니라 가정에서도 애용하는 수단이 된다. 어떤 목회자들은 감정이 폭발하지 않도록 재빨리 억압하기 위해서 "하나님 아버지, 우리가 가정이나 교회에서 가졌던 부정적인 감정을 엄하게 꾸짖어 주시옵소서"라고 기도하기도 한다.

이러한 목회자 가족들과 마찬가지로 수많은 교회들 역시 부정적인 감정에 대해서 불편해한다. 한 피케이는 이십여 년 동안 한 교회의 교인들을 지켜보면서 그들이 드러내는 한 가지 일반적인 유형을 발견하였다:

* 교인들은 지금까지도 위선적이고 역기능적인 방식으로 문제를 처리해 왔습니다. 그들은 공정하게 승부를 겨루지 않은 채 보통 분열하는 쪽을 택했습니다!

문제들은 얼마든지 부정되거나 은폐될 수 있다. 한 피케이는 "우리 교회는 긍정적인 감정이든 부정적인 감정이든 상관없이 은폐시키는 전통이 있습니다"라고 응답하였다. 게다가 또 어떤 피케이는 "교회에서의 부정적인 감정들은 그들이 지워버리기 원하는 만큼 무시되었습니다"고 말했다.

교인들이 갈등을 직접적으로 해결하지 않고 험담으로 풀려고 한다는 것은 일반적인 현상이다. 유감스럽게도, 부인이나 험담과 같은 회피 방식은 일시적인 해결책에 지나지 않는다. 숨기고 무시해버린 감정들은 언젠가는 다시 떠오를 수밖에 없다. 그래서 목회자 자녀들은 교회에서 야비하고 고통스러운 혼란들을 목격할 수도 있다 :

* 교인들은 험담을 하거나 다른 이들의 등뒤에서 불평하는 경향이 있습니다. 그들은 때때로 욕설을 하거나 근거가 없이 말하다보니 스스로 비웃음을 자초하기도 합니다. 그러면서도 때때로 공개적으로 부정적인 감정들을 표현하더군요. 대개 본인들은 비웃음을 당한다는 사실을 깨닫지 못하더군요. 그들은 자신이 갖고 있는 불만들을 해결하기 위해서 좀처럼 당사자에게 찾아가지 않았습니다.

* 부정적인 감정은 마침내 그것이 폭발하여 여러 사람들에게 상당한 슬픔을 가져다주기 전까지는 대개 숨겨져 있었습니다. 그 교회에서는 각 그룹들 사이의 저변에 부정적인 기류가 흐른다거나 누가 누구누구를 싫어하는 일이 많았습니다. 그러나 그러한 감정들은 잘 해결되지 않았습니다.

앞에서 언급했던 몇 가지 긍정적인 사례에서 우리는 목회자가 부정적인 감정들에 직면할 수 있도록 효과적인 중재 역할을 하며 그것들을 해결해 가는 모습을 보았다. 이러한 중재는 상처를 입은 후에 이루어져서는 안될 것이다. 그러나 피해를 억제하는 것이 중재를 시행하는 최대 동기는 아니다 :

* 부정적인 감정은 신속하게 처리되었는데 종종 피상적으로 처리되기도

했습니다. 부모님은 그동안 여러 교회들을 섬기셨는데 그때마다 교인들에게 긍정적인 감정을 갖고 살도록 가르치셨고 그렇지 않은 사람들을 엄하게 대하셨습니다.

이와는 대조적으로 위기감을 느끼는 상태에서 일을 신속하게 처리하는 것 역시 위험을 초래한다. 왜냐하면 그러한 위기감은 진정으로 관계들을 치유하고자 하는 열망보다는 현재 상황을 유지시키려는 필요에 의해 생겼을 가능성이 높기 때문이다.

그러므로 많은 피케이들은 부정적인 감정을 어쩔 수 없이 참아낼 뿐 건설적으로 처리하지 못하는 환경 속에서 성장하게 된다. 사람들은 혼란스러움이나 실망스러움을 표현할 수 없는 상황에 놓이게 되면 그런 감정들을 억누르거나 회피할 가능성이 높다. 그들은 부정적인 감정을 갖게 되었을 때 그것을 분별하거나 이해하도록 도와줄 사람을 만나지 못할 수도 있다. 이러한 모순은 특히 어린 자녀들의 마음속에 극도의 혼란을 가져올 수 있다:

* 나는 우리 가정과 교회 곳곳에서 분노의 결과들을 보았습니다. 교인들은 분노가 잘못된 것이라고 생각하면서도 그들 스스로 매우 비판적이고 남을 비난하며, 믿을 수 없을 만큼 악하게 행동했습니다. 바로 이것이 성장기 내내 내가 겪어야했던 딜레마였습니다.

피케이들 스스로가 이런 혼란스러운 생각 속에 빠지게 될 경우 그들은 자신들이 경험하고 있는 감정에 대해서 잘못된 결론을 내린다. 심지어 신경증적인 죄책감까지 느낄 수 있다:

* 피케이들은 교인들에 대해서 많이 알고 있습니다. 그들의 부정적인 감정에 대해서 많이 알고 있습니다. 이와 같은 인식은 자신을 제외한 전 교인들의 프라이버시를 보호하기 위해서 침묵을 지켜야 한다는 생각과 결부되어 있습니다. 그리고 이것은 대개 죄책감을 불러일으킵니다. 교인들에 대해서 내가 알아야 할 범위 이상으로 지켜봐 온 나는 우리 부모님의 결점을 인식하면서 동시에 다른 이들의 심술궂은 편견과 비난으로부터 부모님을 보호해 왔습니다. 그리고 다른 이들의 고통이 내 것이 아니라고 판단할 수 있는 능력이 생기기도 전에 다른 이들의 상처들을 내 것처럼 느껴왔습니다. 이러한 경험과 인식으로 나는 내 안에 점차 갇히게 되었습니다. 그저 내가 보고, 깨닫고, 느꼈던 것을 분명하고 확실하게 말하는 것으로 커다란 위안을 얻게 되었습니다. 그러나 그렇게 이야기하는 것조차 금새 멈추곤 했는데 그것은 특히 죄책감 때문이었습니다.

이 소녀가 분명한 자기 경계선을 설정하고, 자신이 느끼는 감정이 실제로 누구의 것이며 그러한 감정들에 대해 누가 책임을 져야 하는지를 알기 위해서는 부모님의 도움이 필요했다. 그녀가 지적한 대로 진실을 말하는 것은 내면에서 느끼는 것과 외부로 보여지는 것 사이에 분명한 경계선을 긋는 데 도움을 준다.

자신을 내면의 생각들 속에 가두어 두는 가장 좋은 방법은 하나님과 일종의 '공모'를 하는 것이었노라고 한 피케이 소녀는 말했다 :

* 나는 성장기에 종종 "아버지가 전부 잘못하고 있다"고 생각하곤 했으나 그것을 아버지에게 말할 수 없었습니다. 왜냐하면 나는 아버지와 논쟁할 수 없었기 때문입니다. 그것은 내게 너무 두려운 일이었고 용납될 수 없는

일이었습니다. 내가 마음속을 털어놓으며 어떤 것에 대해서 '아니오' 라고 말하거나 반대라도 한다면 나는 매를 맞았습니다. 그래서 나는 매우 유순한 아이가 되었습니다. 나는 내면에 조그만 나만의 세계에서 잠깐의 사색을 즐기곤 했습니다. 하나님께 화가 나지는 않았지만 내가 하나님과 이러한 공모를 했다고 생각합니다. 나는 하나님과 이렇게 사색 속에서 나만의 관계를 맺었던 것입니다. 나는 내방으로 달려가서 하나님이나 예수님께 속삭이곤 했습니다 : "나는 아빠가 잘못했다는 것을 알아요." 그런 식으로 나는 아버지에게 상당한 분노감을 가지고 있었습니다. 그러나 결혼을 하고 나서야 비로소 암울한 유년기를 보냈으며 우울증에 걸려 있었다는 사실을 서서히 인정할 수 있었습니다. 물론 그런 사실을 아무도 모르겠지만 말입니다.

어떤 성인들은 그러한 진실을 견뎌내지 못한다.

'비난에 둔감한' 부모들

만일 진실을 말해야 한다면 그것은 반드시 사랑 안에서 행해져야 한다. 만약 화해를 목적으로 하지는 않는다면 단순히 부정적인 감정들을 발산하는 것은 해결책이 아니다. 한 목회자 가족은 습관적으로 가정에서 교인들에 대해서 불평을 했다 :

* 우리는 가족들끼리 불만을 토로하는 모임을 가졌습니다. 언제나 예배 후에 우리는 그 날의 모든 불만들을 늘어놓곤 했죠. 일단 화제에 오른 것들에 대해서 계속적으로 이야기를 나누었으나 계획적으로 하지는 않았습니

다. 안타까운 것은 우리가 아직도 그러한 감정 속에서 살아가고 있다는 사실입니다. 수없이 많은 세월이 지나고 교회가 바뀌었어도 우리는 여전히 해묵은 상처들을 반복해서 이야기하고 있습니다. 부정적인 모든 감정들이 여전히 살아있는 것이죠.

이 가족은 불만을 표현하는 데 반대하는 규칙을 가진 것이 아니라 그들은 그것을 '해결'하는 데 반대하는 규칙을 가지고 있는 것 같다. 어떤 이들은 갈등을 직접적으로 해결하지 않는 것을 기독교적이라고 여기는 것 같다. 한 피케이의 이야기에서 알 수 있듯이 "부정적인 감정은 하나님의 것이 아니다라고 여러 번 말하고 확신하게 되면 그것을 물리쳐 버릴 수 있다"고 생각하는 것이다. 또 어떤 피케이는 그의 어머니가 결혼생활의 갈등을 다루지 않음으로써 느끼는 고통을 어떻게 합리화했는지를 다음과 같이 회고한다 :

* 어머니는 "말씀 위에 서라 그러면 곧 평안을 얻을 것이다" 라는 긍정적인 메시지를 극단적으로 해석하여 인간은 자기 속마음을 쉽게 털어놓아서는 안 된다는 식으로 이해하셨습니다.

부정적인 감정들을 제거하기 위해서 문제들을 영적인 의미로 해석하는 것은 문제를 억압하는 결과를 가져 올 수 있다. 그것은 테오도르 리츠 Theodore Lidz가 '둔감함 imperviousness' 또는 '자녀의 감정적인 요구들을 감지할 수 없거나 들어줄 수 없는 부모의 무능력'이라고 표현했던 것의 증상이 될 수 있다. 리츠에 따르면,

부모는 자녀들의 이야기를 듣는 것처럼 보이지만 실제로는 경청하고 있지 않을 수도 있다 …… 이러한 부모들은 그들 자신의 자아 방어 시스템에 적합하지 않는 것들에 대해서는 고려해 줄 여유가 없다.[25]

이처럼 둔감한 목회자는 딸이 받는 고통을 오히려 영적인 연약함으로 오해한다:

* 아버지는 자신이 잘못했다거나 우리에게 고통을 주었다는 사실은 부정합니다. 그리고 우리에게 문제가 있는 것은 우리가 주님을 멀리했기 때문이라고 이야기합니다. 아버지는 만일 우리가 지금 즉시 악한 생각들을 주입시키는 심리치료사를 멀리하고 예수님께로 돌아올 수 있다면, 아버지의 행동이 우리에게 어떤 악영향을 미쳤는지 아버지에게 직면하는 우리의 모습이 죄라는 사실을 우리가 깨닫게 될 것이라고 말씀합니다.

목회자 가족이 폐쇄적인 의사소통 형태를 취하게 되는 데는 몇 가지 이유가 있다. 그 중의 하나가 성장배경이다:

* 집에서는 감정이 억압되곤 합니다. 나는 이것이 단지 우리가 목회자 가족이기 때문에 그렇다고는 생각하지 않습니다. 아버지는 그다지 힘든 가정 배경을 가진 분입니다. 그 결과 이와 같은 현상이 더 많이 일어나는 것입니다.

또 다른 이유는 목회자가 좋은 평판을 유지하고 목회자를 우상시하는 통념을 지속시키고자 하는 데 있다. 이런 상황 속에서 피케이들이 자기 자신을 자유롭게 표현한다는 것은 가족을 배신하는 것과 같은 행위일 것

이다:

* 우리는 늘 이렇게 멋진 미소를 지으며 생활해야 했기 때문에 모든 것이 잘 돌아가는 것처럼 보였을 것입니다. 그래서 우리 역시 당면해 있는 문제나 우리가 하나님의 뜻을 어길지도 모른다는 사실로 고통스러워하고 있다는 것을 교인들 누구에게도 감히 말할 수 없었습니다. 왜냐하면 아버지에 대한 평판이 틀림없이 나빠질 것이기 때문이었습니다. 그러므로 우리 가정에는 '사실대로 말하지 말아라' 혹은 '누설하지 말아라' 는 윤리 강령이 있었습니다.

공모적인 침묵

목회자 가족이나 교인들은 모두 자신이 믿고 있는 통념과 자신을 지탱시켜주는 '말하지 말아' 라는 규칙에 상당한 정성을 기울인다. 그러한 통념과 규칙 모두를 보존하겠다는 동의는 암묵적이다. 그러나 결과적으로는 가족 모두가 이를 지키기 위해 서로 협조하게 될 수도 있다.

이러한 부인은 교인들이 그들의 자녀들을 바라보는 방식에까지 확장된다. 한 목회자의 아들은 중고등부의 또래 친구들이 교회에 다니지 않는 여느 십대들이 하는 것과 같은 행동을 했다고 이야기했다. 담배를 피우고, 중독성이 있는 마약을 흡입하고, 술집에서 술을 마시고 취해보기도 하고, 여러 형태의 성적인 접촉을 가지기도 하고, 심지어 비행 청소년 집단을 형성하는 것까지 말이다. 그 친구들의 부모는 그것에 대해서 어떻게 생각했겠는가? 그 피케이는 그 부모들이 사실대로 알고 싶어하지 않는 것 같았다고 느꼈다:

＊ "우리 집이나 우리 동네와는 상관이 없는 이야기야. 착하고 교회에 잘 다니는 우리 아이들은 아닐 거야. 그것은 건너 마을에 다른 아이들이겠지" 라고 생각하는 식이었습니다. 그러나 그것은 바로 곳에서 벌어지고 있어요! 바로 당신의 코앞에서 말입니다.

그러므로 다음의 소녀와 같은 피케이들이 부정하는 법을 학습하게 된다는 사실은 그리 놀랄 만한 일이 아니다 :

＊ 나는 교회에 가면 늘 얼굴에 웃음을 띤 채 모든 사람을 반기곤 했습니다. 가장해서 그런 것은 아니지만 내가 가장할 수도 있는 인물이라는 것을 나는 압니다. 나는 남자친구와 섹스를 하는 도중에 교인이 찾아왔을 때 집에 아무도 없는 것처럼 그 교인을 밖에다 세워둔 적이 있기 때문입니다. 만약 교인들이 이런 것에 대해서 조금이라도 눈치를 챘다면 아마도 다들 뒤로 나자빠졌을 것입니다. 하지만 내가 솔직히 고백한다고 해도 듣지 않을 것입니다. 왜냐하면 내가 그와 같은 행동을 할 것이라고 믿지 않을 것이기 때문입니다. "너는 그런 애가 아니야" 라고 말입니다.

그러므로 침묵의 계약서에 서명이 이뤄지는 것이다. 피케이들과 목회자 가족들은 각자의 감정들을 감출 것이다. 그들은 거절당할 것을 염려한 나머지 자신들이 겪는 고투에 대해서 교인들에게 이야기하지 않는다. 부정적인 감정, 논쟁 사항, 반대 의견, 이 모든 것들이 그 가족들에게는 발설해서는 안 되는 혹독한 비밀이 되는 것이다. 어떤 피케이들은 그러한 사실을 누군가 알아주었으면 좋겠다는 바람이 가득하다 :

* 여느 청소년들의 모습일 수도 있겠지만 고교 시절 나는 내 방에 가서 '내가 왜 태어났을까?'라고 생각하면서 그저 하염없이 흐느껴 울곤 했습니다. "교인들이 이런 모습을 보면 얼마나 고소해할까?"라고 생각하기도 했습니다. 나는 우리가 얼마나 서로에게 고함지르며 이야기하는가를 가족 모두가 인식하게 하고 싶어 녹음까지 한 적이 있습니다. 그때 전화벨이 울렸고 엄마가 전화를 받았는데 갑자기 엄마의 목소리가 변해서 너무도 부드러운 어조로 "여보세요"라고 말하는 것이었습니다. 아무 일도 없었다는 듯이 엄마가 전화를 하는 동안 우리 모두는 생쥐처럼 침묵을 지켰습니다.

침묵해야 한다는 규범은 겉으로 분명하게 드러날 뿐만 아니라 은연중에 나타날 수도 있다 :

* 이전에는 보통 가정에서 여러 가지 갈등에 휘말릴 때마다 언제나 그러한 일들을 철저히 감추고 관련 있는 소수 가족에게만 알린 채 나머지 가족들에게는 모르게 하는 경향이 있었습니다. 사람들이 자신의 문제와 과거의 이야기, 상처받은 일들, 죄 지은 것까지도 좀 더 기꺼이 이야기하고 상담받으려고 시도하는 것은 최근에 일어나는 현상입니다. 내가 어렸을 때에는 이와 같은 일을 드러내는 것은 있을 수 없는 일이었습니다. 다른 사람들에게 자신의 삶의 이야기를 솔직하게 나누어서는 안 되는 것이었기 때문입니다.

많은 피케이들은 자신의 부모가 모든 사람들이 원하는 모델처럼 보이도록 자신의 역할을 잘 감당하는 방법을 배운다 :

* 집에서 엄마와 아빠는 여느 부모들과 마찬가지로 부정적인 감정을 표현하셨습니다. 그러나 부모님은 교회에서는 단 한번도 소리를 지르거나 분노를 표현하는 행동을 하지 않으셨지요. 물론 이것을 반드시 위선적이라고 말할 수는 없을 것입니다. 그것은 부모님이 혼낼 기미를 보이면서 "집에 가서 보자"라고 말했던 몇 번을 제외하고 우리가 작은 성자처럼 행동을 해서 그분들이 화낼 여지가 없었기 때문이기도 하죠.

진실을 위장하기

절대로 진실을 말하지 않는 피케이들의 경우 실제로는 고통 속에 있으면서도 사람들이 보기엔 문제 없이 잘 살고 있다고 생각할 만큼 자신의 실제 모습을 위장한다. 가면 뒤에 숨는 것은 교인들과 그들의 기대로부터 어느 정도 거리를 유지하는 하나의 방편이 된다. 그 가면은 외부의 침입으로부터 실제의 인격을 보호해주는 매우 인공적인 자기 경계선이라고 할 수 있다:

* 당신은 결코 나에 관해서 알아서는 안됩니다. 나는 이 표정이든 저 표정이든 당신이 원하는 어떤 표정이라도 보여줄 수 있으니까요. 당신은 나의 어떤 표정을 보고 싶은가요? 내가 그 표정을 보여줄게요. 그러나 그것은 허울일 뿐입니다. 실제의 나는 고통 속에 머물러 있으니까요.

따라서 여기에는 자신의 실체가 드러나게 되는 두려움이 있다. 언젠가는 자신의 표정에 실제 감정이 탄로날 수도 있다는 두려움이 있다 : "실제로 내가 어떤 사람인가를 누군가가 알아버릴까봐 두려웠습니다. 나는 어느 누구에게도 진실했던 적이 없었습니다." 그래서 위장된 모습을 실제 자신의 모습인 것처럼 행동하게 된다. 그 결과 점차 그들은 진정한 관계를 맺기 어렵게 된다 :

* 나는 대학에서 아내와 몇 명의 친한 친구들을 만나기 전까지 겉치레로 사람들을 대했기 때문에 실제로 인간 관계를 맺는 방법을 전혀 몰랐습니다.

문제가 얼마나 심각해야만 제대로 관심을 받을 수 있을까?

* 어린 시절 나는 신경쇠약에 걸렸습니다. 그러나 병원에는 가지 않았죠. 왜냐하면 부모님께 이런 사실을 전혀 이야기하지 않았으니까요. 물론 상담자를 찾아가지도 않았습니다. 내게 어떤 문제가 있다는 사실을 인정한다는 것이 제게는 너무도 소름끼치는 일이었으니까요. 아무도 목회자의 자녀들에게 이와 같은 문제가 있을 것이라고는 예상하지 않습니다. 오히려 완벽할 것이라고 기대하죠. 나는 발작을 일으킬까봐 불안했는데 아침마다 떨거나 오한을 하면서 잠에서 깨곤 했죠. 내가 얼마나 마지못해 겉치레로 나 자신과 다른 모든 이들 앞에서 정상적인 생활을 하는 척 했는지 이제야 깨닫게 되었습니다.

십대의 어린 소녀가 자신이 겪고 있던 고통의 외면적인 증상들을 숨긴 채 어떻게 위기를 극복해 낼 수 있었을까? 그리고 그렇게 심한 고통을 겪었는데도 어떻게 아무도 눈치채지 못 했을까? 그것은 바로 교회에서나 사택에서는 모든 것이 잘 되어간다는 전제가 존재하고 있기 때문이다. 정도의 차이는 있지만 인간은 자신이 세워놓은 전제들에 맞춰서

인식하려고 한다. 사실 여부에 상관없이 자신이 보고자하는 것만을 보는 것이다 :

* 사람들은 내가 타고난 재능을 지닌 유능한 사람이라고 생각했으며 또 실제 그런 말을 내게 하곤 합니다. 그러나 나는 내 감정들을 인식하는 한 끊임없이 내 자신에 대해 회의를 품어왔습니다.

또 다른 피케이는 그러한 상황을 간단하게 한 문장으로 요약하고 있다: "나의 가장 큰 문제점은 그 누구도 내게 어떤 문제가 있으리라고 생각하지 않았다는 것입니다."
그렇게 계속적으로 진실을 위장한 결과 불행하게도 목회자에게 자녀들의 문제는 성도들의 문제보다 뒷전에 놓이게 되는 것이다 :

* 부모님이 집에 계실 때조차 우리의 필요들은 교인들의 필요만큼 중요하지 않았던 것 같습니다. 또한 나는 아버지가 교회에서 시간을 보내시는 만큼 우리에게 시간을 할애해준다는 느낌도 받지 못했습니다.

* 나는 우리 가족이 목회와 사람들을 돌보는 일에 너무 집중했다고 생각합니다. 수년 동안 우리의 필요와 감정에 대해서는 거들떠보지도 않은 채 말입니다.

그러나 목회자 가족들은 이런 식의 우선순위를 정하는 진정한 이유를 검토해야 할 것이다. 그리고 그렇게 하는 것이 과연 그만한 가치가 있는지 평가해 보아야 할 것이다. 물론 목회는 상당한 신체적, 정서적 에너지를 필요로 한다. 헌신된 목회자들은 경우에 따라 다른 이들에게 봉사하기 위해 개인적인 필요들을 제쳐 두어야 할 것이다. 그러나 계속적으로 자신의 필요와 감정을 다루지 않는 것을 하나의 생활 양식으로 삼는다면 그것은 공정한 것도 유익한 것도 아니다. 그러다 보면 자신도 모르게 진심으로 사역을 감당하던 모습이 초인적이고 신적인 목회자 가족의 통념을 유지시켜나가는 모습으로 변하기 쉽다. 일단 그러한 생활 양식을 채택하게 되면 쉽게 벗어나기 어렵다.

목회현장에 있는 성인들은 이미 자신들이 성인으로서 정체성을 찾는데 많은 세월을 보내왔다는 사실을 깨달아야 한다. 만일 그들의 정체성이 비교적 안정되어 있다면 그들은 자신들의 감정을 억제할 수 있을 것이다. 물론 여기에는 그 감정을 억제하는 타당한 목적이 수반되어야 한다. 그러나 설령 감정을 억제할 수 있다고 하더라도 감정을 억제하는 일은 그리 좋은 방법은 못된다.

그러면 과연 피케이에게 그와 같은 방식으로 행동하도록 요구하는 것이 타당한 일인가? '평지풍파를 일으키지 말라'는 금지령이 부모에게 갖는 의미와 피케이들에게 갖는 의미는 상당히 다르다. 부모는 이것을 "우리는 우리가 옳다는 것을 알고 있지. 아무개는 현재로서는 아주 비이성적이야. 우리가 사람들 앞에 있는 동안은 우리가 해야할 일 이외에 다른 어떤 문제를 일으키지 말자"라는 말로 이해할 수도 있다. 그러나 아이들은 이 메시지를 "이 상황에서 네가 느끼는 감정들은 용납될 수 없어" 혹은 "만일 네가 느끼는 그대로 말을 한다면 넌 모든 사람을 곤혹스럽게 하는 거야"라고 이해할 수도 있다. 더 나아가 민감한 아이들은 이 메시지를 인격적인 거절의 표현으로 이해할 것이다.

목회자 부모는 여러 감정과 갈등의 문제들을 교회에서 다 처리하겠다고 다짐하는 것과는 별도로 가정이라는 공간을 자녀들이 자신들의 감정들을 자유롭게 표현할 수 있는 안정된 장소로 가꿔가야 할 것이다. 피케이들은 기독교의 비현실적인 양식을 뒷받침해주는 통념을 따라 살아가서는 안 된다. 만일 그렇게 된다면 그들은 자신들이 체험한 경험의 전반적인 부분을 부정하거나 떨쳐버리려고 할 것이다. 이런 고통스러운 감정들은 쉽게 사라지지 않는다. 결국 청소년기에 자아 정체감의 혼란을 가져오거나 성인기에 대인 관계를 맺는 데 어려움을 발생시키는 등의 여러 가지 증상으로 드러날 수 있다.

만일 피케이들이 어떤 이야기를 하고 싶어한다면 그 누가 들어줄 것인가? 혹은 가정이나 교회에 귀 기울여 주는 것을 방해하는 암묵적인 규칙이 있는 것은 아닌가? 피케이들이 건강하게 통합된 정체감을 발전시키기 위해서 목회자 가정에 적용할 수 있는 최고의 의사소통 규칙은 사랑 안에서 진실하게 말하는 법을 배우라는 것이다.

제 2 부 대본

제4장 · 작은 반항아인가 아니면 작은 성자인가?

제5장 · 당신은 무엇을 기대했는가?

… 사역자 자녀 상담
Counseling for Pastors' Kids

제4장
작은 반항아인가 아니면 작은 성자인가?

　제1부에서 우리는 피케이들이 자신의 정체성을 찾기 위해 노력을 연기하는 '무대' 즉, 사회적 환경에 대해 살펴보았다. 모든 아이들은 독특한 사회적 환경에서 성장한다. 각각의 환경에는 독특한 사회적 경계선들과 개인적인 경계선들이 있다. 뿐만 아니라 이러한 경계선들을 설정하고 유지하는 의사소통 규칙이 존재한다. 경계선과 의사소통 규칙이란 개념은 둘 다 인간발달의 환경을 이해하는 한 방식을 형성한다.
　우리는 제2장에서 대인관계의 경계선들을 명확하게 규정하는 것이 얼마나 중요한가에 대해 살펴보았다. 어떤 목회자 가정들은 이런 사실을 은연중에 알고 있는 것 같다. 예를 들면, 그들은 쉽게 경계선이 흐려지고 침해당할 수 있는 사택에서 생활하는 것을 싫어한다.
　또한 제3장에서 우리는 목회자의 가정과 교회 안에 존재하는 감정에 대한 의사소통 규칙에 초점을 맞추어 살펴보았다. '사랑 안에서 진실을 말한다'는 규칙은 자녀들이 자신의 여러 감정들을 자유롭게 표현하도록 허용한다는 의미이다. 이렇게 함으로써 그들은 자신의 감정을 처리하고 다른 이들의 감정을 이해할 수 있도록 격려받게 된다. 그러나 안타깝게도 의사소통 규칙들은 경계선이 침해받는 현 상황을 지속시키는 데 사용될 수도 있다. 이런 일이 발생하게 되면 피케이들은 정확한 감정을 표현하거나 감정을 시인할 권리까지도 잊어버리게 된다. 그 결과 그들은 정체성을 형성하려고 노력했던 존재의 한 측면을 틀림없이 부정하게 될 것이다.

이제 무대는 설정되었다. 경계선들과 의사소통 방식들에 의해 이 피케이들의 정체성을 발달시키는 상황과 배경을 형성한다. 제2부에서 우리는 목회자의 자녀라는 사실이 무엇을 의미하는가를 규정짓는 '대본'을 살펴볼 것이다. 이 장에서는 이미 널리 퍼져있는 피케이들에 관한 몇 가지 고정관념에 대해서 주목해 볼 것이다. 그리고 이 연구는 다음 장에서 가족과 교인들이 목회자 자녀에게 거는 그 밖의 기대감에까지 확장될 것이다.

고정관념_찬반贊反 양론

고정관념 stereotype이란 무엇인가? 백과사전은 다음과 같이 정의한다 : "그룹 구성원들이 공통적으로 고수하고 있는 극도로 단순화된 의견, 감정적인 태도, 혹은 비판력 없는 판단들을 대표하는 표준화된 정신적 심상."

만약 '표준화된 정신적 심상' 이 분명한 사실과 경험에 근거하기만 한다면 그 자체는 잘못된 것이 아닐 것이다. 예를 들어, 아내와 나는 남부

캘리포니아의 내륙 지방에 살고 있고 부모님은 샌프란시스코 해안 지역에 살고 계신다. 그런데 두 지역의 기후는 정반대이다. 지난 여름 부모님 댁을 방문하고자 여행을 떠날 때 아내는 두터운 옷가지를 꾸렸다. 우리가 사는 지방의 날씨는 무척 무더웠는데도 말이다. 아내는 그곳의 날씨가 안개가 자욱하고 쌀쌀할 것이라는 것을 알고 있었고 결국 그녀의 생각은 옳았다.

일주일이 지나 집으로 돌아오려고 그 해안 지역을 떠날 채비를 하면서 우리는 반소매 옷으로 갈아입었다. 차에 탈 때는 안개가 자욱하고 쌀쌀했는데도 말이다. 우리는 캘리포니아 주의 중앙에 위치한 평원을 가로질러 갈 예정이었는데 우리의 '정신적 심상'은 그곳의 날씨가 화창하게 맑으리라는 것을 알고 있었다. 역시 우리가 옳았다. 우리는 6월 중순에 섭씨 5도의 안개 자욱한 날씨를 가진 곳에 사시는 부모님께 작별 인사를 했다. 그리고 4시간 동안 320킬로미터를 달린 후에 섭씨 30도의 화창한 곳에서 점심 식사를 하기 위해 잠시 쉬었다.

인생은 너무 복잡해서 매일매일의 삶을 완전히 새로운 경험으로 받아들일 수가 없다. 매일의 경험들을 정신적 심상들과, 개념들, 태도들, 견해들로 차근차근 정리해 두어야 한다. 만일 그렇게 하지 않는다면 과거의 경험을 현재에 유용하게 활용할 수 없을 것이다. 그리고 인생의 세 가지 시기 즉, 과거와 현재 그리고 미래를 그저 커다란 짐꾸러미처럼 쌓아 두게 될 것이다.

고정관념은 이렇게 단순화하려는 욕구에 그 기원을 두고 있다. 그것은 대개 상상 속에서 이뤄지는데 완전히 허구적인 것만은 아니다. 실제적으로 어떤 근거를 가지고 있다. 그러나 고정관념들이란 보통 단순화된 사실들 그 이상의 의미가 있다. 그것은 비판력이 없는 극도의 단순화된 사실들이라는 것이다. 그것들이 특히 사람에게 적용될 경우에는 문제가 된다. 사실 날씨만큼이나 사람들은 예측이 가능하다. 당신이 잘못 예측한 나머지 적당하지 않은 옷을 꾸렸다고 해서 날씨는 불만을 토로하거나 상처를 입지 않는다. 그러나 사람들은 단순화되거나 좁은 곳에 갇히거나 범주화되거나 꼬리표가 붙어서 분류되는 것을 싫어한다. 사람들에게 특정한 상황 속에서 그들이 어떻게 반응할 것인지 정확히 알고 있다고 말해보라. 아마 그들은 금새 반기를 들고나올 것이다.

목회자 자녀들은 종종 정신적인 심상(고정관념)이라는 상자 속에 갇혀있는 자기 자신을 발견할 것이다. 처음 만난 사람들과 인사를 나눌 때 그들은 여느 사람들과 똑같은 대우를 받는다. 당연히 그렇지 않겠는가? 어쨌든 목회자의 자녀들이 '나는 피케이니까 여느 아이들과는 다릅니다' 라고 쓰여진 배지를 단 것은 아니니까 말이다. 그러나 얼마 지나지 않아서, 그들이 목회자 자녀임이 알려지게 되면 사람들의 태도는 아마도 조심스러워질 것이며 점차 호기심을 드러낼 것이다. 피케이로서 산다는 것이 어떤 것인지, 또 그가 어떤 피케이의 전형적인 틀에 맞는지 안 맞는지 궁금해하는 다른 사람들의 호기심을 만족시키는 방향으로 대부분의 대화가 이뤄질 것이다.

피케이들에 대한 고정관념은 전혀 다른 두 가지로 구분되는 것 같다. 하나는 철저하게 성자들처럼 행동하는 피케이들과 오만한 반항아들처럼 행동하는 피케이들이다. 목회자 자녀들은 이러한 고정관념들이 타당하지 않다고 생각한다. 한 피케이는 "피케이들이라면 누구든지 어떤 모습에도 적응할 수 있습니다"라고 단호하게 말하고 있다. 또 다른 피케이는 보다 조리 있게 자신의 견해를 피력하고 있다:

* 나는 그와 같은 고정관념에 대한 설명들을 들으면서 '일반적인' 피케이의 모습은 언급되지 않은 채 문제아와 성자의 양극단으로 분리하기는 어렵다는 생각을 했습니다. 피케이들이 이러한 극단적인 성격이나 특징 가운데 어느 하나를 드러냈을 때 그들은 일반 교인들보다 훨씬 '눈에 띄고' 더 두드러져 보이기 마련이죠. 그래서 그러한 고정관념이 팽배한 것 같습니다.

고정관념은 타당성 여부에 상관없이 계속해서 유지된다. 그렇다면 고정관념은 어느 정도의 사실을 포함하고 있는가? 앨런 베이어Alan Bayer와 그의 동료들은 1969년에 미국교육협의회American Council of Education가 주관하는 방대한 규모의 연구에 참여하면서 이 문제의 해답을 찾아내고자 했다. 390개 대학에 입학하는 2만 5천여 명의 신입생들의 답변을 기초로 자료의 틀이 완성되었다. 이 신입생들 가운데 2천여 명 이상이 피케이들이었는데 피케이들의 응답과 피케이가 아닌 나머지 신입생들의 응답을 비교해 보았다. 이 연구의 목적은 피케이들에 관한 고정관념들이 어느 정도나 사실에 근거하고 있는지를 조사하는 것이었다. 이 조사는 그들이 이 연구 이전에 그러한 고정관념들에 대해 어떻게 인식하고 있었는지를 보여준다 :

피케이들은 학문적으로 우수하고 학업을 성취하는 데 열의를 가지고 있다. 그들이 받은 가정교육은 확고한 도덕적 가치 기준들과 인류에게 봉사하고자 하는 열망을 심어주는 것이다. 그들은 자유주의적이고 인도주의적인 견해를 가지고 있다. 또한 여러 사회 문제에 관심이 있으며, 그러한 문제의 해결책에 대해서 긍정적인 태도를 지향한다. 게다가 대부분의 피케이들은 어느 정도 부모에게 반항적이다. 이러한 반항으로 인하여 양육받은 종교를 부인하고 제멋대로 무모하게 행동한다고 여겨진다. 또한 피케이들은 또래 친구들에게 고립되어 있어 사회적으로 왕따 취급을 받는다고 보여진다.26)

위의 연구자들이 발견한 내용은 부정적인 고정관념을 거의 지지하지 않았다. 오히려 긍정적인 고정관념을 상당히 지지하는 결과가 나온 것이다. 한편 실제적으로 피케이들은 일반 신입생들에 비해 종교를 부인하거나 자신들이 성장한 교회를 떠나는 일이 많지 않았다. 또한 그들은 일반 신입생들보다 술을 마신다거나 담배를 피운다거나 밤새도록 거리를 배회하는 일이 적은 편이었다. 반면에 피케이들은 높은 성적과 좋은 학업 습관을 가지고 있었다. 그들은 장학금으로 경제적 지원을 더 많이 받았고, 전공 외의 활동에도 보다 열심이었다. 주나 지역을 대표하는 연설과 토론 대회에 참가할 가능성이 훨씬 높으며 주로 그들이 학생 서클 모임의 회장에 선임되는 것으로 나타났다. 또한 연구자들은 목회자 자녀들이 대학 이상의 공부를 열망하며 사회적인 책임과 이타적인 가치들이 강조되는 전문직을 열망한다는 사실을 발견했다.

이와 같은 연구 결과들은 목회자들에게 좋은 소식임에 틀림없다. 피케이가 되었다는 사실 빼고는 다른 사람들과 동등한 조건에서 피케이라는 이유만으로 고통스럽고 심리적인 부적응을 겪는 것은 아니라는 연구결과이기 때문이다. 더욱이 그 결과들은 피케이에게는 오히려 이점들이 있다는 사실을 지적해주는 것 같다. 나는 그 연구 이후로 행해진 이와 비슷한 규모의 또 다른 연구를 볼 수는 없었지만 그러한 연구가 지금 행해진다 하더라도 결과는 비슷할 것이라고 생각한다.

그렇다면 이 연구 결과와 부정적인 고정관념을 어떻게 조화시킬 것인가? 우리가 살펴보겠지만 '반항아 피케이' 는 그저 상상의 산물이 아니라 분명히 사실에 기인한 것이다. 열쇠는 쉽게 간과될 수 있는 말인 "다른 점에서는 모두 동등하다"라는 구절에서 찾을 수 있다. 만일 피케이들을 일반 사람들과 똑같이 대하고 그들에게도 동등한 기회와 자유를 주는 동시에 다른 이들과 달리 피케이들에게만 지우는 무거운 기대들을 더 이상 그들에게 떠넘기지 않는다면 피케이이기 때문에 얻게 되는 장점들은 단점에 비해 훨씬 더 많아질 것이다.

내가 조사한 바에 따르면 많은 피케이들은 성자 혹은 반항아라는 고정관념에 부딪힌 적이 없노라고 응답했다. 그들의 몇 가지 응답을 정리해 보면 다음과 같다:

* 나는 정말로 단 한번도 고정관념에 얽매이지 않았습니다. 그들은 나를 있는 그대로의 모습으로 일반 교인들과 똑같이 대해 주었으니까요.

* 나는 실제로 지금까지 고정관념에 시달려 보지 않았습니다. 나는 사람들이 나를 있는 그대로의 모습으로 볼 뿐이라고 생각합니다.

* 나는 그와 같은 고정관념을 전혀 느끼지 못했습니다. 나는 내 모습이 아닌 모습이 되어야 하는 어떤 압박감도 느낀 적이 없었습니다. 교회에서 나는 언제나 부모님 때문에가 아닌 나 자체로 받아들여졌습니다.

* 나는 여느 다른 아이들과 마찬가지로 평범하게 취급받았습니다. 나는 다른 아이들이 하는 모든 것을 거의 다 할 수 있었습니다. 내가 반항아인지 성자인지 알아보기 위해 나를 감시하는 사람은 아무도 없었습니다.

* 나는 내가 고정관념의 희생양이라고 생각해 본 적이 없습니다. 나는 유년기와 청소년기에 반항적이지는 않았지만 대신에 언제나 다수를 따르지도 않았습니다. 스스로 옳다고 생각되는 대로 행동하려고 노력했습니다.

* 나는 한 번도 고정관념의 희생양이 되어본 경험이 없습니다. 나는 그저 내가 할 수 있는 것에 최선을 다했을 뿐입니다. 아빠가 섬기시던 교인들은 대체적으로 나를 있는 그대로 존중해 주었습니다.

위의 진술들에서 공통적으로 나타나는 주제를 주목해 보라. 위의 예에서 제시된 피케이들은 부모의 연장이 아닌 개인으로서 자신들의 권리를 인정받았다고 느끼는 것이다. 그들은 교인으로서 대우를 받았을 뿐 그 이상은 아니었다. 거기에는 이중 기준이 없으며 그들의 경계선들이 존중받은 것이다.

피케이는 작은 성자인가?

그러나 이렇게 고정관념을 갖지 않는 것이 보편적인 현상은 아니다. 우리는 앞에서 대다수의 교인들이 목회자 전 가족이 성자이기를 기대한다는 사실을 살펴보았다. 나는 고정관념 속에서 겨우 벗어난 모든 피케이들을 위해 고정 관념으로 인해 고통받아 온 이들의 의견들을 참고하기로 했다.

* 수많은 사람들이 당신을 꼬마 성자라고 생각하겠죠. 어떤 이들은 당신이 성자가 아니라는 것을 알아차리고서 당신을 그렇게 만들려고 애를 쓰기

도 할 것입니다.

＊ 모든 사람들은 피케이들은 훨씬 더 영적이고 유혹에 초인적으로 면역되어 있으며 성경 전체를 숙지하고 있을 것이라고 기대한답니다.

또 어떤 피케이는 고정관념에 시달렸던 특정한 사례를 기억해 내지 못함에도 불구하고 중압감은 계속해서 내재되어 있었다고 표현한다 :

＊ 증명하기는 어렵지만 언제나 성자처럼 행동해야 된다는 중압감이 내재되어 있던 것 같습니다.

더욱이 교인뿐만 아니라 목회자 부모까지 성자의 기준을 기대한다 :

＊ 아버지는 내게 기독교 정신을 강요하면서 모든 방면에서 절대적으로 완벽하기를 바라셨습니다. 교인들 역시 내가 성자가 되기를 바랬습니다.

＊ 사람들은 내가 매 순간 모든 것을 올바르게 행동할 것이라고 기대했습니다. 또한 때때로 아버지조차 내가 그렇게 느낄 수밖에 없도록 행동하셨습니다. 아버지는 나를 매주 학생회 모임과 예배 시간에 참석시키셨습니다. 심지어 숙제가 너무 많아서 내가 결석하고 싶어할 때도 말입니다. 만일 내가 잘못을 저질렀다고 말해도 사람들은 그것을 믿지 못하더군요. 정말 우스운 일입니다.

이와 반대로 긍정적인 고정관념은 또래 친구들과의 관계를 어렵게 만들 수도 있다. 물론 처음에는 모든 것이 잘 되어 가는 것 같다. 그러나 결정적인 순간에 "어머, 너희 아빠가 목사님이셔?"라는 반응을 보인다. 또 어떤 경우에는 놀라서 눈썹을 치켜올리거나 그 피케이의 행동이 그 동안 나름대로 생각했던 이미지와 어울리지 않는다는 식의 당황감을 가볍게 표현하기도 한다:

* 나는 크리스천 록 콘서트에 가서 한 밴드가 연주하는 노래를 들으며 춤을 추었습니다. 친구들과 잡담을 하다가 얼떨결에 내가 피케이임을 이야기하고 말았습니다. 한 남자아이가 내게 이렇게 말하더군요: "너는 피케이같이 행동하지 않는구나."

또 어떤 경우에는 피케이라는 사실로 친구들과 사이가 멀어지기도 한다. 그들의 인식이 변하면서 친구 관계도 변한다:

* 우리는 캘리포니아로 처음 이사해서 집 근처의 교회에 참석하게 되었습니다. 처음에는 내 또래의 아이들이 많아서 재미있었습니다. 그러나 후에 모든 아이들이 아빠가 사역할 새로운 교회를 찾고 있는 목사라는 사실을 알게 되었습니다. 나는 더 이상 내 모습 그대로 행동할 수 없었습니다. 나는 바른 자세로 걷고 완벽하게 이야기하고 똑바로 주시하고 완벽하게 숨쉬어야만 했습니다.

피케이의 친구들은 피케이와 함께 있을 때 늘 자신의 언행에 주의를 기울이는 것 같다:

* 내 친구들이 행여나 욕설이라도 하게 되면 마치 내게 욕설이라도 한 것처럼 반복해서 사과하곤 했습니다. 어느 누구도 나 역시 가끔은 욕설을 할 수도 있다는 생각을 하지 못했습니다. 나는 그들이 생각하기에 완벽한 피케이였던 것입니다.

그러나 피케이와 일반 친구들과의 가장 큰 차이점은 친구의 부모님이 유감스럽게도 그 친구와 피케이를 비교할 때 두드러진다. "너도 아무개처럼 해봐라" 하며 피케이와 같이 행동하기를 요구하는 것은 피케이가 그 친구의 나쁜 면을 부각시키는 매개가 되게 하는 가장 확실한 방법이다. 이러한 상황은 피케이들을 당황하게 하는 것이다 :

* 치명적인 문제는 또래 친구들이 피케이에 대해서 고정관념을 갖는 것입니다. 그러나 더욱 치명적인 것은 친구들이 피케이를 그들의 모범이라고 생각하는 것입니다. 내가 친구의 자존심을 상하게 했던 사례 중에 가장 기억나는 것은 어느 날 내 친구네 집이 이사를 하는 데 내가 이삿짐 나르는 것을 도와주었을 때였습니다. 우리 교회에 출석하시는 친구 할머니가 친구에게 열심히 돕지 않는다고 꾸짖으면서 이렇게 말하는 것이었습니다 : "왜 목사님 딸처럼 잘하지 못하냐? 얘는 참 차분하게 잘하는구나." 나는 쥐구멍에라도 숨고 싶은 심정이었습니다.

피케이의 친구들은 그렇게 비교되는 것을 매우 싫어할 것이다 :

* 나는 내가 '작은 성자'가 되기를 바라는 이들이 다름 아닌 부모님이었다는 것을 알게 되었습니다. 종종 몇 명의 친구들은 자신의 부모님들이 나

와 자신을 비교한다며 불평을 했습니다. 어떤 경우에는 친구들이 그런 부분에 대해서 내게 화를 내기도 했습니다. 뿐만 아니라 나를 '미스 완벽' 또는 '잘난 척' 이라는 별명으로 부르곤 했습니다.

피케이들과 그들의 친구들이 잘 어울리지 못하는 데는 보다 본질적인 이유들이 있다. 사람들은 피케이들이 특별히 성숙했을 것이라고 기대하고 부당하게도 그들을 또래 친구들의 모범이 되어야 하는 위치에 올려놓기 때문이다:

* 주일학교 공과공부 시간에 선생님이 잠깐 동안 자리를 비우시기라도 하면 언제나 나에게 다른 학생들을 관리하도록 책임을 맡기셨습니다.

피케이가 그런 그룹의 책임을 질 경우에 그저 '여러 아이들 중의 한 명' 이기는 어려운 일일 것이다.

피케이들은 사람들이 계속해서 자신들에게 성자로의 삶을 요구한다는 사실과 때로는 그것이 공개적인 방법으로 표출된다는 것을 알게 된다. 윌리엄 흄William Hulme은 다음과 같이 이야기를 들려준다:

나는 이러한 고정관념들로 자신의 자녀들을 얽매지 않겠다고 결단한 한 목회자 가정을 알고 있다. 그들은 이런 부분에 대해서 교인들과 터놓고 이야기를 했고 교인들은 어느 정도 이해하는 것 같았다. 그러던 어느 날 목회자 가정의 한 자녀가 다른 아이들과 함께 학교에서 약간의 말썽을 피운 일이 벌어졌다. 그런데 마침 교장 선생님(그 교회의 교인은 아니었지만)이 그 아이들을 꾸짖으면서 목사님 자녀에게 이렇게 말했다. "다른 아이들이 말썽을 피우는 것은 이해할 수 있겠어. 그런데 목사님 자녀인 너는 도저히 이해가 안 되는구나." 사모님은 그 이야기를 듣고 너무나 화가 났다. "예배시간도 아니고 공립학교 수업시간에 일어난 일이잖아요. 도대체 이러한 압력들을 당신이라면 어떻게 처리하시겠어요?"라고 그녀는 말했다.[27]

아니면 작은 반항아인가?

그렇다면 부정적인 고정관념인 '반항아 피케이'의 모습은 어떤가? 이러한 이미지 역시 대중들의 기대와 얽혀 있다. 피케이인 동시에 지금은 목회자의 아내가 된 한 여성의 회고에서 알 수 있듯이 이러한 고정관념은 매우 미묘한 방식으로 드러난다:

* 사실 나는 한 번도 고정관념을 느껴보지 않았지만 우리 아이들의 경우는 다릅니다. 사람들은 우리 아들이 "여느 피케이들과는 다르다"며 매우 친절하고 사려 깊으며 훌륭하게 행동한다는 등의 칭찬을 한답니다.

또 어떤 경우에는 그러한 고정관념이 매우 분명하고 직접적으로 표현되기도 한다:

* 또래 아이들이 우리가 피케이라는 사실을 알고 난 후 이런 말을 하며 반응했습니다. "세상에! 나는 네가 진짜로 반항아나 문제아가 아니라는 사실에 놀랐어. 대개 목사님 아이들은 그렇잖니!"

* 사람들은 여느 피케이들은 부모님의 속을 썩히면서 반항하는 데 왜 나는 아직도 크리스천으로 남아있는지에 대해 질문합니다.

* "가장 못된 아이들은 두 종류의 PK들이다. 즉 경찰관들의 아이들 policemens' kids 아니면 목회자들의 아이들 pastors' kids" 이라는 이야기가 있습니다. 나는 이러한 고정관념에 지지 않으려고 애써왔습니다. 나는 교회에서 이런 말을 얼마나 많이 들었는지 셀 수도 없습니다.

긍정적인 고정관념과 마찬가지로 부정적인 고정관념은 그 사람 자체를 보기보다는 부정적인 이미지를 보기 때문에 대인관계에 방해가 된다:

* 모든 교인들은 우리 피케이들을 '문제아' 라는 범주로 묶어 버리는 것 같습니다. 내가 성장한 후에도 그들과의 관계를 발전시켜 나가는 것은 쉬운 일이 아닙니다. 왜냐하면 그들의 관념에 여전히 나는 문제아로 자리잡고 있기 때문입니다.

아무리 좋은 경우라고 할지라도 사람들이 계속해서 고정관념을 부여한다면 정체성의 혼란을 일으킬 수 있다. 가정과 교회생활에 열정적이었던 한 목회자의 딸은 고정관념에 얽매였을 때 생겨날 수 있는 혼란스러움에 대해 설명하고 있다:

* 교인들은 "아, 네가 피케이로구나! 조심해라!" 라고 말들을 하는 데 참으로 우스운 일이죠. 그들은 아무런 이유도 없이 마치 내가 반항이라도 하는 것처럼 나를 대하는 것입니다. 그러면 나는 "이봐요, 나는 그냥 평범한 아

이예요! 나는 괜찮은 아이예요!"라고 말을 하곤 했습니다. 사람들은 이따금 그러한 말들을 내게 던졌고 나는 그 때마다 "도대체 왜 당신들은 나를 몰라주나요?"라고 생각만 했습니다. 그리고 "그런 식으로 말한다면 당신들은 나를 모르는 거예요. 당신들은 내가 그저 거친 여자아이라고 생각을 하지만 난 아니란 말이에요"라고 되뇌었습니다. 도대체 피케이가 뭐라고 생각하기에 나를 그렇게 이상하게 여기는 건가요? 내가 이상한 사람인가요? 아니면 비정상인가요?

패배할 수밖에 없는(No-Win) 상황

피케이들이 각기 다른 사람들에게, 다른 순간에, 혹은 다른 장소에서 상반되는 두 고정관념에 얽매인다면 혼란은 더욱 가중될 것이다 :

* 가장 큰 갈등은 많은 교인들이 당신에게 어떤 고정관념을 부여해야 좋을지 결정하지 못한다는 것입니다. 한 여자 성도는 당신을 천사처럼 여기는 반면 다른 남자 성도는 당신을 문제아로 취급한다는 것입니다.

이렇게 상반된 고정관념에 매이는 것은 '패배할 수밖에 없는 상황,' 즉 '이중구속' 상황을 야기한다. 이에 대해서 한 피케이가 흥미 있는 구분을 하였다. 긍정적인 고정관념은 교회 밖에서 접하게 되는 반면에 부정적인 고정관념은 교회 안에서 접하게 된다는 것이다.

* 내가 교회나 학생회 모임에서 유창하게 말을 잘 하면 교회 어른들은 "목사 자녀들이 그렇잖아요!"라고 말하곤 했습니다. 나는 종종 자신에 대해서

혼란스러웠어요: "아뇨, 난 목회자의 자녀다운 것이 어떤 건지 잘 몰라요. 당신들은 도대체 내가 뭘 안다는 건지 모르겠군요. 말씀 좀 해 주세요." 반면 학교에서는 나를 어느 정도 완벽하다고 생각했습니다. 결국 교인들은 나를 반항아라고 생각하고 불신자들은 나를 완벽하다고 생각하는 것이지요.

또 다른 목회자의 자녀는 이와 같은 구분에 동의한다. 교회 안에서는 그녀가 다른 아이들과 같은 행동을 하지 않는다는 이유로 비난을 받은 반면 교회 밖에서는 그녀를 흠잡을 데 없는 사람이라고 생각했다:

* 나는 두 가지 고정관념에 부딪혔습니다. 학교에서 친구들은 나를 성자라고 생각했고 내가 다니는 교회에서 교인들은 나를 문제아라고 생각했습니다. 학교에서 친구들은 "우리는 개 앞에서 허물 없이 말하거나 행동을 못하겠어" 라거나 "나는 네가 크리스천일거라고 생각했어" 라는 말들을 하곤 했습니다. 그러나 교인들은 물건이 깨지거나 흩어져 있으면 모두 내 탓으로 돌리곤 했습니다. 한 예로, 교회의 난로에 문제가 생기자 한 장로님이 내게 다가와서 "난로 가지고 장난하지 말라고 했지!" 라고 말하는 것이었습니다.

이와 반대로 어떤 교회들은 피케이들이 성자라고 생각하는 반면에 또래 친구들은 그들을 반항아라고 생각하기도 한다. 고정관념에 대한 고정관념은 이제 그만!

고정관념 뛰어넘기

우리가 목회자의 자녀들을 이해하려고 할 때 피케이들에 대한 어떤 고정관념이 '더 정확한 사실'인지 찾아내려는 것은 별 도움이 되지 않는다. 왜냐하면 대부분의 피케이들이 두 고정관념 사이의 어딘가에 분명히 위치해 있기 때문이다. 우리의 목적을 이루기 위해서는 이러한 고정관념들이 어떻게 생겨났고 유지되어 왔는지, 그리고 그것들을 통해 자신의 정체성을 찾고자 하는 피케이에 대해 우리가 무엇을 배워야 하는지를 생각해 보는 것이 보다 유용할 것이다. 나는 여기서 다시 한 번 경계선 개념이 이것들을 이해하는 열쇠가 된다고 확신한다.

우선 피케이들의 생활이 공개적이라는 특징을 상기해야 할 것이다. 명망 있는 신분의 사람들은 일반 사람들과 같은 기준으로 판단되지 않는다. 어떤 이의 생활에 흔한 일로 간주되는 사건이 다른 이들에게는 험담거리가 된다. 앨린 포터Alyene Porter는 다음과 같이 설명한다:

> 어쩌면 우리는 도시에서 가장 못된 문제아가 되기 위해 스스로를 진부한 패턴에 짜 맞추어 왔는지 모른다. 그러나 모든 아이들에게는 충동적인 욕구가 있다. 목회자의 자녀들은 교회에서 생활의 사분의 삼을 보내기 때문에 그들의 충동적인 욕구가 교회에서 표현되는 것이고 따라서 수많은 사람들이 목격하게 되는 것이다.[28]

문제는 피케이들의 행동들이 보다 쉽게 보일 수 있기 때문에 더욱 주목을 받는다는 것이다. 명사들의 행보가 뉴스가 되듯이 말이다.

한편 상황을 뒤바꿔서 살펴보는 것 역시 중요하다. 명사들이나 피케이들의 행동은 그들의 신분 때문에 훨씬 면밀하게 주목을 받는다. 피케이들은 '왕실'의 한 구성원인 것처럼 교인들을 대표하며 크리스천의 신앙생활의 귀감이다. 대중은 대표자로 여기는 이들을 주도면밀하게 관찰한다. 카슨S. L. Carson은 미국 대통령의 자녀들에게서 이와 유사한 관찰 결과를 보고한다:

> 이러한 아이들 역시 국가적인 이상을 드러내는 상징으로 여겨져 왔다. 그들은 종종 위선적인 생활을 하기도 하고 세상 사람들 앞에서 세상 물정을 모른 채 대중이 주시하는 냉혹한 현실 속에서 성장한다. 그곳에서 그들의 모든 실수는 과장될 것이고 모든 성공은 그들 각자의 능력이 아니라 아버지의 영향력 탓으로 돌려질 것이다. 그리고 그들이 느끼는 분노는 '나라의 안녕을 위해서' 특히 억압되어야만 했다.[29]

뭔가 귀익은 이야기가 아닌가? 카슨의 설명은 대통령의 자녀들 못지않게 목회자의 자녀들을 잘 설명해준다.

고정관념들이 단지 목회자 자녀들의 행동에서만 유발되는 것은 아닌 것 같다. 특별한 기대를 받고 있다는 압박감이 그런 행동에 선행한다. 그리고 그런 고정관념들은 피케이들의 실제 행동을 통해서 강화되는 것이다.

그러므로 거기에는 그들이 성자일 것이라는 긍정적인 고정관념과 피케이들이 실제로 매우 반듯하게 행동한다는 명백한 사실 두 가지가 존재한다. 이러한 기대가 행동을 부추길 수도 있다. 피케이들은 사람들이 자신에게 기대를 걸고 있기 때문에 옳은 행동을 할 수도 있다. 그리고 어쩌면 자신이 옳게 행동하지 않음으로써 자신과 가족들에게 미치게 될 결과가 두려워서 옳게 행동할 수도 있다. 그리고 기대되었던 것들이 표면상으로 입증되면서 그들이 보여준 옳은 행동은 다시 고정관념으로 강화될 것이다.

이렇게 반복적으로 강화되는 사이클은 하나의 덫이 될 수 있다. 첫째, 그들이 아무리 바른 행동을 한다 하더라도 이미 사람들이 그러리라고 기대하고 있기 때문에 별다른 인정을 받지 못할 것이다. 한 피케이는 이렇게 말한다 : "나는 내가 원해서가 아니라 사람들이 내게 그렇게 하기를 기대했기 때문에 옳은 행동을 한 것처럼 느껴졌습니다."

목회자 자녀들이 다른 무엇을 할 수 없어서 옳은 결정만을 내린다는 것은 사실이 아니다. 비록 목회자 부모가 자녀들에게 한계와 윤리를 가르쳤다 하더라도 자녀들이 그러한 교훈을 잘 배우고 그것을 실천해 옮겼다면 그에 대해 최소한의 칭찬은 받아야 하는 것이 아닌가? 이렇듯 피케이들로 하여금 독자적인 의지를 인식할 수 없게 하는 것이 바로 경계선을 침해하는 것이다. 즉 그들을 부모의 확장으로서 대하는 것이다. 만일 목회자의 자녀들이 그들이 내린 결정에 대해 인정을 받지 못한다면—그것이 비록 선한 결정이라고 해도 말이다—어떻게 그들이 자신들의 정체성에 올바른 관념을 통합할 수 있겠는가?

둘째, 일단 그러한 악순환이 시작되면 멈추기가 어렵다. 만일 피케이들이 작은 성자들처럼 행동한다면 왜 목회자 부모나 교인들은 자신들이 갖고 있는 고정관념들을 굳이 불합리한 것이라고 생각해야 하는가? 목회자 자녀들이 오늘 품행이 방정하다고 해서 그들이 내일도 모레도 그러리라고 전제할 수 있는가? 반대로 한동안 그런 역할을 감당해 온 아이들은 평판에 걸맞게 생활해야 한다고 그들 스스로 생각한다. 거절에 대한 두려움은 그들로 하여금 마음이야 어떻든지 겉으로는 언제나 유순하고 상냥하며 경건하게 행동하도록 할 것이다.

이렇게 성자 같은 피케이라는 명제의 덫이 정반대의 덫을 창출하는 요인이 된다. 고정관념들은 상자와 같아서 사람들은 피케이들을 억지로 그 상자 속에 밀어 넣으려고 한다. 과연 피케이들은 그러한 덫에서 어떻게 벗어날 수 있을까? 그들은 흔히 반항을 통해서 벗어난다 :

* 교인들은 내가 '선하며 언제나 옳은 행동'을 하리라고 기대했습니다. 그러나 나는 그들이 나를 고정관념에 끼워 맞출 수 없다는 것을 보여주기 위해서 반항했습니다.

그와 같은 상자에서 벗어나기 위해서 피케이들은 부정적인 고정관념을 뒷받침해주는 종류의 행동을 보이기 시작한다. 그 결과 그들의 부정적인 행동은 다른 피케이들에게 불리하게 적용될 수 있다 :

* 내가 일전에 파티를 열었는데 한 친구가 그 파티에 참석해도 좋다는 허락을 받기 위해서 부모님에게 내가 피케이라는 이야기를 했답니다. 그런데 그분들은 "그렇다면 더욱더 안 되지. 목사님 아이들이 십중팔구 제일 못된 아이들이지 않니!" 라고 반응하였고 오히려 우리 계획에 차질을 빚게 되었지요. 피케이들의 고정관념을 깨기 위한 노력의 일환이 또 다른 고정관념을 만들어 낸 것이지요.

대부분의 사람들이 십대들은 반항하는 일정시기를 거친다고 생각하지만 모든 십대들이 그렇지는 않다. 많은 피케이들이 비록 목회자 가정에서 성장하지 않았다 하더라도 지금 못지않게 반항했을 것이라고 생각한다. 또 고정관념과 상관없이 어떤 피케이들은 자신의 반항을 정체성을 확립해 가는 한 방법으로 생각한다. 즉 그 반항은 고정관념들이 잘못되었음을 입증하고 더 나아가 자신을 독자적인 개인으로 인식하게 하는 노력이다. 그리고 다른 이들의 기대에 좌우되지 않는 정체성을 수립하기 위한 노력의 한 일환이다.

여느 십대들도 비슷한 이유로 반항을 하기 때문에 반항만으로 피케이들을 특별하게 구분 지을 수는 없다. 그러나 명백한 아이러니는 목회자 자녀들이 이상적인 고정관념이 가져다주는 제한성에 반항하는 만큼이나 자신을 침해하는 정반대의 고정관념의 기초를 놓고 있다는 사실이다.

반항이란 용어는 상대적인 것이다. 많은 목회자 자녀들은 그들 역시 인생의 어느 한 시기에 반항적이었다고 표현한다. 그러나 그들이 드러내는 반항의 형태는 매우 다양하다. 이제 막 사춘기에 접어든 피케이들 가운데 일부는 교회에 가고 싶지 않다는 나름대로의 생각에 빠져있을 수 있다. 그리고 부모들의 의견에 말 없이 반대하기 시작할 수 있다. 그러나 겉으로 그들은 여전히 고분고분한 아이일 것이다. 이것이 바로 그들이 감행하는 '반항'의 범위이다. 여기에서 한 걸음 더 나아가는 아이들도 있다. 그들은 누군가 자신들을 지켜보는 경우에는 여전히 품행이 단정한 아이의 모습으로 남아있지만 또 다른 은밀한 인생을 살아간다. 한 목회자의 아들은 이렇게 고백한다 :

＊ 나는 꼬마 성자로 분류되었지만 실제 모습은 그렇지 않았습니다. 나는 사람들이 주위에 있을 때에는 착하게 행동하곤 했지만 그들이 없는 곳에서는 내 멋대로 이야기하고 행동하곤 했습니다.

또 다른 피케이는 이렇게 기록하고 있다:

* 만약에 교인들이 내가 비기독교적인 음악을 즐겨듣고, 학창 시절에 나이트 클럽에 다녔으며, 믿지 않는 친구들과 대부분의 시간을 함께 했다는 사실을 안다면 그들은 충격을 받고 나에 대한 환상에서 완전히 깨어나게 될 것입니다.

또 다른 피케이는 그러한 행동이 의도적으로 자신의 뜻을 입증하려는 것이었다고 덧붙이고 있다:

* 나는 나의 뜻을 밝히고 싶었으며 '성자라는 상자' 속에 들어가지 않으려고 저항했습니다.

한 여성 피케이는 집을 나와서 자신이 피케이라는 사실이 알려지지 않은 환경에서 제2의 인생을 개척했다:

* 나는 거의 전혀 다른 두 인격을 가진 사람이 되어갔습니다. 물론 나는 여전히 완벽한 딸이자 크리스천이었습니다. 나는 다른 도시에서 살기 위해 이사해서 그곳에서 첫 번째 직장 생활을 시작했습니다. 나는 밤에 혼자서 디스코텍에 가곤 했는데 그것은 이전에 내가 미치광이 짓으로 여겼던 일이었습니다. 물론 이 모든 생활은 비밀리에 이루어졌죠. 부모님은 내 남자친구들을 한 명도 만나보지 않았습니다. 그분들은 어차피 그들을 인정하지 않으실 테니까요.

또 다른 피케이는 그녀를 전혀 의심하지 않는 부모님과 함께 살면서 이중 생활을 했다 :

* 언니와 나는 모두 반항적이었습니다. 언니는 훨씬 비밀리에 그렇게 했는데 술을 마시러 나가서는 완전히 만취가 되곤 했습니다. 나는 여러 명의 남자친구들을 만나러 밤에 살금살금 기어나가곤 했습니다. 그렇게 행동하는 내가 나쁜 아이라고 생각하면서도 부모님이 모르시게 이 모든 생활을 했죠. 사실 그러한 모습은 내가 겪고 있던 혼란스러움이 행동으로 표출된 것이었습니다.

더 나아가 피케이들의 소위 반항적인 행동은 공공연히 드러나기도 한다. 긍정적인 고정관념대로 살아가려고 애쓰던 삶에 신물이 난 한 젊은 청년은 그에 대해 무엇인가를 하고자 결심했다 :

* 사람들은 주일날 학생회 모임에서는 내가 개회 기도나 혹은 개회 메시지를 선포하는 식으로, 클럽이나 모임에서는 기관목사 역할을 하기를 바랐습니다. 나는 언제나 좋다고 했지요. 그러나 대학에 입학해보니 피케이들은 문제아로 알려져 있었습니다. 나는 맥주를 마시고 담배를 피우며 기숙사를 살금살금 빠져나오곤 했습니다. 그것은 문제아가 되기 위해서가 아니라 나약한 모범생이 아니라는 것을 보여주기 위해서였습니다.

반항아와 성자라는 두 가지 고정관념은 서로 동등하게 맞서는 개념이 아니다. 어떤 피케이들은 전자의 고정관념에 맞고 어떤 피케이들은 후자에 맞고 또 어떤 피케이들은 그 어느 것에도 맞지 않을 수도 있다. 고정관념은 일부 목회자 자녀의 행동을 일반화한 것에서 생기는 것은 아니다. 그러나 이러한 일반화가 그러한 고정관념들을 강화시킬 수는 있다. 오히려 두 고정관념 사이에는 모종의 논리적인 관계가 있다. 우선 긍정적인 이미지는 교인들이나 목회자 가족들을 막론하고 피케이들에게 자신들의 바람을 투사하는 것에 기초하고 있다. 그리고 부정적인 고정관념은 주로 이러한 이상적인 틀을 강요받은 피케이들이 보이는 반응에서 비롯된다.

어떤 목회자 자녀들은 반항할 것인가 순종할 것인가를 결정해야 하는 시점에 이것을 자신들의 인격 발달 행로의 한 분기점으로 삼으려고 애썼다 :

＊ 나는 대부분의 피케이와 엠케이(선교자 자녀—missionary's kids) 친구들이 두드러지게 '반항적인 문제아' 시기를 거치거나 혹은 여전히 그 단계에 머물러 있다고 생각합니다. 아마도 이것은 우리가 '성자'일 것이라는 기대나 그와 같은 요청을 받기 때문일 것입니다. 어떤 이들은 그 기대에 부응하기도 하지만 그것에 반항하는 이들도 있습니다.

＊ 나는 모든 피케이가 어느 정도는 반항을 표현한다고 생각합니다. 만약 당신이 이러한 범주에서 성장했다면 당신 역시 반항을 표출했을 것입니다. 어느 시점에 이르게 되면 당신은 계속해서 그런 모습을 유지할 것인지 아니면 그 어떤 다른 모습이 되어야 할지를 결정해야 할 것입니다. 나는 그 외에 다른 방법이 없다고 생각합니다. 피케이들은 그들이 어떤 직업을 갖고 살아야 할지를 결정해야 합니다. 많은 피케이들이 그렇게 하는 것처럼 그들이 부모님의 사역을 계승해야 하나요? 그러나 상당수의 피케이들은 그것에 반항하고 교회와는 전혀 관계없는 삶을 살기를 원합니다. 이러한 양

극단의 현상은 나와 대화를 나눈 사람들 사이에서 매우 일반적인 현상으로 받아들여지는 것 같습니다.

따라서 다른 십대들과 마찬가지로 피케이들은 자신들의 정체성을 규정해주려는 도움에 반항할 것이다. 그러나 여느 십대들과는 달리 그 반항은 여지없이 피케이에 대한 고정관념이 될 것이다.

대개 사람들은 고정관념의 희생제물이 되어 보지 않고서는 그것을 통해 인간이 얼마나 비인간화될 수 있는가를 인식하지 못한다. 고정관념들은 실제와 혼동되고 있다. 그러나 사람들이 자기 자신을 알아가려고 노력하지 않고 마음에 품고 있는 이미지들과 실제 자신의 모습을 대체하는 한 그 이미지들이 정말로 실제를 형성하게 된다는 사실을 깨닫지 못한다. 실제 피케이의 특정한 행동 방식의 동기가 어떤 것이든 상관없이 그 행동 자체는 이미 널리 알려져 있는 고정관념에 끼워 맞춰서 해석될 수 있다. 심지어 긍정적인 고정관념에 역행하는 비행 행동조차도 사람들이 어떻게 생각하느냐에 따라 다르게 받아들여질 수 있다:

* 나는 매우 '착한' 아이일 것이라는 기대를 받으며 지금까지의 삶의 대부분을 살았다고 생각합니다. 혹시나 내 친구들과 내가 말썽을 부리기라도 한다면 사람들은 내가 주도해서 말썽을 피운 것이 아니라 친구들의 꾐에 끌려간 것이라고 생각하더군요. 내가 내 자신의 정체성을 추구하기에 충분히 성장한 나이를 먹기까지도 사람들은 나를 친구들 때문에 말썽을 일으킬 수밖에 없었던 착한 아이라고 생각했습니다.

그러므로 목회자 자녀들은 자신들이 어떻게 행동하든지 무슨 행동을 하든지 그것이 자신의 진정한 모습으로 간주되기보다 어떤 고정관념의 기준에 의해 해석된다는 것을 느낀다. 그들이 부딪히는 그러한 태도는 '물론 그가 그렇게 했겠지. 그는 피케이거든' 이라는 무언의 메시지를 전달하는 듯하다. 그 결과 어떤 피케이들은 대중 앞에서 자신들의 행동을 드러내지 않기도 한다. 왜냐하면 그들이 무슨 행동을 하든지 관계없이 기존의 어떤 고정관념에 의해 해석되고 분류될 것이라고 생각하기 때문이다:

* 나는 교인들이 나에 대한 고정관념을 갖지 않도록 하기 위해서 내 자신을 너무 많이 드러내 보이지 않으려고 애썼습니다. 그들이 내가 어떤 사람인지 모른다면 나에 대해서 이러쿵저러쿵 말할 수 없을 테니까요. 나는 그저 익명으로 남으려고 애쓴 것뿐입니다.

고정관념들이 문제가 되는 이유

자신의 정체감을 추구하는 청소년들에게 경직된 고정관념들은 숨막히게 하는 것이다. 십대들은 응집력 있는 자기 이미지를 통합시키려는 욕구가 강하기 때문에 자신들의 실존의 의미를 깨닫게 해 주는 것은 무엇이든지 잡고 놓지 않을 것이다. 에릭 에릭슨은 만일 십대들이 실제적으로 부정적인 정체성밖에는 그 어떤 것도 선택할 수 없는 상황에 놓인다면 그들은 부정적인 정체성을 가질 것이라고 경고한다. 왜냐하면 어느 정도의 독립된 느낌을 갖게 하는 부정적인 정체성이 정체성을 전혀 갖지 못하거나 누군가의 통제 하에서 정체성을 갖는 것보다는 훨씬 매력적이기 때문이다.30) 에드 돕슨Ed Dobson과 에드 힌슨Ed Hinson은 성자가 되어야 한다는 압박감의 영향력과 그로 인해 반항이 초래될 수 있는 가능성을 인식하고 있다 :

> 비록 사람들이 부정한다 하더라도 대부분의 목회자 자녀들에게는 완벽에 가깝게 행동해야 한다는 무의식적인 압박감이 있다. 여느 아이들은 실수의 여지가 있고 그러한 실수는 언제나 용서가 된다. 그러나 목회자 자녀들이 실수를 한다면 용서받을 때도 있기는 하지만 좀처럼 잊혀지지 않는다. 아무튼 그들은 평범하게 될 권리를 빼앗긴 것이다 …… 그들은 이러한 '완벽주의 심리'에 대해서 증오하며 교회에서 그 누구보다도 좋지 않은 행동을 함으로써 과잉 반응하는 성향을 띠게 된다.31)

더 나아가 돕슨과 힌슨은 응집된 부정적인 이미지 자체가 부정적인 행동을 유발한다는 사실을 관찰했다 :

> 그 반대의 경우도 역시 사실이다. 목회자 자녀들은 자신들이 좋지 않은 습성을 갖기를 다른 이들이 바란다고 생각한다. 따라서 그들은 잠재 의식적으로 그렇게 행동한다.32)

이것은 피케이들에 대해서 부정적인 고정관념들을 갖고 있는 이들에게 가장 적절한 조언이 된다. 어떤 의미에서 그러한 부정적 이미지는 모방하는 모델이 된다. 목회자 자녀들의 증언은 이 점을 잘 나타낸다. 긍정적인 고정관념과 부정적인 고정관념이 정체성을 찾기 위해 몸부림치는 다음의 피케이들에게 어떤 영향을 주었는지 생각해 보자 :

* 내가 느꼈던 것은 긴장감이었습니다. 부모님은 내가 완벽하기를 바랐습니다. 또한 나는 교회에서 교인들 역시 내가 규칙을 준수할 것이라고 기대한다는 사실을 잘 알고 있었습니다. 그럼에도 불구하고 피케이들은 전통적으로 반대로 행동한다고 낙인찍혀 있었습니다. 따라서 두 시각 사이에는 항상 긴장이 있었습니다. 나는 내 또래 그룹 아이들처럼 행동하기로 선택하는 것이 훨씬 쉽다고 생각하게 됐습니다. 사실 그러한 결정은 매우 중요한 것이었습니다. 그래서 나는 완전히 모든 것을 내던지고 전적으로 반대되는 행동만을 하는 격정적인 반항기를 보내게 되었습니다. 나는 여러 해 동안 탕자의 삶을 살아왔습니다. 나는 학교에서는 여전히 공부를 잘 했지만 몇 가지 약물을 남용하였고 부모님이 극구 반대하는 음악과 활동에도 깊이 관여했습니다.

* 나는 부모님과 교인들이 전혀 모르게 반항기를 지냈습니다. 그들 모두는 내가 착한 작은 크리스천이라고 생각했습니다. 나 또한 그 기대에 맞게 행동했기 때문에 내가 술을 마시는 것 같은 '세속적인 행위'를 했을 것이라고 의심하는 사람은 아무도 없었습니다. 비록 나는 반항을 했지만 여전히 하나님을 위해서 살고 싶었습니다. 그러나 나는 내 자신의 정체성을 발달시키기 위해 분투하면서 나도 인간이라는 사실을 사람들에게 보여주기 위한 일환으로 반항을 한 것입니다. 나는 엄마와 아빠에 비해서 하찮은 존재인 것처럼 취급받았기 때문에 하나님이 나에게 관심을 가져주셨으면 하고 바랐던 것으로 기억합니다. 내가 사람들에게 "여기저기 돌아다니면서 진탕 놀았다"고 말을 하면 그들은 매우 충격을 받더군요. 어떤 이들은 "나에게 연극하느냐고 말하기도 했지만 사실은 그들이 나를 어떤 틀 속에서 이해했기 때문에 그렇게 반응한 것이라고 생각합니다.

＊ 내가 우리 가족에게 가한 고통을 일일이 설명하지는 않겠습니다. 그저 내가 사납고, 거칠고, 고집 세고, 쾌락만을 추구하며, 후광을 업은 일종의 성격 장애가 있는 전형적인 피케이의 모습으로 변해갔다고 말하는 것으로 충분할 것입니다. 나는 할 수 있는 모든 방법을 동원해서 아버지의 직분을 대변하는 모든 것, 즉 교인들과 교회공동체, 그리고 하나님을 거부했습니다. 나는 마약과 술에 손대기 시작했고 비행 친구들과의 관계를 유지하면서 공생적인 관계를 받아들였습니다. 그러나 내가 조직적으로 아버지의 직분을 거부하면서 내 자신의 정체성을 만들어 나가려고 할수록 동시에 나는 문자 그대로 내 자신과 다른 이들이 '하나님의 가족'의 구성원에 대해 갖고 있는 거창한 기대에 부응해서 살아가지 못하는 것에 대해서 깊은 수치심을 느꼈습니다. 그것은 깊은 죄책감에 상응하는 감정이었습니다. 그리고 내가 실제라고 생각했던 것으로부터 우리 가족을 점점 멀어지게 했던 '거룩함'이란 허울을 벗어버리려는 나의 공격적인 행동과 그 당시 상황을 그저 유지하고자 했던 아버지의 소극적인 대처는 수년 동안 계속되었습니다. 드디어 이것은 분노와 불신, 그리고 무력감의 감정들과 합쳐져 절정에 이르게 되었습니다. 그러나 불행하게도 우리 경우에는 덮어두고 부인해 버리자는 공모가 계속되었습니다.

고정관념은 사람들을 상자에 가두어 버린다. 이러한 이미지들 때문에 우리는 결국 사람들을 각각의 개인으로 대한다. 정체감을 발달시키려고 애쓰는 사람들에게 경직되게 부과된 고정관념들은 상자 이상의 의미가 있는데 어쩌면 그들에게 그것들은 관처럼 여겨질지도 모른다.

실제로 피케이들은 반항아인가 아니면 성자인가? 사실 그러한 질문조차 무의미하다. 왜냐하면 이미 적절한 답이 있을 것이라고 전제하는 질문이기 때문이다. 일부의 행동 사례들과 과도하게 기대되는 행위들을 근거로 사람의 품성을 단번에 판단하는 일은 이제 그만두어야 할 것이다. 이것은 우리가 고정관념 하에서 살아가야 하는 사람들이 그것을 통해서 받게 되는 영향력을 인식하게 된다면 한층 분명해질 것이다.

 최후의 심판 날의 관점에서 볼 때 우리는 모두 죄를 지은 반항아들이다. 그러나 구속을 통하여 하나님은 우리를 의인으로 인정해주신다. 따라서 누가 돌을 던질 수 있겠는가? 우리의 고정관념들이 목회자 자녀들의 인생 행로에 장애물로 작용해야 하겠는가? 혹시라도 그렇게 생각한다면 사도 바울은 우리에게 이렇게 경고한다 : "남의 하인을 판단하는 너는 누구뇨 그 서는 것이나 넘어지는 것이 제 주인에게 있으매 저가 세움을 받으리니 이는 저를 세우시는 권능이 주께 있음이니라"(롬 14:4). 그것은 우리의 과업이 아니며 또한 우리의 힘으로 목회자의 자녀들을 성자로 만들어서도 안 될 것이다. 그러므로 우리가 기존의 고정관념들을 깨지 않는다면 우리의 '작은 성자들'이 반항아들로 변하게 될지도 모른다. 물론 거기에는 분명한 이유가 있지만 말이다.

제5장
당신은 무엇을 기대했는가?

목회자 자녀들이 반항아 아니면 성자일 것이라는 고정관념은 대부분의 고정관념들과 마찬가지로 극단적으로 단순화된 것으로서 별 가치가 없는 것이다. 우리가 이미 살펴봤듯이 이런 고정관념을 가지고 피케이들을 바라보는 것은 해로울 수 있으며 역효과를 초래할 수 있다. 고정관념들을 마치 실제인 것으로 여긴다면 우리는 사람들의 참 모습을 알기 어렵다. 또한 그것은 그들의 행동 발달을 형성함에 있어 우리 고유의 역할이 무엇인지 알지 못하게 한다. 우리가 피케이들에게 반항할 원인을 제공하고 결국 이것이 '피케이들이 한 일'이라고 '관찰'하면서 말이다. 다행스럽게도 많은 목회자 자녀들이 "나는 고정관념들 때문에 그다지 고통을 겪지 않았다"고 응답했으며 그중에는 고정관념을 한 번도 접해보지 않은 운 좋은 이들도 있었다.

그럼에도 불구하고 교인들은 목회자 자녀들에 대하여 공통적인 고정관념들을 갖고 있다고 분명하게 말할 수는 없지만 그들이 대개 어느 정도의 기대들을 가지고 있는 것은 사실이다. 피케이들은 어떻게 행동해야 하고 어떤 차림을 해야 하고 어떤 종류의 친구들과 교제해야 하며 어떤 종류의 직업을 선택해야 한다는 식으로 말이다. 스펙트럼의 한쪽 교인들은 아무런 소용도 없는 기대를 가지고 그들을 계속해서 감시할 수도 있다. 그러나 스펙트럼의 다른 쪽에 있는 교인들은 피케이들이나 부모에게 '반드시 지켜야 할 사항들' 이란 리스트를 뽑아서 자신들이 기대하는 바를 적극적으로 전달할지도 모른다.

물론 아이들은 누구나 사회적인 기대들로 둘러 싸여 있다. 어른들은 아이들이 어떻게 행동하고 성장하기를 바라는가에 대해서 많은 견해들을 갖고 있다. 왜냐하면 아이들을 훈련시키고 가치관을 전수하는 것이 성인들의 책임이기 때문이다. 아이들에게 거는 어떤 기대들은 반드시 필요한 것이기도 하다. 물론 아이들이 그러한 기대를 충족시킬 때면 아이들은 어떤 식으로든 보상을 받게 될 것이다. 그렇지 않으면 벌을 받게 될 것이다. 그러나 피케이가 아닌 아이들에게도 늘 현실적인 기대들만이 부여되는 것은 아니다. 미국의 어머니들에 관한 주요 연구에서 루이스 제네비Louis Genevie와 이바 마골리스Eva Margolies는 다음과 같이 보고하였다 :

교육받은 모든 연령층의 대다수 여성들(약 70%)은 현실적이지도 비관적이지도 않았다. 그러나 어머니의 역할이 어떠해야 하는지에 대한 개념에 있어서 지나친 환상을 가지고 있었다. 그들이 가지고 있는 비현실적인 환상들은 다소 로맨틱한 개념에서부터 완벽주의에 가까운 환상들까지 아주 다양하게 나타났다 : 완벽한 아이들, 완벽한 어머니들, 그리고 완벽한 가족들.[33]

문제는 그러한 기대들이 아이들의 유익을 위한 것인가 아니면 어른들의 유익을 위한 것인가 하는 것이다. 부모는 완벽에 대한 환상을 가질 수도 있다. 그러나 순기능 가정일수록 현실적인 유익을 위해 그다지 어렵지 않게 부모 자신들의 환상들을 포기한다. 그들은 자녀가 자신들의 희구의 확장이 아니라 필요들을 가진 '하나의 독립된 개체' 라는 사실을 인정한다. 그러나 역기능 가정에서는 경계선이 불분명하다. 그래서 부모의 기대에 실망을 안겨준 아이는 부모의 거품 기대를 깬 것으로 인해 잔소리를 계속 들을 수도 있다. 아이들 때문에 목숨을 건 부모들은 실제로 아이들에게 집요하게 기대를 건다.

피케이들의 경우에는 상황이 좀 다르다. 즉 피케이들이 때로 완벽할 것이라는 기대를 받기 때문이 아니고 그 기대들이 생겨나게 되는 다양한 출처들 때문이다. 정체성을 형성하는 청소년기에 그들은 자신들에게 중요한 사람들이 거는 기대들, 즉 전형적으로는 가족과 또래 친구들이 거는 기대들에 맞추어가려고 노력한다. 그러나 피케이들에게는 그러한 범위가 교인들과 보다 넓은 공동체로 확장된다. 일반적인 아이들은 교인들과의 밀접한 상호작용 속에서 생활하지 않는다. 극단적으로 단순화된 고정관념과 맞서지도 않고 또래 친구들의 모범이 되어야 한다는 요구도 받지 않는다. 아마도 우리는 제4장에서 다룬 한 피케이의 이야기를 기억할 수 있을 것이다 : "우리에게 얼마나 많은 부모가 있는지 놀라운 일이 아닐 수 없다."

어떤 교인들은 피케이들에게 보다 높은 수준의 행동 기준을 부여하는 것이 자신들의 권리이자 책임이라고 생각하는 것 같다 :

* 나는 여느 아이들처럼 교회 마당을 뛰어다니다가 성큼성큼 다가오는 한 교인에게 실제로 붙잡혔던 일을 기억합니다. 그는 내게 목회자 자녀가 그

런 식으로 행동하는 것이 얼마나 부당한 일인지를 훈계했습니다. 그리고 그가 내게 어떻게 행동해야 되는지를 한참 훈계하고 있는 동안에 나는 그 교인 집 아이가 나처럼 뛰어다니는 것을 지켜보고 있었습니다.

대부분의 가정들은 만일 가족 이외의 누군가가 자신의 자녀들에게 그들의 행동에 대해서 훈계한다면 매우 불쾌해 할 것이다. 그리고 그들이 자신의 자녀에게는 동일한 기준을 적용하지 않는다면 더욱더 화가 날 것이다.

교인들은 목회자 자녀들에게 어떤 기대들을 걸 것인지를 결정하는 '대본 작가' 팀에 합류하게 된다. 물론 그들은 이러한 사실을 충분히 의식하지도 못할 것이다. 그리고 이러한 기대들이 피케이들의 자아감 발달에 얼마나 심각한 영향을 끼치는지도 인식하지 못할 것이다. 자기 강화 self-reinforcing 사이클에서 어떤 피케이들은 자신들의 정체성을 교인들의 인정에 근거해서 규정하기도 한다. 이러한 기대들은 언어적이거나 혹은 비언어적인 모든 상호작용을 통해서 반복된다. 칭찬과 격려는 자기 희생적인 행동을 통해 얻게 된다. 심지어 처벌이나 거절이 확실하지 않은 상태인데도 피케이들은 사소한 실수가 큰 재난을 불러일으킬 수 있다고 느낄 수도 있다. 그들은 예상되는 이러한 위협에서 벗어나기 위해서 자신의 성격의 일부분을 포기하고 솔직한 감정들을 부인해야 할 것이다. 그들이 이런 식으로 교회 환경에서 형성해 가는 정체성은 점차 겉치레로 변하게 되어 교회에서는 착용하고 집에서는 벗어버리는 가면이 된다. 다음의 한 목회자 아들은 그 대본이 그에게 얼마나 영향을 주었는지에 대해서, 그리고 그러한 역할 수행의 결과에 대해서 설명하고 있다:

* 당신이 교회 안에서 성장했다면 수많은 사람들이 의식적으로든 무의식적으로든 당신에게 저마다의 기대를 걸었을 것입니다. 당신이 매우 훌륭하고 당신의 가족들 역시 매우 훌륭하다고 이야기하는 것은 당신이 당신 자신을 희생하며 이런저런 일들을 하고 당신의 부모님 역시 어려움에 처한 사람을 돕는 자리에 늘 계셨기 때문입니다. 당신은 이런 종류의 이야기를 계속적으로 듣게 될 것이고 그다지 나쁘지 않기 때문에 들은 대로 행동하는 습관을 갖게 될 것입니다.

내 인생을 가장 황폐케 했던 사건 중 하나는 아내와의 이혼이었습니다. 무엇보다도 그것은 우리 가족 안에서 발생한 최초의 대 이변이었기 때문에 대처하기가 무척 어려웠습니다. 이 사건이 교인들에게는 어떻게 비춰졌을까요? 우리 가족을 하나님과 가장 가까운 사람들로 생각했던 하나님의 자녀들에게 이것은 어떻게 비춰졌을까요? 왜냐하면 교회에 나오는 매 주일마다 그들은 강단에 서 있는 아버지와 성경 공부와 이것저것을 인도하는 어머니를 지켜보기 때문입니다. 그 시기가 힘들었던 이유는 우리의 이미지가 손상되었기 때문입니다.

아내는 내게 이혼할 수밖에 없는 한 가지 이유를 "당신과 당신 가족들은 진실되게 행동하는 척 하지요. 나는 당신이 가정에서 상처받는다는 사실을 알아요. 하지만 당신은 교회에서 마치 모든 일이 훌륭하게 잘 진행되어 평안한 듯이 행동하지요. 나는 그런 위선에 진절머리가 나요"라고 설명하더군요. 그것은 정말로 내게 충격이었습니다. 왜냐하면 그것은 수년 동안 내가 고민해 오던 문제였거든요. 내가 사람들에게 져야 할 책임을 지면서 과연 하나님이 내게 부여하신 인생을 어떻게 살아갈 것인가? 왜냐하면 내가 교회 앞마당에 발을 들여놓는 순간부터 나는 피곤하고, 상처받고 근심 있는 사람들에게 직접적으로 둘러 싸이기 때문입니다. 그러면 그들은 어떻게 행동하는 줄 아십니까? 그들은 목회자와 그의 가족에게 달려옵니다. 나 역시 진실하기를 원하며 진실하게 대할 수 있는 사람들을 만나고 싶습니다. 그러나 동시에 많은 사람들은 내게 지지와 도움과 기도를 기대하고 다가오기 때문에 나로서는 최소한 어느 정도 갖추고 있는 사람으로 보이고 싶답니다.

다른 종류의 기대들

피케이들을 또래 친구들과 구별되게 하는 특징적인 기대들에는 무엇이 있는가?

성경에 정통해 있을 것이다 피케이들은 성경공부에 열심이 있어서 또래 친구들보다 성경에 대해 더 잘 알 것이라는 기대를 받는다:

* 어머니는 성경 퀴즈나 성경 고사만 있다 하면 당연히 우리가 일등일 것이라고 기대했습니다. 어머니는 틀림없이 우리가 다른 아이들보다 잘 알고 있을 것이라고 생각하셨던 것입니다.

그러나 그들은 때때로 그러한 기준에 맞춰서 살아갈 수 없다는 것을 알게 된다:

* 주일학교 시절 성경 구절이나 성경 예화에 대해 나보다 훨씬 잘 알고 있는 아이들이 같은 반에 있었는데 나는 그 사실로 인해 상당히 당황해했습

니다.

옷차림과 몸가짐에 모범이 될 것이다 많은 피케이들은 매우 단정한 몸가짐과 자신의 위치에 적절한 옷차림을 할 것이라는 기대를 받는다. 한 피케이는 '참한 목회자의 딸'로 만들어지는 것을 거부했다:

＊ 고등학교 2학년이 되자마자 나는 내가 하고 싶은 대로 행동하고 원하는 대로 치장하기로 마음먹었습니다. 걱정이 많으신 엄마는 내게 "교회 갈 때는 바지를 입어서는 안 된다"라고 말씀하시곤 했지요. 엄마는 나에게 참한 드레스를 입혀서 교회에 보내려고 애썼습니다. 그러나 내가 더 이상 엄마가 원하는 대로 하지 않자 엄마는 화를 내시며 거의 단념하셨지요.

예배와 교회활동에서 리더 역할을 할 것이다 피케이들은 종종 반주와 성경 봉독, 설교와 새신자들을 맞이하는 등의 형태로 예배에 기여할 것이라는 기대를 받는다. 피케이인 한 소녀는 사회자가 언제 자신과 자기 여동생을 불러 찬양을 시킬지 예측할 수가 없었다:

＊ 사람들은 우리가 시키기만 하면 찬양을 부를 것이라고 기대했습니다. 예배를 누가 인도하든지 상관없이 "아무개가 우리를 대표해서 찬양하겠습니다"라고 말하면 우리는 곧장 일어나서 찬양을 했던 적이 한두 번이 아니었습니다. 우리는 언제나 준비되어 있다고 생각을 하더군요. 따라서 우리는 언제나 한 두 곡 정도 찬양을 준비해 두었고 강단으로 나가면서 나와 여동생은 늘 눈짓으로 한 곡을 지정하곤 했는데 그 곡은 우리가 일전에 불렀던 찬양이었습니다.

또 어떤 피케이들은 교회의 안녕이 마치 자신의 노력에 달려 있는 것처럼 생각하기도 했다 :

* 나는 교인들의 만족도와 출석률 그리고 교회 성장에 대해서 책임감을 느꼈습니다. 나는 교인들의 성장이 나의 신앙에 달려 있는 것처럼 여겨졌지요. 나는 항상 교회에 있어야 했으며 게다가 늘 웃음 지어야 했습니다. 그것은 내게 매우 자연스러운 일이었습니다. 나는 입구에서뿐만 아니라 그들이 앉아 있는 자리까지 가서 모든 사람들을 반기는 것이 원래 내 성격이라고 생각했습니다. 우리 가족은 매우 여러 차례 이 교회 저 교회로 옮겨다녔는데 언제나 작은 교회들이었어요. 그러다 보니 모든 교인들에게 다가가서 "안녕하세요!"라고 말하는 것이 내 임무가 되었습니다. 내가 그것을 얼마나 즐겼던지 지금 생각해보면 우스운 일입니다. 어떤 면에서 교인들은 나의 가족이나 마찬가지였고 그들이 나에게 관심을 쏟는 것은 당연하다고 느꼈습니다. 물론 지금 생각해보면 "그것은 어색한 행동이었어"라고 말할 수밖에 없습니다.

이와 같은 경우에 그녀가 과연 누구의 기대에 부응했던가를 정확하게 지적해서 말한다는 것은 쉬운 일이 아니다. 다만 그녀가 내게 말했던 다른 이야기들을 통해서 부모님과 그들이 섬겼던 교인들 모두 그녀가 이 역할을 감당하는 모습을 보고 즐거워했음이 분명하다. 또한 그 기대들이 그녀의 타고난 기질과 잘 맞아떨어진 것 같다고 짐작할 뿐이다. 그러나 언제부터인가 그녀는 그 역할을 떠맡게 되면서 자기 자신을 상실하였다. 그리고 그 대본과 원래의 삶 사이에 그어져 있어야 했던 경계선을 발견한다는 것이 거의 불가능하게 되어갔다.

나이에 걸맞지 않은 성숙

위의 목회자 딸이 배역을 맡아 무대에 서기 위하여 태어나면서부터 어떻게 교육받아 왔는지를 누가 정확히 알고 있겠는가? 피케이들은 아마도 교회를 배경으로 하는 드라마에서 중요한 역할을 맡게 될 것이고 비록 명확하지는 않지만 충분한 양의 대본이 주어질 것이다. 목회자는 섬기는 교회를 표상하며 피케이들은 자신의 부모인 목회자를 표상한다 :

* 우리는 아버지처럼 되어야만 합니다. 그것은 아버지의 인격이 우리에게 영향을 미칠 것이라고 기대하는 것이죠. 그러니 사람들에게 우리의 미성숙한 행동들이 교인들에게는 기대에 상반되는 모습으로 비춰지는 것은 당연한 일이겠지요.

목회자가 이상적인 이미지들에 사로잡히게 되면, 그의 자녀들의 삶에 적극적으로 개입하지 않는 한 자녀들 역시 그러한 이상적인 이미지들에 사로잡힌다. 피케이들이 유년기에 걸맞게 즉흥적이고 충동적인 행동을 했을 때 외부로부터 자주 제재를 받게 되면, 그들은 자신들의 나이에 걸맞지 않게 정서적으로나 영적으로 훨씬 성숙한 어른들의 축소판이 되어야 한다는 기대를 받게 된다. 머레이 레이퍼 Murray Leiffer는 다음과 같이 진술한다 :

교회 공동체 내의 어느 가족도 목회자 가족들이 받는 것 같은 감시에 얽매이지는 않는다 …… 마치 가르치는 이가 자신의 가르치는 내용의 타당성을 입증하기 위해서 최고의 모범을 보여야 하는 것처럼 목회자와 그의 가족은 기독교의 사랑과 이해, 그리고 관용의 좋은 본보기가 되어야 한다. 교인들은 사모에게서 이러한 태도를 발견하리라고 기대한다. 부당하게도 때때로 그들은 자신의 자녀들에게는 결코 요구하지 않는 정서적 안정과 성숙을 목회자의 자녀들에게서 찾으려 한다.[34]

우리는 제3장에서 많은 목회자 자녀들은 현실적이고 개방적으로 감정들을 처리해 가는 가정과 교회에서 성장하고 있다는 사실을 알고 있다. 현실적이고 개방적으로 감정들을 처리하도록 하는 것은 감정이 무엇인지를 배워 가는 아이다운 아이가 되도록 허용해주는 역할을 한다. 어떤 목회자 자녀들은 피케이들이 평범한 아이들보다 훨씬 성숙할 것이라는 주위의 기대로 힘들었던 기억이 없는 성장 과정을 경험하기도 한다 :

  * 아버지가 큰 교회에서 사역을 하셨기 때문에 나는 여느 아이들보다 더 성숙하게 행동할 것이라는 기대로 부담을 받지 않았습니다. 그들은 내가 그저 다른 아이들과 같은 보통 아이일 뿐이라고 생각하면서 이해해 주었습니다.

더욱이 어떤 피케이들은 자신들이 또래 친구들보다 정서적으로 더 성숙했다고 스스로 생각한다. 그리고 그것을 자신들이 많은 기대를 강요 받았기 때문에 생겨난 부정적인 결과라고는 생각하지 않는다. 오히려 목회 현장에서 그들이 다른 사람들의 필요들을 일찍 접했기 때문에 친구들보다 훨씬 빨리 자비심과 이해심 같은 성품이 발달되게 되었다고 생각한다 :

* 우리는 정서적으로 성숙한 척 할 필요가 없습니다. 왜냐하면 실제 우리는 평범한 십대들이 경험한 것보다 훨씬 많은 경험을 했고 그들보다 훨씬 정서적으로 성숙해 있으니까요.

* 나는 문제가 있는 사람들을 대해야 했고 그들과 이야기를 나누고 그들을 돕는 방법을 터득해야 했기 때문에 정서적으로 더 성숙하게 되었습니다. 그 결과 실제로 여러 부류의 사람들을 이해할 수 있게 되고 도울 수도 있게 되었습니다.

* 나는 그것이 내게 부정적인 영향보다는 오히려 긍정적인 영향을 끼쳤다고 생각합니다. 긍정적인 영향이라 함은 내 신념들이 쉽게 흔들리지 않으면서도 다른 이들과 그들의 입장을 민감하게 느낄 수 있고 그들에게 힘을 북돋아 줄 수도 있다는 것입니다.

어떤 피케이들은 다른 아이들의 모범이 되기 위해서 보다 성숙해야 한다는 기대를 받는 것을 '더 이상 아이처럼 행동해서는 안 되는 것'으로 생각한다. 이것은 정체성 발달에 있어서 그들의 있는 모습 그대로가 용납되지 않았기 때문에 그들 자신이 될 수 없음을 의미하는 것이다.

모범이 되기

목회자 자녀들은 여러 부분에서 이러한 기대들을 경험한다. 교인들은 피케이들이 따라야 할 행동 방식에 대해서 수시로 귀찮은 간섭을 한다. 한 전기 작가는 한 침례교회에서 일어났던 에피소드를 회상하면서 빌리 그래함Billy Graham의 딸들 가운데 한 명을 인용하고 있다. 그녀의 남동생이 어린아이다운 유치한 행동을 했을 때 그는 주위로부터 비웃음을 사게 되었다:

프랭클린은 심하게 건들거리고 껌을 소리내서 씹고 휘파람을 부는 등 눈에 거슬리는 부분이 한두 가지가 아니었다. 예배 후에 우리 뒤편에 앉아 있던 한 여성도가 우리에게 아주 잘 들리도록 큰 소리로 목사님의 아들이 교회에서 그런 식으로 행동하면 안 된다고 이야기했다. 우리는 그녀가 "우리들이 또래 아이들과 다르게 행동해야 한다"고 생각한다는 사실에 다소 화가 났다.35)

결국 다음의 피케이는 최소한 다른 이들 눈에 자신이 그런 기대에 부응하는 것처럼 보이게 하는 방법을 습득하게 되었다:

* 내가 일곱 살쯤 되었을 때 한 주일학교 선생님은 내가 마치 교회의 주인인 것처럼 뛰어다녀서는 안 된다고 말했습니다. 그러나 나는 내가 교회의 주인이라고 생각하지는 않았습니다. 나는 그저 어린아이에 불과했으니까요. 그 교회는 내가 놀던 곳이며 나의 또 다른 집이었습니다. 나는 나와는 달리 다른 아이들이 아버지의 직업에 맞춰서 행동하지 않아도 된다는 사실에 매우 화가 났습니다. 그러나 시간이 흐르면서 나는 사람들이 나를 주시하고 있다는 사실을 깨닫게 되었습니다. 그래서 나는 그들이 나를 주시할 빌미를 주지 않으려고 애썼습니다.

사람들은 피케이들이 그들의 부모를 표상한다고 생각하기 때문에 그들의 어린애 같은 행동을 용납하지 않는다. 우리는 이러한 사실에 대해 다시 한 번 주목할 필요가 있다. 어린애 같은 행동 자체가 잘못되었다는 말이 아니다. 그런 행동은 다른 아이들의 경우에는 지나칠 수 있다. 그러나 목회자 자녀들은 자신들의 행동을 제약하는 기준들이 아이들 수준에 맞는 것이 아니라 목회자 수준에 맞먹는 것임을 자주 인식하게 된다. 교회에서 다른 아이들이 뛰어다니거나 껌을 씹는 것은 그냥 아이의 행동으로 지나친다. 그러나 미성숙하게 행동하는 피케이들은 안타깝게도 목회자 가정을 투영한다:

* 나는 특히 주일학교나 교회에서 더할 나위 없이 유순하고 총명하게 행동해야 할 것 같은 생각이 들었습니다. 이런 압박감은 부모님으로부터 직접적으로 온 것이 아니라 사람들이 나를 지켜보며 좀 더 '숙녀다운 행동'을 기대한다는 느낌으로부터 온 것입니다. 또한 나는 늘 행복한 것처럼 행동해야 한다고 생각했습니다. 만일 내가 그렇게 행동하지 않는다면 우리 가정의 모습을 잘못 투영할지도 모를 일이고, 사실 나는 그렇게 되는 것을 원치 않았습니다. 나는 여러 사람 앞에 서게 되면 우리 가족이 훌륭하다는 것을 입증해야 한다는 책임감 같은 것을 느끼며 행동했는데 지금도 종종 그런 행동을 하곤 합니다.

더욱이 목회자 자녀들은 자신들의 모습이 다른 아이들의 모범이 되어야 한다는 것을 잘 알고 있다:

* 나는 대부분의 아이들보다 훨씬 빨리 성장해야만 했습니다. 교인들은 다른 아이들에 대해서는 "걔들은 아직 어리잖아, 아마도 머지않아 걔들도

괜찮아질 거야'라는 식으로 잘못된 행동을 용서하면서도 나에 대해서는 다른 아이들의 모범이 되어야 한다는 이유로 보다 엄격하고 성숙한 모습으로 행동해주기를 바랐습니다.

모범이 되는 것은 제2장에서 이미 살펴봤듯이 아이들의 옷차림에도 적용된다 :

* 나는 교회에서 내 또래 아이들의 모범이 되어야 한다고 믿도록 양육 받았습니다. 따라서 다른 아이들이 교회에 바지를 입고 올 때도 나는 드레스를 입어야 했습니다.

다음은 사람들이 목회자 가정의 모든 구성원들이 지킬 것이라고 기대하는 모범 규율을 확장시킨 것이다 :

* 내가 다니던 교회에서 나는 내 또래의 아이들의 모범이 되리라는 기대를 받았습니다. 그 결과 나는 더 성숙해야 했습니다. 나는 그 이유가 교인들이 목회자의 삶을 따라야 할 모범이라고 정해놓기 때문이라고 생각합니다. 뿐만 아니라 여기에는 목회자의 전 가족도 포함되지요. 이 사실은 현재의 내 삶에까지 영향을 미쳐서 나는 언제나 모범이 되어야 한다는 기분으로 지낸답니다. 때때로 내 자신이 될 수 없다는 이야기이죠.

역할 모델이 치러야 하는 대가는 무엇인가? 우선적으로 모델은 자신의 행동에 모든 초점을 맞추어야 하고 그의 정체성은 외부의 판단 기준에 그들이 얼마나 잘 순응하는지에 따라 결정된다. 그러나 이런 상황의 어느 부분에 은혜의 경험이 존재할 수 있겠는가? 외부로부터의 주목은 안정된 내면적인 정체감, 특히 하나님의 은혜에 전적으로 기초하는 영적인 정체성 발달을 저해할 정도로 지나칠 수 있다. 한 피케이는 그런 기대들이 어디에서 기인되었는지 확실히 모르면서도 어느 정도의 평판은 유지해야 한다고 생각했었다고 뚜렷하게 회고한다 :

* 내가 느꼈던 압박감이 부모님이나 교인들이 내게 암묵적으로 부여한 것인지 아니면 다른 사람들이 내 행동에 기대했던 바들을 나 스스로 인식한 것인지 잘 모르겠습니다. 나는 언제나 기독교인으로서의 나에 대한 '평판'이나 '모범'을 유지하는 것이 매우 중요하다고 생각했습니다. 이런 생각은 나로 하여금 내 스스로에 대해 높은 기대치를 세우게 했고 나는 지금까지도 그것에 맞추며 살려고 애씁니다. 때때로 이것은 주님의 은혜가 모자라서 다른 사람들 앞에 제시되는 '모범'의 역할을 예수님과 내가 분담해야만 하는 것처럼 여겨집니다.

또 어떤 피케이는 보수주의 교파의 모든 계율과 법규를 지키려고 애썼던 일을 기억한다. 그녀는 그 계율들을 잘 내면화시켰는데 이것은 그녀가 외부적 행동 기준들을 잘 이행했다는 의미이다. 그러나 그녀의 내면의 영적 정체성은 측량할 수 없는 불안과 냉혹함으로 병들어 가고 있었다 :

* '왜 도둑질은 해서는 안 되는가?'와 같은 삶의 기본적인 계율들이 철저하게 설명되어졌다. 비록 그 계율들을 충분히 이해할 수는 없었지만 그렇다고 해서 그 계율들에 의해 압도당하는 것 같지는 않았습니다. 그러나 나

는 나중에 죄책감을 많이 갖게 되었죠. 나는 그 죄책감이 과도한 도덕심과 우리 교회가 지향하고 있는 보수주의가 결합되면서 만들어지게 되었다고 생각합니다. 나는 모든 이들, 즉 하나님과 부모님, 우리 교인들, 마을 사람들을 기쁘게 하고 싶었습니다. 나는 누구와도 잘 지내는 편입니다. 그런데 하나님 그분의 계명들은 결코 온전히 이행할 수 없었습니다. 그래서 나는 반복되는 구원의 경험들을 통해서 계속해서 그분의 용서를 구했고 더 열심히 노력했습니다.

교회가 정한 수많은 계율들이 잘 이해되지 않았지만 그 계율들을 어기기라도 하는 때에는 죄책감을 느꼈습니다. 그러면서 나는 진정한 죄책감과 거짓 죄책감의 차이점, 하나님의 명령과 인간들의 규율 사이의 차이점에 대해서 매우 혼란스러워지기 시작했습니다. 그래서 비록 마음속으로는 반항심을 억누르고 있으면서도 겉으로는 매우 착실한 아이였습니다. 지금은 이와 같은 대부분의 이슈들에 대해서 나름대로 정리하기는 했지만 삶의 스트레스로 힘들 때에는 심판자로서의 하나님과 절망에 빠진 죄인의 관계로 퇴행하는 나 자신을 발견합니다.

완벽한 행동을 한다고 해서 정체성이 잘 발달했다고 말할 수는 없다. 목회자들과 사모들은 다른 모든 사람들의 유익을 위해 자신들이 완벽해져야 한다는 부담감에 대해서 이미 잘 알고 있다. 그런데 정작 그들 자신들은 어디에도 기댈 곳이 없다. 하지만 성인인 그들은 한동안 이런 부담에 대처할 수 있을 것이다. 그러나 자녀들은 어떠한가? 피케이들도 다른 아이들과 마찬가지로 한두 가지의 정서적인 혼란스러움을 경험할 수도 있다는 사실을 어떻게 배울 것인가? 또한 그러한 상황에 처하게 되면 도움과 지지를 받고 싶어하는 마음이 누구에게나 있다는 사실을 어떻게 학습할 것인가? 완벽한 모델이 되어야 한다는 이와 같은 압박감은 피케이들의 유년기에 이러한 학습의 기회를 빼앗는 것이다 :

* 사람들은 우리 가족의 생활이 완벽하다고 생각했기 때문에 내게 어떤 정서적인 문제들이 있다는 사실을 인정해주지 않았습니다. 나는 여러 가지 일들에 앞장서고 남들보다 기도도 더 잘하고 더 많은 영적인 은사들을 가지고 있으리라는 기대를 받아왔지요. 그리고 바로 이 순간까지도 나는 정서적으로 원만하고 영적으로 성숙하다는 기대를 받고 있기 때문에 사람들이 내게 격려를 받으려고 다가온답니다. 그러나 그들은 그들 역시 나에게 격려를 해 줘야 한다고 생각하거나 나도 얼마간의 격려가 필요한 사람이라고 생각하지 않습니다.

'성인' 으로 성장해 가기

다른 모든 사람들과 마찬가지로 피케이들에게도 유년기에서 성인기로 서서히 성장해 갈 수 있는 권리가 주어져야 한다. 또한 청소년기를 맞는 피케이들 역시 여느 십대와 같이 다루기 힘들고 어려울 수 있다. 목회자 자녀들은 성숙해야 한다는 주위의 요구 때문에 유년기와 사춘기 모두를 잃어버리는 것 같다 :

* 사람들이 일단 아빠가 목사라는 사실을 알게 되면 그들은 내가 사춘기를 겪으면서 부딪히게 되는 문제들을 마치 건너뛰기라도 한 것처럼 생각하고 동시에 나는 응당 그런 문제들로 고민하지 않을 것이라고 생각한다는 것을 알게 됐습니다. 나도 친구들처럼 그리고 실제의 내 모습대로 행동하

고 싶은 때가 있었습니다. 그런데 그때마다 교인들은 내가 언제나 어른처럼 행동하기를 바란다는 사실을 느낄 수 있었습니다. 있는 모습 그대로 살기가 참 힘들었습니다.

성인들처럼 피케이들은 유년 시절에 일어났던 일들에 대해서 자기 반성적이 될 수도 있다:

* 나는 유년기나 반항기를 전혀 거치지 않은 이유를 설명하면서 "나는 어른으로 태어났다"라고 사람들에게 말해왔습니다. 나는 지금 나의 성숙한 모습이 인위적인 것은 아닌지 생각해봐야 하는 시점에 와 있습니다. 그럴 가능성이 많겠지요.

이제는 사역자가 된 또 다른 피케이는 이렇게 회고한다:

* 뒤돌아보니 내겐 유년 시절이 없었다는 것을 여러 가지 면에서 느끼게 됩니다. 나는 곧장 성인으로 성장한 것입니다.

중립적으로 보자면 우리는 사람들의 이런 기대가 늘 '고의적이지 않다'는 사실을 인식해야 한다. 목회자 자녀들은 신체적으로는 함께 있지만 정신적으로는 교회 사무를 처리하느라고 바쁜 어른들에게 둘러져 있는 자신들을 자주 발견한다. 그러한 상황에서 어린애 같은 행동은 성가신 일일 것이다:

* 피케이인 나의 곁에는 늘 어른들이 있었는데 나는 여느 친구들보다 훨

쎈 많은 시간을 어른들에 둘러싸여 지냈습니다. 결과적으로 나는 그런 상황 속에서 조숙한 모습으로 행동해야 했습니다. 나는 교인들의 안색이 이상하거나 그들로부터 주의를 듣게 되면 금새 어른들이 좀더 만족스러워 할 만한 행동이나 태도로 바꾸곤 했습니다.

그들의 일을 처리하는 데 몰두해 있는 어른들 옆에서 '방해'가 안 된다고 느낄 아이가 있겠는가? 어른들이 자신들의 일 처리뿐만 아니라 아이들에게 관심을 보이는 충분한 시간을 배려하면 이것은 문제가 안 된다. 그러나 남에게 폐를 끼치지 않도록 자신의 감정을 억제하라는 메시지를 끊임없이 들어온 마음 여린 피케이들은 머지않아 약간의 자기 감정을 표현하는 능력조차 상실하게 될지도 모른다 :

* 부모님은 항상 어른들에게 둘러싸여 있었고 나 역시 부모님과 함께 있었으므로 나는 또 한 사람의 어른이어야 했습니다. 그런 상황은 오늘날까지 내게 상당한 악영향을 미쳐서 나는 쉽게 깊은 속마음의 생각과 감정들을 표현하지 않게 되었습니다. 다른 사람과 의사소통 할 때 나는 나의 말투와 신체언어를 과장해서 표현해야 했습니다. 왜냐하면 내 생각과 감정들이 너무 자주 이차적인 것으로 취급되었기 때문입니다. 내가 먼저 선수를 쳐서 내 생각과 감정들을 죽여버렸기 때문이죠.

제자 훈련기로서의 유년기

참된 성숙이란 부모와 자녀들이 서로 간에 친밀한 애정의 관계를 유지하면서 겪게 되는 기나긴 '제자 훈련'의 과정 속에서 비롯되는 것이다.

정서적으로 성숙한 부모는 자녀에게 솔직하기 때문에 자녀에게 적절하게 자신의 약점을 보일 수 있다. 그렇게 함으로써 자녀도 부모에게 자신의 약점을 솔직하게 드러낼 수 있다. 동시에 성인인 부모는 자신의 어린 제자가 어른이 될 때까지 표현된 감정을 다루는 방법도 가르친다.

'강요된' 성숙은 취약점을 위장하려는 방어기제이다. 다음 글에 나타나는 목회자 아들이 똑똑하게도 이 사실을 파악하고 있다:

> ＊ 여러 가지 기대들에 대한 행동 반경은 피케이가 설정하거나 선택하는 것입니다. 교회와 같은 상황에서는 교인들의 감정들이 계속해서 드러나고 다루어집니다. 무의식적으로 정서적인 불안정과 극단적인 성격이나 행동을 보인다면 그것은 나약하거나 영성이 부족한 것으로 간주되지요. 반면에 정서적인 성숙은 건강하고 단정하고 '정상적인' (만약 '정상적'이라고 하는 범주가 있다면) 사람의 특징으로 간주되지요. 틀림없이 많은 피케이들은 감정들을 베일로 가리거나 상처받기 쉬운 부분을 단호하게 차단함으로써 다른 사람들에게 정서적인 '성숙'을 보여줍니다.

그러한 방어에는 두 가지 측면이 있다. 우선 위의 인용한 말이 제시한 것처럼 피케이들은 자신들이 느끼는 실제 감정들이 거부당할 것에 대비하고 자신들을 보호하기 위해서 남들이 바라는 '성숙'을 보여줄 수도 있다는 점이다. 또 다른 측면은 그러한 방어 결정이 부모의 불안을 줄이겠다고 공모하는 것과 같다는 것이다. 자녀들이 느끼는 감정 때문에 무의식적으로 위협감을 느끼는 부모는 아이들에게 어른처럼 행동하며 '성장'하라고 말할 수도 있다. 다시 말해서 자신의 감정을 억제하라는 의미일 것이다. 한 피케이는 아버지로부터 받았던 엄격한 '체벌 discipline' 자신

에게 미친 영향력을 다음과 같이 회고한다:

* 아버지는 우리가 완벽한 아이들이기를 바랐습니다. 따라서 볼기짝을 맞거나 호된 꾸지람을 받는 것은 우리에게 매우 흔한 일이었죠. 심지어 차를 타고 갈 때에도 손장난조차 할 수 없었습니다. 나는 솔직한 감정을 거의 표현할 수 없을 만큼 억압되어 있었습니다.

다음의 목회자 딸은 자신에게 원래의 모습보다 훨씬 성숙하게 행동하라는 암묵적인 요구를 잘 인식하고 있다:

* 나는 늘 성숙하고 매우 진지한 사람이었으며 우리 가족이 교회에서 잘 살아남아야 한다는 무거운 책임감을 가지고 있었습니다. 아빠는 인생의 중대한 위기들에 당면해 있었습니다. 나머지 가족들은 그런 아빠를 보호하고 감싸기 위해서 전력을 다해야 했습니다.

감정과 행동을 자율적으로 표현하는 것은 성장의 본질적인 부분으로 간주된다. 그러나 목회자 자녀들에게는 자주 그런 권리가 주어지지 않는다. 이제는 중년의 전문 직업을 갖게 된 한 피케이는 아직도 교회에 대해서 상당한 분노를 품고 있으며 전반적으로 신앙생활 자체에 심각한 양가감정을 갖고 있다:

* 나는 성장기에 이미 정서적으로 '성숙' 해 있었습니다. 그 이유 중 하나는 내가 목회자 자녀라는 사실이 늘 알려졌기 때문입니다. 나는 유순한 아이였기 때문에 부모님과 선생님들 그리고 친구들의 기대로 성숙한 행동을

하게 되었습니다. 나는 말썽피우는 일 따위에는 관심이 없었습니다. 형과 누나가 많이 속을 썩였기 때문에 나는 그들이 겪었던 갈등을 원하지 않았습니다.

나는 자율적으로 행동하는 능력을 잃어버렸습니다. 나는 늘 절제되어 있었고 성숙한 것처럼 보였습니다. 나는 지나치게 크게 웃거나 익살도 떨지 않았습니다. 그러나 실제로는 억압되어 있었으며 종종 우울해 하기도 했습니다. 나는 내 스스로 성숙한 모습이라고 생각했던 고독과 우울한 모습을 늘 유지하면서 어른처럼 행동했습니다. 그러다가 자녀를 키우면서 내가 어린 시절에 놓쳤던 부분을 인식하기 시작했습니다. 나의 자녀들에게서 자율성이라는 것을 배우기 시작했습니다. 나는 내 아이들과 많은 시간을 함께 보냈습니다. 왜냐하면 내가 가족과 교인들에게서 느꼈던 소외감에 대한 역반응과 억지로 나 자신에게 강요했던 성숙으로부터 자유로워지고 싶은 나의 내면 아이의 욕구 때문이었습니다.

어쩌면 이 피케이는 자신의 성격과 영적인 정체성을 회복해 가는 데 많은 시간이 걸릴지도 모른다. 하지만 그는 그의 자녀들을 통해 하나님의 은혜를 맛보기 시작한 것이다. 그러한 일이 교회를 통해서 이루어진다면 훨씬 좋을 텐데 말이다.

성장하면 당신은 어떤 사람이 되고 싶나요?

때 이른 성숙이라는 불합리한 기대와 연관해서 부모와 교인들이 피케이들의 정체성 발달을 저해할 수 있는 또 다른 요인은 피케이들이 부모님의 뒤를 이어서 사역을 할 것이라는 기대이다.

젊은이들이 선택한 직업은 그들이 십대를 거치면서 만들어온 정체성들을 반영하고 더 나아가서는 그 정체성을 강화시키는 역할을 해야 한다. 그들은 이미 유년기의 수많은 시간 속에서 자신이 어떤 역할에 적합한가를 알아보기 위해 상상 속에서 이런저런 역할 놀이를 하며 지낸다. 실제로 한 사람이 어떤 직업을 갖고자 결정할 때 그 선택은 몇 가지 관련된 목적에 잘 부합되어야 한다 :

- 자신이 가장 소중하게 생각하는 달란트나 관심사를 활용하기
- 자아 이미지와 일치하는 것
- 자신에게 중요한 어른들, 특히 부모의 동의를 얻는 것
- 가족들의 정체성을 보존하며 최소한 가족의 정체성을 심각하게 흔들지 않기
- 지역사회에 유익을 주는 것

이러한 범주에 적합한 직업을 결정하기 위해서 여러 번 시행착오를 겪기도 한다.

처음 두 가지 기준은 전반적으로 내적인 것인 반면에 나머지 세 가지는 주로 외적인 것이라는 사실에 주목하라. 이 내적인 요구들과 외적인 요구들이 상충되면 과연 어떻게 될까? 자녀들은 전혀 다른 직업에 종사하고 싶어하는데도 불구하고 많은 부모가 "나는 네가 의사가 되길 바란다"

라고 말하고 있지 않은가? 어떤 부모는 직접적으로 강요하기도 한다 : "만일 네가 의대에 진학한다면 우리는 얼마든지 학비를 대겠다. 그러나 네가 예술대학에 진학한다면 너 혼자 힘으로 다녀야 할 것이다." 부모는 자녀에게 가장 적합한 것이 무엇인지 알고 있다고 생각하므로 자녀를 위해서 그러한 규정을 정해야 한다고 확신할 수도 있는데 이것은 전혀 근거가 없는 것은 아니다 : "걔는 의사가 되면 훨씬 행복할거야." 그러나 사람들은 누군가가 자신의 정체성을 알려준다고 해서 '자기 자신을 발견'할 수 없는 것처럼 다른 사람의 강요에 의해서 행복해질 수 없다. 그런 부모는 자녀들이 언젠가 엄마와 아빠의 뜻대로 하는 것이 옳았다는 것을 발견할 것이라는 오해를 하고 있는 것이다!

피케이들이 부모를 표상한다고 보는 견해는 종종 그들이 부모의 발자취를 따라서 사역의 길로 들어설 것이라는 미묘한 압박감을 수반하고 있다. 피케이들은 아주 어린 시절부터 이러한 압박감을 느낄 수도 있다 :

＊ 내가 열 두 살쯤 되었을 때 한 여성도가 내게 아빠처럼 목사가 될 것인지를 물었습니다. 나는 마음속으로는 아니라고 생각했지만 그와 같은 대답은 그 성도를 실망시킬 것이라고 생각했습니다. 그러나 예라고 대답하자니 그것은 내 자신에게 정직하지 못한 것이었습니다. 그래서 나는 아주 분명하게 "나는 목사가 될 거예요. 단 주님이 부르신다면요" 라고 대답했습니다.

그것은 매우 현명한 답변이지만 사실 그러한 대답을 얼마나 자주 할 수 있을까? 혹시 그와 같은 질문을 너무 자주 받게 된다면 그 피케이는 반항심이 생길지도 모른다. 에드 돕슨Ed Dobson과 에드 힌슨Ed Hindson은 다음과 같이 쓰고 있다 :

이것은 목회자 아들에게 공통적으로 적용되는 압박감이다. 그에게 수많은 성도들이 호의를 갖고 "이 다음에 커서 아빠처럼 목사님이 될 거니?"라고 물어 온다. 수년 동안 이런 질문 공세를 받은 아이는 반항심을 갖게 되고 많은 경우에 사역 자체에 전적으로 저항감을 갖게 된다.36)

목회자 딸들 역시 어느 정도 사회적으로 인정된 방식으로 그런 외투를 걸치리라는 기대를 받을 것이다. 만일 그녀가 속해 있는 교단이 여성에게 목사직을 안수한다면 그녀는 목사의 직분에 들어서리라는 기대를 받게 될 수도 있다. 그러나 만일 교단에서 여성 안수를 인정하지 않는 교회에서 성장한다면 그녀는 선교 사역이나 목회자와의 결혼을 통해서 그녀의 소명을 완수할 것이라는 기대를 받을 수도 있다.

많은 피케이들이 사역의 길에 들어섰고 위에서 제시한 직업 선택의 기준에 따라 충실히 사역에 임하고 있다. 그러나 목회자 가정에서 태어났다고 해서 반드시 사역에 적합하거나 소명을 받는 것은 아니다. 부모로부터 벗어나 독자적인 정체성을 갖고자 갈등하는 목회자 자녀들은 사역의 길에 들어서는 것이 개인적으로는 자살 행위와 같다고 느낄 수도 있다. 리처드 로버츠Richard Roberts와 이혼한 아내 패티Patti에 따르면 실제로 유명한 복음전도자 오럴 로버츠Oral Roberts의 아들인 리처드가 그러했다고 한다. 다음은 리처드가 자신의 유명한 아버지의 방송 사역에 동참하기 싫어했던 이유이다:

리처드는 상처를 너무 많이 받아왔습니다. 그의 생활 속에는 수많은 틀이 난무해 있어서인지 내가 그를 만났을 때 그는 그 틀에서 도망칠 용기를 얻기 위해 갈등하고 있었습니다. 나는 그가 아버지의 사역에 동참한다는 것이 스스로 정체성을 세워갈 마지막 기회를 포기한다는 의미임을 의식적이든 무의식적이든 그가 인식했기 때문에 그 사역을 거부한 것이라고 생각합니다.37)

전기 작가인 데이빗 해럴David Harrell은 리처드에게서 독자적인 정체성을 수립하기 위해 해결해야 할 개인적인 욕구와 직업적인 욕구 두 가지가 있음을 주목하고 있다.38) 사실상 리처드는 아내 패티가 아버지의 사역에 동참하도록 그를 설득시킬 때까지 반항적인 아들이 됨으로써 자신의 경계선을 보호한 것이다. 패티는 이제 그 경계선과 정체성의 문제들이 그 위력을 완전히 드러냈다고 말한다 :

리처드에게 이제 남아 있는 유일한 선택은 점점 더 분명해졌는데 그것은 오럴 2세가 되는 것이었다. 그는 아버지의 오랜 서가에 보관된 설교집에서 하나씩을 선택하여 그것을 연구하고 아버지 원고대로 설교하곤 했다 …… 나는 리처드의 직업 인생에서 그 순간이 가장 위기였다는 사실을 이제야 깨닫게 되었다. 그는 여전히 불안정했고 그가 사역자의 삶에 맞는지 확신할 수 없었던 삶에 머물러 있었던 것이다. 아버지의 설교 원고 그대로 설교했던 것은 아버지의 이미지에서 자기 자신을 재창출하려는 의식적인 시도가 아니라 그의 두려움과 불확신에서 기인한 것이었다.39)

반항아에서 전적으로 아버지를 모방하는 사람으로 변한 것은 격심한 동요의 또 다른 측면이다. 어떤 선택으로도 안정을 얻지 못한다. 정체성을 찾겠다는 몸부림은 패티와의 최종적인 이혼과 그 후에 얼마 지나지 않은 재혼으로 이어졌으며 이 두 사건은 대중매체의 관심을 불러일으켰다. 결국 리처드는 보다 독립적인 정체성을 이루어냈다. 그러나 우리는 리처드가 그것을 이루어 내기 위해 얼마나 많은 대가를 지불했어야 했는지 생각해 봐야 할 것 같다.

선택하거나 선택하지 않기

타인에게서 받은 기대와 자신이 직접적으로 느끼는 소명의식은 반드시 구분해야 한다. 그와 같은 경계선의 명확성 여부는 목회자 부모와 교인들에게 달려 있다. 어떤 피케이들은 부모님이 자신들의 직업 결정에 대해 얼마나 진심으로 존중해 주셨던가를 감사한 마음으로 회고한다 :

> * 부모님은 자녀양육과 자녀의 직업선택에 대한 다음과 같은 멋진 철학을 가진 분이었습니다. 요약하자면 다음과 같습니다 : 격려해주고 지도해주고 유용한 조언을 하라. 아이들에게 특정한 직업을 결코 강요하지 말라. 나는 부모님이 우리 스스로 하나님의 뜻을 찾도록 수없이 기도했다고 확신합니다. 그러나 부모님은 아주 일반적인 제안 이상은 하지 않으셨습니다. 부모님은 우리를 성인이 되어가도록 키우셨고 우리가 성인이 되자 우리를 성인으로 대하셨습니다.

이런 환경에서 성장한 목회자 자녀는 부모의 연장선으로 취급받지 않을 것이다. 그런 자녀는 사역을 강요받지도 않을 것이며 오히려 한 개인으로서 존중받을 것이다. 만일 그런 자녀가 어떤 사역의 길에 들어서기로 결심하였다면 그것은 그 어느 누구의 것도 아닌 그 자신의 결정일 것이다. 그 자녀는 혼자 힘으로 하나님의 뜻을 찾도록 격려받는 반면 부모는 하나님의 역할을 거절하는 것이다.

자녀의 직업 선택에 보다 직접적원 영향력을 행사하는 목회자 부모들도 있다:

> * 아버지는 언제나 우리 모두 사역의 길을 걷기를 원하셨습니다. 부모님은 내게 미혼 신학생들에게 중매를 하셨고 선교 단체의 팸플릿을 보내셨지요. 그 일로 아버지와 나는 대판 싸웠습니다.

유명한 목회자 아들인 로렌스 올리비어 경Sir Laurence Olivier의 예가 우리에게 시사해 주는 것처럼 때때로 부모는 자녀들이 목회자의 길을 걷지 않도록 지도하기도 한다. 올리비어는 여러 대에 걸쳐내려 온 목회자 집안의 출신이었다. 따라서 사람들은 당연히 그가 그 가문의 전통을 이어 목회자가 될 것이라고 생각했다. 소년 시절 로렌스는 유능한 설교자가 설교를 통해 청중의 감정을 조종할 정도로 감동시키는 것을 보면서 설교가 갖는 연극적 특징에 깊은 감동을 받았다:

> 아버지는 탁월한 설교자였다. 어린 시절 강단에서 설교하는 아버지와 다른 설교자들의 설교를 들으면서 나는 설교가 전달되는 방식에 매료되었다······ 설교를 듣고 있노라면 나의 감정과 태도가 순간적으로 변하는 것을 느꼈는데 그 황홀한 경험을 결코 잊을 수 없다.[40]

그러나 올리비어의 전기 작가는 그의 어머니가 가족 중에서 또 다른 목회자가 나오기를 원하지 않았다는 점에 주목한다.[41] 한때 그녀는 결코 목회자와 결혼하지 않겠다고 맹세했었는데 불행하게도 남편 제라드 올리비어 Gerard Olivier는 결혼한 지 삼 년 후에 목회자로 소명을 받은 것이다. 설교하는 강단처럼 만들기 위해 상자들을 쌓아 올리는 로렌스를 보면서 그녀는 로렌스의 열정을 목회사역이 아닌 연극으로 돌려주기로 결심했다. 그녀는 그에게 설교를 흉내내기보다 연극에 나오는 독백들을 암송하라고 격려했다. 올리비어는 자신의 직업 선택에 어머니가 미친 심오한 영향력에 대해 회고한다 :

> 어머니는 나와 함께 그 대사들을 큰 소리로 외우곤 하셨는데 그러다가 내가 더듬거리기라도 하면 어머니는 다시 해 보라고 몇 번이고 권하시곤 하셨다. 그러나 내가 틀리지 않고 끝까지 외우면 기뻐서 어쩔 줄 몰라하시며 칭찬하셨고 마칠 때는 숨이 막히도록 꼭 껴안아 주셨다. 얼마 지나지 않아서 어머니는 나의 연기하는 모습을 보여주기 위해 다른 사람들을 초대하기 시작하셨다 …… 나는 아주 어린 나이에 연기를 결심했다고 말할 수 있다.[42]

이렇게 해서 로렌스는 4세기 동안 기록된 가계에서 최초의 배우가 되었다. 목회자가 아들의 천부적인 재능을 알아차렸고 나중에는 연극을 하도록 아들을 격려했다는 사실은 아버지의 훌륭한 점이며 어린 로렌스에게는 매우 놀랄 만한 선물이 되었다는 사실을 주목해야 될 것이다.

올리비어가 사역에 소명이 있을지 모른다는 가능성은 아주 어린 나이에 배제되었던 것 같다. 그러나 많은 피케이들은 청소년기와 청년기를 거치면서 때로는 이미 그 사역의 길에 들어선 이후에도 이 직업에 대한 문제를 가지고 계속해서 씨름한다. 특히 그 사역의 길을 회피하거나 떠나기로 결심한 피케이들은 피케이가 아니라면 누구라도 당연하게 여길 두 가지 이슈를 해결해야야만 한다 : (1) 주님의 부르심을 실현하는 것과 인간의 기대에 부응하는 것은 다른 것이다. (2) 하나님께 봉사하기 위해서 공식적으로 인정하는 사역을 해야만 하는 것은 아니다. 다음의 피케이들이 말한 일부 진술은 얼마나 많은 피케이들이 그들의 소명에 대해서 죄책감으로 씨름하며 의문을 품는가를 잘 보여준다 :

* 나는 교회에서 받는 상처와 목회자 자녀이기 때문에 포기해야 했고 겪어야 했던 일들을 잘 알고 있기 때문에 지금도 마음속으로 싸우고 있습니다. 사역이라는 것이 얼마나 많은 희생이 따르는 일인가를 알면서 목회자의 길에 뛰어든다는 것은 참 어려운 일입니다.

* 나는 선교사가 되어야 하는 것은 아닌가 하는 생각 때문에 많이 힘들어 했습니다. 그러면서 대학에 진학할 때에도 처음부터 해외로 나가려는 뜻을 품기도 했습니다. 사역을 감당하는 것이 나의 본분이자 의무라고 생각했던 것입니다. 그러나 나는 피케이라는 허울을 벗고 혼자서 대학 교회에 참석해서야 비로소 하나님이 나의 인생에도 나름대로의 소명을 주셨다는 사실을 깨달았답니다. 사람들이 내게 어떤 기대를 가지고 있다는 이유로 내가 무조건 그 기대를 실행에 옮겨야 할 필요는 없었습니다.

* 나는 '꼭 선교사가 되어야 하는가?' 라는 문제로 고민했었습니다. 그러다가 나는 반드시 내 인생을 위한 하나님이 계획에 따라 삶을 살겠다고 결론을 내리게 되었습니다. 그럼에도 불구하고 나는 고등학교 시절 내내 그 문제로 인해 갈등을 겪었습니다.

* 사람들은 대개 내가 사역의 길을 걸을 것이라고 생각하더군요. 그러나

정작 나는 아빠가 걸으셨던 그 사역의 길을 걷겠다는 생각을 한 번도 해보지 않았습니다. 나는 때때로 나의 직업 선택이 무의미하지는 않은지 또 너무 이기적인 것은 아닌가 하는 생각을 하기도 했습니다.

* 때때로 나는 사역의 길을 가지 않은 것에 대해서 마치 내가 주님을 위해 살지 않은 것 같은 죄책감을 느낀답니다. 실제로 나는 다른 일을 하면서 일 년 정도를 보내다가 그 일을 사임하고 몇 년간 청소년 담당 전도사로 일하기도 했습니다. 이러한 직업의 전환은 사역을 통해서 주님께 봉사해야 한다는 압박감을 인식한 것에서 비롯된 것일 수도 있습니다. 이제 나는 내가 무슨 일을 하든지 주님께 봉사할 수 있다는 결론에 이르게 되었답니다. 그러나 이렇게 되기까지는 수많은 기도의 시름과 사색 그리고 '사역'이 아닌 다른 방법을 통해서 주님께 봉사하는 자유를 누려보라는 존경하는 선배들의 권면이 있었습니다. 하나님은 우리 자신을 원하시는 것이지 우리의 직업을 원하시는 것은 아니니까요.

한 순례자의 인생 여정

여기에서는 한 목회자 아들이 직업과 정체성의 문제로 얼마나 오랫동안 고심하였는지를 좀 더 자세히 보여줄 것이다. 그는 비록 처음에는 저항하였지만 사역의 길에 들어서야 한다는 강력한 내적 압박감에 굴복하고야 말았다. 그러나 마침내 그는 그 길이 자신의 길이 아니라고 결론짓고 목사의 직분을 그만두기로 결정했다.

* 피케이로서 성장하면서 나에게 가장 큰 문제는 소명, 즉 직업 선택의 문

제였다고 생각합니다. 지금에 와서 뒤돌아보니 내가 목회자가 된 것은 교회와의 애증 관계에서 비롯된 것이었습니다. 나는 여러 가지 면에서 목회자 가정에서 성장한다는 사실이 매우 싫었습니다. 그러나 나는 교회 리더십의 정체성을 유지하기 위해서 아버지의 발자취를 따라야 한다는 강한 내적 부담감을 느끼고 있었습니다. 나는 이제야 비로소 내가 처했던 상황들과 내가 사역을 원해서 목사가 되었던 것같이 느꼈던 이전의 생각들을 바로 볼 수 있게 되었습니다. 그것을 깨달아 가던 작년은 지나온 내 인생에서 가장 즐거운 시기였습니다. 그러나 직업 결정을 내리는 것같이 중대하고 파워 이슈가 관련된 복잡한 문제를 해결하는 것은 내게 너무도 큰 싸움이었습니다.

내가 대학에 처음 입학했을 때 대학원으로 염두에 두고 있던 분야는 법대 대학원이었습니다. 그래서 나는 우선 역사 전공으로 대학생활을 시작했습니다. 그러나 나의 마음속 깊은 곳에서 결국에 내가 돌아가야 할 곳은 교회라는 음성이 끊임없이 메아리치곤 했습니다. 게다가 나는 음악에 매우 재능이 있었고 사람들 앞에서 말도 잘하고 여러 분야에서 다 잘했기 때문에 나를 아는 사람들은 "야, 너는 정말 은사를 받았어"라는 식의 말을 자주 했습니다. 그리고 나는 사교적이고 온화한 성품을 가지고 있습니다. 그래서 사람들은 "너는 목회에 대해서 진지하게 고려해 봐야 된다"고 말하면서 나를 이 방향으로 끊임없이 떠밀었습니다. 그래서 나는 엄마 아빠와 함께 이 문제에 관해서 논의하기 시작했습니다.

아빠는 일단 내가 사역에 관심이 있었다는 사실을 아시고 기뻐하셨는데 그 후에 아버지와 나의 관계는 좀 더 복잡해졌습니다. 비록 아버지가 사역의 길을 걸으라고 강요하거나 지나치게 독려하지는 않았지만 특히 그 시기에 아버지는 건강상의 다소 문제가 있었기 때문에 내가 생각하기에 그 방향으로 나아간다는 결정은 아버지를 굉장히 만족시켰던 것 같았습니다. 아버지는 정서적으로나 육체적으로 많이 나약해지셨고 자신감을 잃어가고 계셨기 때문에 내가 당신의 뒤를 이어주길 원하셨습니다.

반항기를 제외하고 이것은 내가 다루어야 할 이슈들 중에서 가장 복합적인 것 중의 하나였다고 생각합니다. 나는 사역이 즐겁기도 했지만 피케이로서 내가 겪어온 몇 가지 비슷한 문제들, 즉 남들의 눈에 비춰진다는 압박감과 사람들이 내게 거는 기대감으로 인해 삶이 너무 비참했습니다. 그러한 문제를 안고 살아간다는 것은 내게 거의 불가능한 일이었습니다.

드디어 작년에 나는 남은 인생 동안 더 이상 사역을 하지 않겠다고 결단하기에 이르렀습니다. 나는 무엇인가 이제는 결정으로 내려야 한다고 느꼈습니다. 아버지는 내가 사역자의 길을 걷는 것에 대해서 매우 긍정적으로 생각하고 계셨는데 나의 결정이 너무나 충격적인 상처를 주었습니다. 사실 나는 교회가 갖고 있는 표준에 따른다면 아주 성공적인 사역자였습니다. 왜냐하면 그들은 목사라는 이름으로 행하는 일들만을 진정한 사역이라고 생각하니까요. 그래서 나는 몇 가지 매우 복합적인 이슈들과 고민하며 해결해야만 했습니다.

마침내 최종 결정을 하고 난 후 나는 마치 모든 심리적인 짐을 다 벗어버린 존 버니언의 책에 등장하는 순례자 기독도가 된 기분이었습니다. 물론 내가 교인들 앞에서 다른 길을 걷고 싶다고 이야기하는 것은 매우 어려운 일이었습니다. 그러나 그렇게 말하고 나니 마음에 평화가 찾아왔습니다. 물론 다른 길을 걷고 싶다고 부모님께 이야기하는 것도 어려웠습니다. 그러나 나는 "이제라도 저는 마음 편하게 살고 싶어요, 한 인간으로서 정말 만족하며 살 수 있는 그런 직업을 갖고 싶어요"라고 말할 수 있게 되었던 것입니다. 이와 같은 것들이 이런 결정을 내리게 된 이유들 중의 일부이며 나는 그 결정을 잘 했다고 생각합니다. 그러나 우리 가족은 몇 대에 걸쳐 그 교단에 소속되어 있었기 때문에 사임 결정이 쉬운 일은 아니었습니다.

대본을 똑바로 읽기

아이들은 자신을 위해 씌어진 대본을 잘못 읽거나 오해할 수 있다. 특히 분명하고 개방적인 의사소통이 잘 이루어지지 않는 경우에 자신들의 마음속에 내면화 된 기대에 현혹될 수 있다. 마음대로 다른 사람들의 기대를 해석하도록 방치되어 있는 아이들은 기대를 왜곡하거나 과장할 수도 있다. 의사소통이 거의 이뤄지지 않는 가정의 경우 아이들은 자신이 인식한 사실을 검증해 볼 기회조차 상실하게 된다.

위의 내용은 오랫동안 목회자 가문을 이어온 집안에서 태어난 한 피케이의 사례이다. 그의 아버지는 큰 교회의 성공한 목회자였는데 그는 아이들과 의사소통을 할 때 자신의 뜻대로 자녀들을 내모는 권위주의적인 사람이었다. 그의 아들은 가문의 전통을 따라야 할 의무감으로 신학교에 입학한 것이다. 그러나 그는 목사직이 자신의 것이 아니라는 생각으로 매우 고심했다. 그는 실제로 다른 분야의 석사 학위를 이수하고 싶다는 소망을 갖게 되었다. 그러나 교인들과 아버지가 이미 그를 아버지의 뒤를 이을 것이라고 생각하고 있었기 때문에 그의 생각에 찬성하지 않을 것이라고 확신하고 있었다.

그럼에도 불구하고 그는 집으로 돌아가 가족과 교인들에게 사역이 아닌 자신의 다른 포부를 말하였다. 놀랍게도 교인들은 전적으로 그를 지지해줬으며 심지어 그가 선택한 방향이 그가 가지고 있는 달란트와 잘 맞는다고까지 인정해주었다. 두말 할 필요도 없이 그 아들은 자신이 훨씬 더 좋아하며 하나님으로부터 특별한 소명 의식을 느끼는 분야에서 현재 학업을 계속하고 있다.

> **당신이 피케이들에게 기대했던 것은 어떤 것일까요?**
>
> 그들 또래의 다른 아이들보다 성숙하게 행동할 것이다.
> * 그들의 행동은 교회의 다른 아이들의 모범이 될 것이다.
> * 다른 아이들보다 어른스럽게 행동할 것이다.
> 그들은 당연히 부모의 발자취를 따를 것이다.
> 교회의 다른 아이들보다 성경에 관해서 더 잘 알고 있을 것이다.
> 다른 교인들보다 교회 사역에 훨씬 밀접하게 관련되어 있을 것이다.
> 몸가짐이 단정할 것이다, 특히 목회자의 딸들은
> "이 모든 것을 다 갖추고 있을 것이다."

피케이의 역할을 규정하는 대본이 훨씬 복잡할 수 있다. 어쩌면 교인 수만큼이나 미묘한 변수가 잠재되어 있을지도 모른다. 아이들은 어른의 기대에 부응해 가지만 그 기대가 지나치게 다양하고 융통성이 없고 너무 소모적이라면 아이들은 어쩔 줄 몰라할 것이다. 다른 이들의 기대에 맞춰 살아갈 때 그들이 잃게 되는 것은 무엇일까? 그들이 반항하며 자신의 길을 찾고 그들의 확대가족인 교인들로부터 거절 반응까지 각오하는가? 한 목회자의 딸은 "목회자 자녀들이 다른 사람들의 기대대로 살지 않아도 되고 그저 평범한 아이들로 살 수 있다는 사실을 어떻게 깨달을 수 있을까요?"라고 말했다. 이 질문에 "어떻게 하면 그들이 이 사실을 깨달으면서도 여전히 그들이 하나님의 자녀라는 느낌을 유지할 수 있을까요?"라는 질문을 덧붙일 수 있다.

목회자 자녀들은 다른 교인들과 마찬가지로 대우받아야 하며 동일한 지도와 동일한 지지를 받아야 한다. 무엇보다도 그들은 개인으로서 자신의 권리를 존중받아야 한다. 이상적인 역할 모델이 되어야 한다거나 목회자를 대신하는 역할을 할 것이라는 기대를 받아서는 안된다. 이런 과정을 통해 그들은 진정으로 개인적인 정체감과 영적인 정체감을 형성하게 되는 자유를 얻게 될 것이다.

그들 역시 다른 모든 사람들과 마찬가지로 평범한 사람들이다. 그런데 도대체 당신은 그들에게 무엇을 기대하고 있었는가?

제 3 부 **연기자들**

제6장 · 모든 피케이들이 똑같이 만들어지지 않는다

제7장 · 목회자 부모와 그들의 경계선

제8장 · 내부집단과 외부집단

제9장 · 하늘 아래 성도들

... 사역자 자녀 상담
Counseling for Pastors' Kids

제6장
모든 피케이들이 똑같이 만들어지지 않는다

  정체성이라는 드라마에서 이 책의 제1부는 목회자 자녀들의 '무대'에 관해서 살펴보았다. 이는 피케이들이 성장하는 사회 환경의 일반적인 특성을 부분적으로 살펴본 것이다. 제2부에서는 '대본'을 살펴봤는데 여기에는 지나치게 단순화 된 고정관념들과 교인들이나 목회자 부모들이 갖고 있는 기대가 미치는 영향력들을 규정하고 있다. 이제 대본을 다시 쓰고자 하는 데 여기에도 위험은 따른다. 왜냐하면 우리가 모든 목회자 자녀들을 새로운 고정관념으로 재분류하게 될지도 모르기 때문이다

  이미 살펴보았듯이 모든 목회자 자녀들이 비슷한 무대에서 각자의 삶을 살아가는 것은 아니다. 경계선 문제들과 의사소통 규칙들은 각각의 상황에 따라 차이가 있다. 설사 어떻게 행동해야 한다고 적혀 있는 대본이라는 것이 존재한다 할지라도 그 대본이 모두 동일하지는 않다. 이 책의 목적 중의 하나는 우리가 어떤 특정한 피케이의 삶을 바라볼 때 고려해야 할 요인들을 골라내는 것이다. 피케이 각자의 환경은 독특한 사건

들이 얽혀 저마다 다른 상황을 이루고 있다.

모든 연극에는 무대와 대본이 갖추어져야 한다. 그러나 대부분 연극의 성공과 실패는 각 배역을 맡은 연기자들에게 달려 있다. 어떤 역할은 아주 적합한 배우들이 연기하기도 하지만, 최고의 대본이라 할지라도 부적합한 인물이 배역을 맡게 되는 경우이가 있다. 그렇게 되면 결과적으로 성공할 수 없다. 따라서 관객들이 그들의 연기에 깊은 감동을 받고 몰입할 수 있도록 하기 위해 하나하나의 배역이 다른 모든 배역들과 잘 어우러져야만 한다.

제3부에서는 피케이들의 정체성이라는 연극에서 그 배역을 실연하는 '연기자들'을 살펴볼 것이다. 하나의 연극 속에서 배역을 맡은 각각의 배우가 기여하는 바는 서로 다르다. 다음에 이어지는 장들에서는 부모와 또래 친구들 그리고 교인들의 역할을 차례로 살펴볼 것이다. 이 장에서는 특히 목회자의 자녀들이 한 개인으로서 어떻게 성장하는지를 고찰할 것이다. 그들이 태어나면서 갖게 되는 성격들은 그들에게 적합한 범위 내의 역할과 열성적인 '배역 선발 감독들'이 그들에게 강요할 대본을 모두 규정 짓는다.

한 지붕 아래의 다양한 가족들

나는 부모들과 때로는 이미 성인이 된 그들의 자녀들이 다음과 같이 이야기하는 것을 종종 들어왔다: "왜 한 뱃속에서 나온 아이들인데도 서로 그렇게 다른지 모르겠어요. 그 아이들 모두 똑같은 가정 안에서 성장했고 우리는 가능한 모두에게 똑같이 대하려고 최선을 다해 노력했는데 말이에요." 이 말이 함축하고 있는 바는 모든 아이들은 부모가 자신의 미래와 성격을 새겨줄 것을 기대하면서 빈 석판의 상태로 태어난다는 것이다. 여기에는 최소한 두 가지 잘못된 전제를 가지고 있다 : (1) 가정 환경은 시간이 지나도 변하지 않는다. (2) 부모가 아이들을 대하는 방식이 아이들이 어떤 아이로 될 것인지를 실질적으로 결정한다.

첫째, 한 아이가 태어날 때마다 가족에게 변화가 일어나고 달라지게 된다는 사실을 고려하지 않고 있다. 자녀가 없는 가정은 한 명의 자녀가 있는 가정과 다르다. 또 이 두 가정은 두 명의 자녀가 있는 가정과 차이가 있다. 이것을 아이들의 관점에서 살펴보자. 큰 아이는 부모의 시간과 주의를 필요로 하는 동생들이 아직 태어나지 않았던 자신의 어린 시기를 기억할 수도 있다. 그 다음에 태어난 아이들은 위 형제나 자매가 없는 시간들에 대해서 결코 알 수가 없다. 아이들 모두는 같은 성을 갖고 같은 지붕 아래서 살지만 큰 아이가 기억하는 '가족'은 동생들이 알고 있는 가족과 동일하지 않다.

둘째, 부모가 자녀를 모두 같은 방식으로 대할 수 없음에도 불구하고 마치 큰 아이부터 밑의 동생까지 철저히 일관되게 대할 수 있는 것처럼 인식한다는 점이 잘못되었다. 우리는 어쩔 수 없이 '본성nature이냐 환경nurture이냐' 라는 오래된 논쟁에 도움을 청해야 될 것 같다. 아이들의 성격 중 과연 어느 정도가 본성적인 요인들로부터 비롯된 것이며 어느 정도가 사회적인 요인들로부터 생겨날까? 물론 아이들의 인생에 미치는 부모의 행동은 아주 중요하다. 그러나 대부분의 아이들이 처음부터 각기 다른 성격으로 구분된다는 사실은 분명하지 않은가? 큰 아이는 처음 몇 주 동안은 밤새 한 번도 깨지 않고 잠을 자며 음식 투정도 하지 않는다. 그러나 둘째 아이는 네 살이 되어서도 잠을 잘 이루지 못한다거나 땅콩 버터만

빼놓고 어떤 것도 잘 먹지 않는다. 과연 그런 독특한 성격에 대해 부모는 어떤 반응을 보이는가? 서로 다른 가정에서 양육된 일란성 쌍둥이가 놀랄 만한 유사성을 갖고 있었다는 보고는 부모의 양육이 우리의 생각보다 훨씬 적은 비중을 차지한다는 사실을 보여 주고 있다.[43]

인간 발달을 연구하는 대부분의 사람들은 이것이 양자택일의 문제가 아니라 본성과 환경의 상호작용의 문제라고 주장함으로써 보다 광범위한 견해를 취하고 있다. 여기에 성gender은 좋은 실례를 제공해 준다. 아이들의 생리적인 성별은 정해져 있다. 그러나 그들이 갖게 되는 성 정체성은 생리적인 요인과 사회적 요인들간에 복잡한 상호작용을 통해서 얻게 된다.

부모들은 여러 가지 면에서 아들이든 딸이든 공평하게 대하려고 노력하겠지만 그럼에도 불구하고 자신이 기대하는 바를 다르게 전달할 수도 있다. 아이들을 각각 다르게 대하는 것은 성과 관련된 사회적 고정관념을 통해서 순환적으로 간접적으로 정당화 될 수도 있다. 가령 어떤 가정에서는 딸보다 아들을 엄하게 양육할 것이다. 그 부모들은 남자아이들은 거친 기질을 갖고 있어서 엄하게 길들여야 되는 반면에 딸들은 그다지 길들일 '필요'가 없다고 생각한다. 그러나 또 다른 가정에서는 딸보다 아들에게 훨씬 관대한데 왜냐하면 아들은 '젊은 혈기로 자신들이 하고 싶은 일'을 할 수 있도록 해주어야 하지만 딸은 바르게 처신하도록 길들여야 한다고 생각하기 때문이다. 이런 무의식적 차별이 있음에도 불구하고 양쪽 집안 모두 자신들의 자녀 양육 태도가 여자아이와 남자아이의 '본성'에 적합한 것이라고 생각한다. 이는 결국 남성과 여성이 된다는 의미를 형성하게 되는 순간 그 본성 위에 매우 강력한 환경적 요소가 부가되는 셈이다.

일차적으로 인식해야 할 것은 목회자 자녀들 역시 아이라는 것이다. 피케이라는 사실은 부차적으로 인식될 문제이다. 그들은 다른 아이들과 마찬가지로 개개인으로서 그 어떤 아이들과도 구별된다. 이러한 개인적 차이는 가정 안에서 각각의 피케이가 받게 되는 양육을 어떻게 경험하는가에 상당한 영향을 미치게 된다. 다음의 목회자 가정에서 잘 나타나듯이 어떤 특정한 목회자 가정에서 자라난 모든 자녀들이 똑같은 모습으로 자라지는 않는다. 우선 한 아들의 경우를 살펴보자:

* 협조적이고 남을 돕기를 좋아하며 자신에게 맡겨진 책임을 즐겁게 완수했던 남동생과는 달리 나는 피케이로서 무척 힘든 시기를 지내왔습니다. 반항적이었던 나는 저항하고 불평을 더 늘어놓곤 했습니다. 나는 형제들이 대부분 두 종류로 나뉜다는 사실을 알게 되었습니다. 보다 차분하게 순응하는 아이들이 있는가 하면 반항적이어서 무척 다루기 힘든 아이들도 있다는 것입니다.

다음은 한 딸의 경우이다:

* 오빠는 주님 안에서 신앙이 늘 견고했던 탓인지 한 번도 반항하거나 개인적인 생각을 표현하지 않아서 마치 주장하고 싶은 욕구가 없는 사람 같았습니다. 우리는 아빠가 내린 결정에 약간씩 반항하거나 저항하기도 했지만 오빠는 늘 아빠 편에 섰습니다. 언니와 나는 우리의 뜻과는 관계없이 아빠와 교인들을 만족시키기 위해서 어느 정도는 교인들이 기대하는 대로 행동했지요. 그러나 언니는 유난히 심한 상처를 받았고 그 결과 더 반항했고 진짜 감정을 보다 더 표현했습니다.

우리는 동일한 가정환경과 교회 환경 안에서 형제들이 각기 경험하는 바가 다른 이유에 대해서 끊임없이 추정해 볼 수 있다. 우선 첫 번째 사례에서 등장하는 목회자의 아들의 경우는 형제들이 '본성'에 따라 다르다는 전제, 즉 한 아이는 협조적이지만 또 다른 아이는 반항적이라는 전제를 갖고 있다. 이 경우는 어떤 본성적인 특성으로 설명되겠는가? 두 번째 사례에서 반항한 아이들이 딸인 반면에 아버지 편에 선 아이가 아들이라는 것에는 어떤 차이가 있겠는가?

그들이 서로 달라지는 몇 가지 원인들을 분류하기 위해서 나는 피케이들에게 자신의 형제들과 스스로를 비교해보라고 질문했다. 피케이면서도 그 시기를 훨씬 어렵게 혹은 보다 수월하게 보낸 형제는 누구인가? 그런 차이의 원인을 무엇이라고 생각하는가? 형제간의 차이에 관해서 피케이들에게 질문하는 목적은 그 요인이 환경적인 문제일 수도 있기 때문이다. 내가 관찰한 바에 따르면 이것은 세 범주로 분류된다 : 성(性)의 차이, 형제 자매의 순위, 재능과 기질의 차이. 물론 실제 삶 속에서 이 세 가지가 각기 분리되는 것은 아니다. 한 피케이의 성과 출생 순서, 선천적인 성격 특성 이 모두는 가족 안에서 각각의 아이에게 독특한 경험을 야기시키고 다양한 사회적 기대들과 융합된다.

다음에 이어지는 대부분의 내용들은 피케이들이 반추한 것에 대한 내 나름대로의 반추하는 작업이라는 점을 기억해야 할 것이다 : 나는 피케이들에게 그들의 형제자매간의 차이점에 대해서 반추해보라고 요청했고, 그 반추에 대해서 내가 또 반추했다. 이러한 고찰의 결과가 피케이들이 형제간에 차이를 보이는 이유와 서로 달라지게 된 이유 그리고 각 개인으로서 자신의 권리를 인정 받는 것이 얼마나 중요한지를 잘 설명할 수 있기를 바란다.

성gender : 딸과 아들

가장 먼저 고려할 점은 자녀의 성gender이다. 교회 안팎의 어느 곳에서든지 딸과 아들에게는 종종 다른 기준이 적용된다. 한 목회자 가정에서 태어나 동일한 가정과 교회에서 자란 형제자매들에게조차도 이런 사회적 경험들은 피케이로서 서로 다른 경험을 갖게 할 수 있다. 예를 들면, 어떤 목회자의 딸은 아들보다 훨씬 많은 압박감과 기대감을 느낀다는 확고한 생각을 갖고 있다. 그녀가 확신하는 이유는 자신의 경험에서 비롯된 것이다. 그녀의 행동과 용모는 아들보다도 교인들에게 훨씬 주목을 받은 것이다 :

* 오빠는 용모에 대해서 별로 제재를 받지 않았습니다. 오빠는 괜찮아 보였으며 "어머! 머리 스타일이 왜 그러니!" 라는 식의 이야기를 듣지도 않았지요. 뿐만 아니라 오빠는 몸무게로 고민하지도 않더군요.

지금은 옷차림이나 머리 스타일이 여자아이들 못지 않게 남자아이들의 지위와 수용 여부에 영향을 미친다. 그러나 소년에게 있어서 이런 문제는 대부분 또래 친구들간에 벌어지는 문제이며 어른들에게는 별 문제가 되지 않는다. 그러므로 최소한 미국 문화 내에서만큼은 매력적인 용모의 범주가 소녀들에게는 그 범위가 보다 좁은 것이 사실인 것 같다. 소년들보다는 소녀들에게 식욕 항진bulimia이나 거식증anorexia nervosa과 같은 섭식 장애가 많이 발생한다. 그 정도로 여자아이들은 남자아이들보다 자신의 용모에 대해 더 심각하게 집착을 보이고 있는데 이는 흔한 일이다. 내가 조사한 바에 따르면 목회자 딸들 사이에서 섭식 장애는 그리 드문 일이 아니다. 그러나 문화적인 미의 가치 기준이나 교인들의 기대가 이런 섭식 장애에 얼마 만큼 영향을 끼쳤는지는 분명하지 않다.

이중 기준

몇몇의 피케이들의 표현을 빌리면, 그들은 부모와 교인들이 자신을 대하는 데 있어서 어떤 경우에는 끊임없이 이중 기준을 적용하고 있다고 말한다. 부모나 교인들 모두 여자아이들에게는 보다 많이 '과잉 보호' 적인 입장을 취할 수도 있다. 한 목회자 아들은 자신보다 여동생이 기대에 부응해야 했다고 말하고 있다. 부모들이 그에게는 여동생보다 훨씬 일찍 데이트를 할 수 있도록 허락했다고 한다. 그것은 딸의 사회생활은 아들의 사회생활보다 다른 사람의 관심을 끌 수 있다는 이유에서였다 :

* 나는 사람들이 오빠의 결혼 상대자나 결혼 시기, 혹은 데이트 상대자에 대해 큰 관심을 보였다고 생각하지는 않습니다.

이러한 이중 기준은 심각한 극단으로 치달을 수 있다. 목회자 딸에게 부적합하다거나 용인될 수 없다고 간주될 만한 행동이 아들에게는 그가 단지 '남자라는 이유로' 관대하게 넘어가기도 한다. 한 여성은 아버지가 자신의 데이트에 대해 엄격하고 방어적이었으며 부모님 모두 자신이 마약이나 성행위를 실험적으로라도 할 수 있다는 가능성조차 인정하지 않았다고 말했다. 그러나 그녀의 형제들에게는 상황이 달랐다 :

* 아버지는 오빠들이 코카인이나 마리화나를 흡입하고 여자아이들과 성

관계를 가졌다는 사실을 알고 있었습니다. 그러나 아버지는 사내아이들이기에 그럴 수도 있는 일이라고 여기셨습니다.

만일 어떤 사람이 이런 문제를 그 목사님에게 의뢰한다면 그가 이 모든 행동들을 '그럴 수도 있는 일'이라고 말할 수 있을까? 아마 그렇지 않을 것이다. 그럼에도 불구하고 아들의 행동에 대한 그의 태도는 딸의 행동을 대한 것과는 달랐던 것 같다. 이로 인해서 딸은 불공평한 대우를 받는다고 생각했고 목회자 자녀라는 압박감을 더 많이 받은 것이다.

그러나 이중 기준은 양쪽 모두에게 영향을 미칠 수 있다. 어떤 면에서 목회자의 아들은 딸보다 훨씬 심각한 압박감을 경험할지도 모른다. 남성 우위의 사회에서는 이전에 '남성적' 역할들로 간주됐던 일들이 여성 운동을 통해서 여성들이 참여할 수 있도록 문호가 많이 개방되었다. 그러나 남성들의 인식은 그다지 진보되지 않았다. 여전히 사회적으로 사내아이가 여자같이 행동하거나 '마마보이'가 되는 것보다 여자아이가 사내아이 같이 '말괄량이'나 '대디걸'이 되는 것이 훨씬 잘 수용된다. 한 목회자 아들은 이렇게 기록하고 있다 :

* 나는 딸들만 있는 집안의 외아들입니다. 가끔씩 나는 '여자처럼 행동해서는 안 된다'는 압박감을 가질 정도로 사내 대장부 되는 것이 무척 힘든 일처럼 여겨집니다.

어느 목회자 딸은 자신의 오빠들이 '사내아이들은 보다 거칠어야 한다고 생각하며 하나님을 힘이 있는 분으로 믿기에는 쉽지 않다'는 통념 때문에 피케이라는 사실에 보다 힘겨워 했으리라고 생각한다. 그 나이 또래 친구들은 헌신적인 신앙을 나약함으로 혹은 '작은 성자'나 '단정한 모범생'의 이미지를 '여성스러운' 행동으로 여길 수도 있다. 따라서 개인적으로나 영적으로 정체성을 형성하기 위해 애쓰는 목회자 아들들에게 있어 이런 평가는 큰 부담감으로 다가오게 된다.

감정의 위치

우리는 매순간마다 느끼게 되는 다양한 감정을 인식하고 표현하는 자유의 중요성에 대해 이미 살펴보았다. 제3장에서는 조직의 내부적인 필요로부터 파생된 함축적인 규칙들을 다루었다. 그 규칙들은 솔직한 의사소통이 가져올 수 있는 환멸감이나 불안감을 예방하기 위해서 고안된 것이다. 여러 가지 면에서 이런 상황은 남성에게 감정을 솔직하게 표현하지 못하도록 교육하는 우리 사회의 풍조로 인해 더욱 악화되어 갈 수 있다. 한 목회자 딸은 자신의 남동생이 자신보다 피케이로서 힘겨운 시기를 보냈다고 생각하여 "그는 남성이라는 사실만으로 자신의 감정을 표현하는 데 훨씬 제약을 받았으며 이로 인해서 그는 내성적이며 과묵하게 되었다"라고 말한다. 그렇다면 목회자의 아들은 사랑 안에서 진실을 말하는 방법을 배우게 될 때 어린 시절부터 사회적으로 불리한 입장에 서 있게 되는 것인가?

경우에 따라 피케이의 경험 차이로 인해 생기게 되는 문제는 성의 차이로 규명될 수 있는 듯하다. 그들이 태어나면서 받게 되는 여러 기대들은 '그들이 남성이냐 여성이냐'에 따라 달라지게 된다. 목회자 자녀들의 성격을 인식하는 첫 번째 단계로 우리는 우리 스스로가 딸이나 아들에게 서로 다른 기대를 갖고 있지 않는가를 자문해봐야 할 것이다.

형제 순위: 첫째의 축복

성gender은 단순히 피케이들 사이에서 나타나는 차이점을 설명해주는 하나의 환경적 요인에 불과하다. 한 아이가 맏이와 막내 사이에서 몇 번째 위치를 차지하는가 라는 출생 순위 문제는 환경적 요인의 또 다른 요인이다. 성과 출생 순위는 월터 토만Walter Toman이 '형제 순위' sibling position라고 칭했던 용어에 내포되어 있다.[44] 토만은 (1) 형제의 출생순위에서 동일한 순위에 있는 개인들은 서로 유사한 경험을 하게 될 것이며 (2) 이러한 경험은 가족 외에 다른 사람들과의 관계에도 전이된다고 주장한다. 한 예로 토만의 연구 조사는 형제들만 있는 가정의 장남들은 유사한 성격으로 발달한다고 제시한다. 이러한 특성들은 막내 형제들과는 다를 것이며 물론 막내 형제 사이에도 서로 닮은 점이 있을 수 있다.

가정이나 문화 속에서 형제 순위는 누릴 수 있는 특권과 감당해야 할 책임 모두에 대한 '서열'을 의미하는 것이다. 구약 성경의 장자권, 즉 장남으로서 당연히 받게 되는 유산과 축복의 특권들의 전통에서 볼 수 있듯이 서열 차이는 이미 고대에 더 확실하게 존재했다. 리브가가 이삭의 쌍둥이를 임신하고 있던 때에 하나님은 놀랄 만한 예언을 하셨다: "큰 자는 어린 자를 섬기리라"(창 25:23). 물론 이 쌍둥이 동생인 야곱은 배고픈 형 에서에게 팥죽 한 그릇과 장자권을 바꾸자고 했다(29~34절). 그러나 성경은 야곱의 교활함을 꾸짖지 않음을 주목하라. 오히려 에서가 당연히 자신의 것인 특권을 소홀히 여겼던 태도에 대해서 비난한다(34절; 히 12:16~17).

나중에 야곱은 아버지의 축복을 가로채기 위해 그를 속이고(창 27장) 이로 인해서 이삭은 충격을 받고 에서는 분노에 휩싸이게 된다. 심지어 수년이 지난 후에도 야곱은 형이 여전히 자신에 대해 원한을 품고 있을지 모른다는 사실에 두려워했다(창 32:7~8). 뿐만 아니라 이상하게도 말년에 이르러서 야곱은 요셉이 기뻐하지 않음에도 불구하고 장남 대신에 요셉의 차남에게 장자의 축복을 함으로써 자신의 두 손자들에 대한 축복을 의도적으로 뒤바꾸었다(창 48:17~20).

그러나 이런 가치 체계와는 대조적으로 대부분의 장남 피케이들은 형제 순위에서 자신의 위치를 특권으로 생각하지 않는다. 사실상 부모들이 큰 아이를 통해 '실습' 하면서 얻게 되는 새로운 경험을 통해 양육방식이 점차 나아지는 경향을 보인다. 그런 점에 있어서 맏이에게는 다른 자녀들과 달리 손해보는 부분들이 있다. 맏이는 자신은 받지 못했던 대우를 동생들은 받기 때문에 불공평하다고 생각할지도 모른다. 어느 목회자 딸은 이렇게 기록하고 있다 :

* 나는 엄마와 아빠가 나를 통해 배운 것을 토대로 내 남동생을 훨씬 잘 키울 수 있었다고 생각합니다. 그러나 실험대상이 된 대가로 저는 용서를 배울 수 있었습니다.

또 어떤 이는 "나는 맏이였기 때문에 부모님의 실험 대상이 되었고 그 결과 다른 동생들보다 훨씬 힘겨운 시기를 보내왔습니다"라고 언급한다.

맏이는 성장과정 속에서 자연스럽게 겪게 되는 문제를 통해 부모를 걱정하게 만드는 첫 번째 자녀이다. 부모와 맏이는 학교에서의 징계문제, 학교 성적, 남들 앞에서의 행실, 이성교제, 그리고 귀가 시간 제재와 같은 문제들을 처음으로 풀어가게 되므로 어려움을 겪게 되지만 동생들은 이런 문제를 훨씬 쉽게 해결할 수 있다.

＊ 나는 단지 내가 첫째라는 이유만으로 피케이로서 형제들 중에서 가장 힘겹게 보냈으리라고 생각합니다. 내가 나머지 두 동생들을 위해서 길을 터야 했거든요.

＊ 나는 형과 내가 피케이로서 매우 힘겨운 시기를 보냈다고 생각합니다. 교인들은 언제나 나이가 앞선 자녀들에게 주목을 하는 것 같습니다. 아직은 어린 나의 동생들 역시 머지않아 힘든 시기를 보내게 되겠죠.

＊ 나는 무슨 일이든 맨 처음으로 해야 하는 맏이라는 위치가 몹시 힘들었다고 생각합니다. 또한 사람들은 언제나 내가 피케이라는 사실을 쉽게 알아차렸습니다. 내 동생들이 나를 따라다니기라도 하면 그들은 금새 동생들 역시 피케이라는 사실에 주목했습니다.

＊ 나는 위로 언니들이 있고 동생들도 있는 중간 아이로 성장했습니다. 그 결과 많은 부분에서 도움을 얻을 수 있었습니다. 언니들의 행동들을 지켜볼 수 있었으며 언니들이 특정한 상황을 겪어나가는 것을 모델로 삼으며 언니들이 겪었던 동일한 문제를 쉽게 피해갈 수 있었습니다. 그런 면에서 나는 언니들보다 훨씬 쉽게 지냈습니다.

＊ 내 여동생은 한 번도 천사처럼 행동하지 않았습니다. 그리고 반항하지도 않았습니다. 그 이유는 내가 동생보다 먼저 많은 어려운 길을 터 주었고 동생은 그저 내 뒤를 잘 따라왔기 때문이라고 생각합니다.

우리는 목회자와 교인들이 맏이인 피케이를 겪으면서 자신들이 갖고 있던 비현실적인 기대들을 어느 정도 완충시켜 갈 것이라 예측할 수 있다. 이 경우 맏이인 피케이의 완충작업을 통해 그 다음 피케이들은 보다 관대한 용납과 아량을 경험하게 된다. 그리고 이러한 사실이 맏이에게 조그만 위로가 될지도 모를 일이다.

어른들처럼 행동하기

맏이인 피케이들 사이에서 흔히 이야기되는 주제는 그들이 가정에서 동생들에 비해 어른스러워야 한다는 압박감이다. 이 점에 있어서 케빈 리맨Kevin Leman이 맏이들 간에 '금언'처럼 이야기되는 내용들을 다음의 네 문장으로 나열했다 :

"모든 사람들이 나에게 달려 있다."
"나에게는 어떤 것도 그냥 넘어가는 법이 없다."
"나는 단 한 번도 어린이로 인정 받지 못했다."
"나는 역할 모델이 되고 싶다고 결코 말하지 않았다."[45]

이러한 금언들은 맏이인 피케이들의 마음속에 사무치도록 적용되는 것 같다. 제5장에서 우리는 피케이들이 또래의 다른 아이보다 성숙하리라는 기대를 받으며 역할 모델로 제시되는 것을 살펴보았다. 목회자 자녀 가운데 맏이는 이런 역할 모델에 대한 부담감에다 맏이라는 기대까지 더해 이중적인 기대를 받으며 살아간다. 교회의 또래 친구들의 모범이 되어야 할 뿐만 아니라 집에서는 동생들의 모범이 되어야 한다. 매우 바쁘고 집에 잘 없는 부모를 대신해서 맏이는 아이 보는 일과 같은 어른들이 져야 할 책임을 원치 않게 질 수도 있다. 심지어 장녀는 엄마 역할을 완전히 대신해야 하는 경우도 있다 :

* 나는 이전에 내가 장녀라는 사실이 무척이나 자랑스러웠습니다. 모든 가족을 내 손으로 돌봐야 마음이 편할 정도의 책임감을 가지고 있었습니다. 그 책임감이 내게 얼마나 안 좋은 영향을 미쳤는가를 이제야 알게 되었지요. 어머니는 종종 자신이 해야 할 역할을 하지 않으셨습니다. 아마도 그 분은 자신의 역할에 지쳐 있었던 것 같아요. 나는 동생들의 제2의 엄마였으며 자주 동생들을 돌봐야 했습니다. 그러나 저의 동생들은 그런 일을 겪을 필요가 전혀 없었습니다. 나는 동생들끼리 서로 돌봐 준다거나 자기들끼리 뭉쳐서 내게 대항할 수 있다는 일을 생각해 보지도 않았습니다. 어린 나이에 가족을 책임져야 한다는 것은 분명 나이에 걸맞은 일은 아닙니다.

엄마 역할을 대신해야 했던 또 다른 장녀는 과도한 책임 부담으로 인해 받게 된 정서적인 영향력에 대해서 이렇게 말하고 있다 :

* 부모님은 나를 '일당을 줄 필요가 없는 보모'라고 불렀습니다. 나는 종종 부모님이 벌컥 화를 내거나 실망할 때면 동생들을 보호하기도 하면서 동생들을 잘 돌보아야 한다는 부담을 느꼈답니다. 나는 지나친 책임감을 지닌 성인으로 성장했습니다. 주어진 시간 내에 어떤 일을 완수하지 못하면 지나친 죄책감으로 여전히 고통 받고 있습니다.

맏이인 피케이들은 어린 나이에 어울리지 않게 부모님의 좌절감을 수용하면서 부당하게도 부모들이 받는 여러 직업적인 스트레스를 동일하

게 느낄 수도 있다:

* 큰언니는 엄마와 아빠에게 점점 적대감을 보이면서 방어적으로 변해갔습니다. 우리들은 드러나게 반항적으로 행동하지는 않았습니다. 우리가 힘든 시기를 보낼 때 큰언니는 우리보다 조금 나이가 많았기 때문에 당시에 일어나고 있던 일에 보다 연루되어 그 일들을 이해해야 했습니다.

일반적으로 맏이는 규칙을 준수하며 행동한다. 이것은 그렇게 하는 것이 옳다고 생각해서라기보다는 부모에게 짐이 되지 않기 위해서이다:

* 나는 맏이로 태어났는데 언제나 모범이 되어야 한다는 부담을 느꼈던 것을 기억합니다. 부모님은 자녀의 반항 때문에 겪게 되는 슬픔을 감당할 여력이 없었거든요.

또한 곤란한 일을 당하면 모든 가족들을 보호하려고 애쓸 정도로 보다 심각하게 책임을 감당하는 이들도 있다:

* 나는 맏이로서 모든 가족을 하나로 화합시키려고 애쓰고 어떤 문제가 발생하더라도 가족을 돌봐야 한다고 생각했습니다. 이는 어떤 가정에서든지 전형적인 맏이의 모습일 것입니다. 그러나 나는 교인들에게 우리 가족의 하나됨을 보이려고 애쓰며 살아온 날들과 내 어깨 위에 지워진 거대한 짐 때문에 너무 많이 지쳐버렸습니다.

이런 종류의 책임감을 느끼는 가운데에서 파생되는 문제점은 정작 피케이 자신의 필요들은 제외시킨다는 것이다.46) 아이들은 무엇보다 자신의 필요에 대해 어른들의 보살핌을 받아야 한다. 그 보살핌을 통해 그들은 자신감 있고 안정감 있게 성장하게 되며 다른 이들에게 책임을 다할 수 있는 사람이 된다. 그러나 맏이인 피케이 중 어떤 이들은 이러한 기초를 적절히 갖추기 이전에 과도한 책임감과 부담감을 떠맡게 될 수도 있다. 그들은 다른 사람들을 돌보는 것에 지나치게 의존하는 정체성을 갖게 된다. 그들은 인생의 후반부에 이르러 자신들의 지나가 버린 유년 시절에 대해서 의아해 하기도 한다. 그들은 자신의 필요에 대해서 한 번도 충분히 표현해 보지 못한 채 자신의 자아상에 대해 공허감을 느낀다.47)

때때로 교인들이나 목회자 가족들은 유년 시기에 걸맞은 필요를 충분히 채워 주기도 한다. 이러한 경우에 책임감 있는 피케이라는 이미지는 달란트와 그에 걸맞은 기질을 가진 아이에게 독립적인 정체성을 부여하게 된다. 많은 맏이 피케이들이 실제로 대단한 열정을 갖고 그것을 성취한다. 그러나 이것이 어린 동생들에게는 따르기 힘든 모습으로 자리잡게 된다. 제1장에서 우리는 교회에서 활동적인 손위 형제들의 명성의 그늘에 가려 종종 자신의 초라한 모습을 발견하는 손아래 피케이들을 살펴보았다. 그들 역시 손위 형제나 자매들이 이루어 놓은 성취 기준들에 부합하리라는 기대를 받게 된다. 다음 장에서 살펴보겠지만 이것은 손아래 동생들이 가족들이나 교인들의 가치 기준에 미칠 능력이 없을 경우에 문제가 된다. 한 목회자 장녀는 자신의 여동생이 직면해야 했던 정체성의 도전들에 대해 다음과 같이 말하고 있다 :

* 내 여동생은 흔히 피케이의 모습이라고 일컬어지는 면모를 당연히 갖추었으리라는 기대로 인해 힘겨운 시기를 보내고 있습니다. 동생은 실제로는

반항적이지 않지만 자신이 피케이라는 사실에서 도망치고자 애썼습니다. 동생은 나에게 자신이 피케이가 아니었으면 하고 바란다고 말했습니다. 나는 몇 살 차이 나지 않는 언니로서 나의 존재가 동생을 더욱 힘들게 만든다는 것을 깨달았습니다. 동생은 내가 그랬던 것처럼 목회자 자녀나 내 여동생으로서가 아닌 바로 그녀 자신이 되고 싶어합니다.

목회자 자녀들의 개성을 존중하기 위해서는, 손아래 피케이들이 당연히 손위 형제자매들이 성취해 놓은 기준대로 행동하리라고 기대해서는 안 된다.

전환기의 타이밍

형제 순위라는 요인과 함께 고려해야 하는 또 하나의 요인은 '가족의 전환기 타이밍'이다. 몇몇 피케이들은 가족이 사역을 시작하거나 교회나 학교를 다른 곳으로 옮기는 시기와 같은 요인들이 개인적으로 변화를 겪는 나이와 결합해서 경험의 중요한 부분을 차지한다고 말한다. 한 피케이는 "각각의 피케이가 모두 똑같은 고투를 겪는다고 생각하지 않습니다. 그것은 우리가 피케이가 된 나이와 관계 있을 것입니다"라고 말했다. 좀더 성장한 나이에 중대한 변화를 겪는 아이들은 그 당시에 겪게 되는 어떤 어려움도 보다 여유를 갖고 대처할 수 있게 될지도 모른다:

* 나는 아빠가 사역을 시작하셨던 시기에 내 동생들보다 나이가 많았기 때문에 그 사실을 수용하기가 훨씬 수월했다고 생각합니다. 당시에 나는 십대 중반이었으니까요. 나는 혼자 있을 시간이 필요할 때면 집에서 벗어

나서 내가 하고 싶은 대로 할 수 있는 자유를 한껏 누렸습니다.

다음의 장녀 역시 자신의 아버지가 사역의 길에 들어선 시기에 자신이 십대였다고 한다. 그녀는 그녀 자신이 어려움을 극복하는 데 있어 이 사실이 상당히 도움이 되었다고 말한다 :

* 남동생은 내가 겪었던 갈등을 나보다 훨씬 오랫동안 경험해야 했기 때문에 보다 힘겨운 시간을 지냈습니다. 그는 지금까지도 반항적이며 집을 떠난 이래로 교회와는 아무런 상관없이 지내고 있습니다.

다음의 맏이는 자신의 가족과 교인들간에 어떤 마찰이 생길 기미가 보이면 단숨에 피난처로 도망쳤다.

* 나는 아빠가 교회 장로님들로 인해서 좌절감을 느꼈던 그 시기에 집을 떠나 있었기 때문에 보다 수월하게 그 시기를 보냈습니다. 그러나 내 여동생들이 겪어야 했던 경험은 위협적이었던 것 같습니다. 아마도 그 탓인지 그들은 최근에야 주님께 돌아왔습니다. 동생들은 엄마와 아빠를 도울 수 있는 나이가 아님에도 불구하고 부모님을 위해서 부담감을 짊어졌던 것입니다.

요약하자면 피케이들에게 있어서 형제 순위는 그들 경험의 중요한 부분을 차지한다. 맏이가 된다는 것은 '실험 대상'이 된다거나 성숙과 모범이라는 보다 큰 기대에 직면한다는 의미를 수반할 수도 있다. 부모가 사역의 길에 들어서는 시기에 따라서 맏이는 동생들이 참아내야 할 갈등을 모면할 수도 있다. 또 손아래 위치에 있다는 것은 손위 형제들이 이미 뛰어 넘었던 유사한 어려움을 모면 할 수 있다는 의미이기도 하다. 또한 따라가야 할 또 다른 모델이 그들 앞에 놓여있다는 의미일 수도 있다. 목회자 가정의 형제 순위는 피케이들을 독특한 개인으로서 이해하는 또 다른 차원이다.

달란트와 기질: 나도 어쩔 수가 없어요 나는 이렇게 태어났을 뿐이에요

선천적인 기질이란 개념은 '본성 대 환경' 논쟁을 심각하게 대두시킨다.[48)] 이 개념이 의미하는 것은 아이들이 저마다 매우 다양하면서도 독특한 생물학적 특성들을 가지고 태어난다는 것이다. 예를 들어, 어떤 아이들은 생체 '리듬'이 보다 정상적일 것이다 : 그들은 부모들이 쉽게 예측할 수 있는 범위 안에서 정상적으로 먹고 자고 배설하는 기능을 원활하게 한다. 이런 아이들은 예측하기 어려운 형제자매들보다 훨씬 손쉽게 양육되며 부모에게 그다지 좌절감을 안겨주지 않는다. 또 다른 예는 여러 자극에 대한 민감성의 문제이다. 한 극단적인 예를 들면, 내가 알고 지내는 한 남자 아이의 부모는 그를 카펫 위에서 낮잠을 자게 하곤 했다. 그 어머니는 그의 주변을 진공청소기로 청소할 때도 있었는데 아기는 그 소음 속에서도 자곤 했다. 또 다른 극단적인 예는 아기를 매우 조심스럽게 재우고 발끝으로 걸어서 방을 나간 후에 거실의 불이라도 켜면 아기가 금방 깨어 우는 경우이다.

또 다른 기질적인 특징들 중에는 아이들이 새로운 환경과 사람들에게 얼마나 빠르게 잘 적응하는가, 그들의 전반적인 시각이 긍정적인가 아니면 부정적인가, 또 얼마나 적극적인가 등의 문제가 포함되어 있다. 기질적 특성들이 적절하게 결합되면 아이는 여유 있게 살아가면서 편안하게 자신과 다른 이들을 사랑하게 된다. 그러나 기질적인 특성들이 적절하게 결합되지 않을 경우 부모는 그 아이로 인해 한층 괴로움을 겪게 된다. 어느 누구든지 적응을 잘하며 침착한 아이를 좋아한다. 반대로 변덕스럽고 과민한 반응을 보이는 아이를 좋아하기란 쉽지 않은 일이다.

호칭(labels)을 읽어내기

이런 기질적인 특징들은 상당 부분 부모가 어떻게 반응하고 어떤 호칭들을 사용하는가에 따라 매우 달라진다. 따라서 아이들은 출생 때부터 이와 같은 기질적인 특징을 갖고 태어난다는 사실을 인식하는 것이 매우 중요하다. 아이들 중에는 낯선 환경에 보다 느린 속도로 적응하며 변화에 적응하는 데 시간이 걸리는 아이들이 있다. 부모는 이런 아이에게 각자 가지고 있는 성향들에 건설적으로 대처하는 방법을 가르칠 수 있다. 가족들은 새로운 변화에 부딪힐 때마다 이런 아이에게 '적응 기간'을 설정해 줄 수 있다. 이것은 아이에게 '숫기가 없는 아이'라거나 '반사회성'이라는 호칭을 붙이는 것과는 다른 것이다. 시간이 지날수록 이런 호칭들은 아이들을 자기 스스로 변화할 수 없다는 무력감의 상태에 이르게 한다. 결국에는 이런 호칭들이 자신의 실제 모습이 되도록 만들게 하는 것이다.

부모가 자녀에게 어떤 호칭을 붙이는가의 문제는 스텔라 체스Stella Chess와 알렉산더 토마스Alexander Thomas가 '적합도 goodness of fit'라고 일컬었던 연구가 예증한다.[49] 요약하자면 아이들이 출생 시에 갖게 되는 독특한 성향들은 부모의 기대와 능력에 일치할 수도 있고 그렇지 않을 수도 있다는 것이다. 만일 일치하지 않는다면 어떤 부모들은 그 문제에 양면성이 있다는 사실을 인식하기보다는 그 아이를 모자란 아이라고 부르면서 비난할지도 모른다. 이 글의 목적에 비춰볼 때, 부모들이 자녀들의 행동을 있는 그대로 받아들이지 못하고 그것을 단지 자신들의 기대를 실망시키는 것으로만 보는 것은 경계선이 불명확한 또 다른 예라고 지적할 수 있다.

체스와 토마스는 '낸시'와 그 가족의 사례를 통해서 매우 주목할 만한 실례를 제공한다. 낸시는 매우 신경질적인 아이이고 적응 속도가 느리며 부정적인 감정을 표출하곤 했다. 그녀의 아버지는 낸시가 쉽게 다룰 수 있는 아이여야 한다는 경직된 기대를 버리지 않았다. 낸시는 그 기대에 부응하지 못했다. 아버지는 그런 낸시를 '밥맛 없는 아이'라고 불렀다. 그리고 가족이 아닌 외부 사람들에게 낸시에 대해서 거리낌없이 불만을 토로하곤 했다. 다행히 4학년에서 5학년으로 들어서면서 낸시는 음악과 연극에 상당한 재능을 보였다. 예술 분야는 그녀의 아버지가 매우 가치를 두는 분야였다. 이로 인해서 그녀의 기질은 전혀 변하지 않았는데도 불구하고 낸시에 대한 아버지의 인식이 다음과 같이 바뀌었다: "낸시는 더 이상 '밥맛 없는 아이'가 아니야, 오히려 '예술가적인 기질이 있는 아이'야." 아버지의 마음속에 이렇게 새로운 호칭이 인식되면서 아버지는 부담을 주는 기대감들을 줄여갈 수 있었고 낸시 또한 자신의 역량대로 성장하게 될 수 있었다.[50]

그렇다면 이 같은 호칭이 피케이들에게는 어떻게 적용될 수 있는가? 모든 목회자 자녀는 여러 가지 기질적인 특성과 재능, 잠재력이라는 독특한 다발을 거머쥔 채 태어난다. 목회자 자녀로서 그 아이는 많은 기대를 받게된다. 어떤 아이의 경우 교인들이 거는 기대들에 자신의 능력이 부합된다면 그는 잘 적응할 것이다. 뿐만 아니라 음악적으로나 학문적으로 재능 있는 피케이가 유순하기까지 하다면 경건해야 하는 피케이의 역할에 자연스럽게 적응할 수도 있다. 온유하며 품행이 바른 한 목회자 딸은 찬양도 잘 하며 교회생활을 즐겁게 하는 삶을 살고 있다. 그녀의 정체성은 교회와 어머니와의 관계 속에 확고한 기반을 두고 있다 :

* 나는 착한 아이였으며 언제나 내게 기대되는 일들을 척척 해냈습니다. 내가 아주 어렸을 적에 나는 주님께 나의 삶을 헌신하기로 작정했습니다. 그리고 내가 목회자의 아내가 되어야 한다는 소명감을 느꼈습니다. 나는 언젠가는 그렇게 할 것이라는 소망을 가지고 있었습니다. 나는 앞으로의 삶 속에서 어머니를 모델로 삼겠다고 말하곤 했습니다. 나는 어머니를 매우 존경했는데 사실 우린 기질이 매우 비슷했습니다. 나는 정말로 어머니를 존경했고 그분과 같이 되고 싶었습니다. 이것은 소명감과 많이 연관되어 있었다고 생각합니다.

또 피케이 중에는 곧잘 자신도 모르게 침울한 기분을 느끼며 격렬하게 자신의 감정을 분출시키는 사람도 있다. 목회자 자녀들은 스스로 교회생활에 적합하지 않게 보이는 특징들을 가진 자신의 모습을 보여주기도 한다. 그 초상화에는 완고함과 저항적인 경향성이 두드러진다 :

* 나는 남동생이나 여동생보다 한층 어려운 시기를 지내왔다고 생각합니다. 나는 극도로 독립심이 강하고 공격적이며 목표 지향적이죠. 뿐만 아니

라 나는 보통 사람들보다 인내심이 없답니다. 나는 내가 무엇을 원하는지, 어떤 사람이 되고 싶어하는지를 알고 있습니다. 나는 내 인생에 어느 누구도 끼어 들거나 어떤 사람이 되라고 요구하는 것을 원치 않습니다.

* 언니는 '부모님의 발자취를 따라서' 사역자의 길로 되돌아가고 싶어합니다. 나는 언니가 틀림없이 사역을 훌륭한 일로 여기거나 최소한 견딜 만한 일을 하고 있다고 생각합니다. 언니는 지금까지 한 번도 반항하지 않았으니까요. 어쩌면 사역이란 것이 내 남동생들이나 나보다 언니에게 훨씬 수월했으리라 생각합니다. 언니는 정말로 신경이 예민하고 감정적인 사람입니다. 나는 매우 낙천적이지만 예민한 면도 있습니다. 그러나 나는 적어도 '상처' 받고 울먹이지는 않습니다. 왜냐하면 난 언제나 되받아 치는 성격이기 때문이죠. 나와는 달리 언니는 교인들에게 한 번도 대들지 않았습니다. 그래서 교인들은 그런 우리를 언제나 서로 비교했답니다.

* 맏이인 나는 여동생보다 훨씬 고집이 셀 뿐만 아니라 훨씬 '감성적'이어서 동생보다 피케이로 사는 데 더 힘들었다고 생각합니다.

* 나는 누나보다 교회에 대해 훨씬 회의적이고 반항적이었기에 보다 많은 문제들에 직면해야 했습니다. 누나는 아무런 반항 없이 수용하곤 했지요. 그러나 난 결코 그렇게 하지 않았습니다.

* 나는 고집이 세고 반항적이고 불만을 품는 등 내가 가지고 있는 기질 때문에 훨씬 힘들었다는 생각이 듭니다.

＊ 내 기질은 오빠들과는 사뭇 달랐고 지금도 마찬가지입니다. 나는 훨씬 독립심이 강하고 의지가 센 편이죠. 나는 매사에 '왜 그런지'를 알아야 했고 사람들이 나를 알아주어야 했고 좋아해 주기를 원했습니다. 단지 목회자의 자녀나 여동생으로서가 아니라 '나'로서 말입니다. 오빠들은 내가 느꼈던 필요 만큼 그렇게 강하게 느끼지 않았고 전반적으로 만족해했습니다. 드러내놓고 반항기를 거친 사람은 오직 나뿐이었습니다.

＊ 형과 비교해 볼 때 나는 기질 면에서나 교회에 헌신하는 면에서 정반대입니다. 아버지는 형의 불 같은 성격 때문에 형에게 그다지 제재를 가하지 않으셨습니다.

＊ 형은 나쁜 행동에 더 취약했기 때문에 나보다 훨씬 어려운 시기를 보냈습니다. 뿐만 아니라 형은 무척 고집스러웠기 때문에 자신의 입장만을 내세웠습니다.

＊ 형은 기질 면에서 나와 상당히 비슷합니다. 여동생은 아마도 그것을 매우 힘겹게 받아들였을 것입니다. 여동생은 자신이 처한 상황에 유연하게 대처하는 방법을 잘 몰랐기 때문에 아마도 많은 괴로움을 겪었을 것입니다. 누이는 고집이 무척 세고 감정적으로 예민하거든요.

위에 설명한 특징들은 어디까지가 선천적이며 어디까지가 지나친 기대감에 대한 방어기제로 습득된 것일까? 그리고 피케이들은 그 호칭에 얼마나 잘 들어맞을까? '고집스럽다'는 것은 객관적인 설명이라기보다는 일종의 주관적인 성격 평가인 듯하다. 위의 논의 가운데에는 어느 정도의 모호함이 존재한다. 그러나 피케이 스스로 수많은 기질들을 '타고난' 것으로 수용한다는 사실은 분명하며 그들의 생각이 맞을 수도 있다. 어떤 경우라도 교인들의 기대가 피케이들에게 잘 맞지 않는 부분이 있을 수도 있다. 따라서 정체성의 갈등은 필연적이다.

안팎의 갈등

갈등이란 어느 누구나 볼 수 있는 곳에 존재하는 것은 아닐 수도 있다. 자신을 거리낌없이 표현하는 피케이들은 부모나 교인들과 거듭되는 충돌을 경험할 수도 있다. 이들은 '반항아'라고 호칭될 가능성이 매우 높다. 앞에서 살펴보았듯이 이 반항아라는 호칭은 자기 암시적인 예언이 될 수 있다. 만일 유리집에서의 생활이 반항을 야기한다고 말할 수 있다면, 표현되는 반항에 대해서는 보다 섬세한 관찰이 필요하다는 말 역시 사실일 것이다:

* 언니는 우리들 가운데 그 누구보다도 심각하게 반항적인 청소년기를 보냈습니다. 언니는 누구보다도 피케이로서 성장하는 것을 발버둥치며 힘들어했습니다. 나는 언니가 그렇게 반항했기 때문에 우리들보다 훨씬 '어항' 속에서 사는 느낌을 받았다고 생각합니다.

또 어떤 피케이들은 겉으로 유순하고 협조적인 '성자'처럼 보이지만 마음속에는 표현되지 않은 분노를 꾹 참고 있기도 하다. 그러므로 그와 같은 반항은 내면적이다:

* 나는 단 한 번도 형이나 누나와 피케이로서 성장하는 느낌에 대해 얘기를 나눠본 적이 없습니다. 그러므로 상대적으로 누가 더 힘든 시기를 보냈다고 말하지는 않겠습니다. 우리는 모두 나이 차이가 별로 없어서 교회 안에서 비슷한 고정관념들을 경험했습니다. 누나는 우리 중에서 가장 반항적으로 행동했습니다. 누나의 반항은 전형적인 반항의 개념에 견주어 봤을 때 그다지 심각하지는 않다고 간주될 수 있는 것이었습니다. 반면에 나는 겉으로 드러나는 반항은 전혀 하지 않았지만 내면 속에서는 상당한 반항심을 갖고 있었습니다.

한 가족 안에서 두 피케이들이 반항적일 수 있지만 한 명은 외적으로, 또 다른 한 명은 내적으로 반항하는 모습이 나타난다. 그러나 정체성 갈등의 문제는 자신의 반항을 다른 사람들에게 숨기는 이들에게도 역시 심각한 문제이다. 겉으로는 유순한 목회자의 아들이 자신보다 훨씬 표현을 잘하고 반항적인 형제자매들과 성장해 오면서 개인적이고 영적인 정체성 문제로 겪었던 내면적 갈등을 잘 드러내는 예가 있다:

* 나는 여동생이 외향적이며 강박적으로 바쁜 사람이라고 인식하고 있습니다. 그녀는 교회와 드러내놓고 갈등했습니다. 그녀는 교회에서 내가 겪는 슬픔이나 내면적인 갈등을 경험하지 않았습니다. 남동생 역시 나보다 훨씬 외향적이며 교회생활에서 갈등을 겪었습니다. 유년 시절에도 동생은 겉으로 반항심을 드러냈으니까요.
나는 유순한 아이로서 어떤 대가를 치르던지 갈등은 피하고 대신 평화를 사랑하는 편이었지요. 나는 '착한 피케이'의 역할에 순응했으며 모든 사람을 행복하게 하려고 했습니다. 또한 나는 아버지와 비슷하게 생겼을 뿐만

아니라 말하는 것까지 비슷해서 종종 아버지와 비교되곤 했습니다. 이 모든 것이 내가 이십대 후반에서 삼십대에 이르기까지는 순조로와 보였습니다. 그러나 나는 교회와 기독교 학교라는 상황 속에서 갖게 되는 많은 양가 감정과 분노를 차츰 인식하기 시작했습니다. 결국 갈등 양상이 쌓여서 '중년의 위기'에 이르게 됐습니다. 유년 시절에 나는 가정과 기독교 학교와 교회의 평화를 위해서 나의 참 자기(진정한 감정들과 희망들)를 단념해야 했던 것입니다. 나는 교회와 기독교 학교에 대해 가졌던 분노를 지금에서야 느끼고 있습니다.

불행히도 이 모든 기관들과의 관계가 하나님과의 관계와 밀접히 연결되어 있다는 것입니다. 이것은 내가 가장 스트레스를 받는 부분입니다. 이곳에서 나는 할 수 있는 한 내 자신의 영성을 세워가려고 애쓰면서도 하나님과 교인들로부터 버림받지 않을까 하는 두려움을 가지고 일하고 있습니다.

적절한 소질

재능은 피케이들이 동일하게 태어나지 않았음을 드러내주는 또 다른 부분이다. 어떤 피케이들은 목회자 가족들과 교인들이 높이 평가하는 활동이나 역할을 잘 감당하는가 하면 그렇지 않은 이들도 있다. 교회 밖의 활동을 좋아하는 목회자 자녀들은 거의 지지를 받지 못한다. 그 결과 정체성 형성에 자신이 좋아하는 활동을 통합시키며 연결시키기가 쉽지 않다:

* 나는 피케이로서 누나보다 훨씬 힘들게 지냈습니다. 누나는 피케이라는 사실을 즐겼던 것 같습니다. 하지만 나는 정말 싫었습니다. 누나는 교회와

관련된 활동을 하며 행사를 계획하는 것을 즐겼습니다. 반면 나는 학교에서 여러 가지 운동을 하며 교회 바깥에서 친구들과 어울리는 것을 좋아했습니다. 부모님은 늘 바쁘셨기 때문에 이런 면에서 나를 별로 지원해주지 않으셨습니다. 그분들은 대부분의 시간을 교회에서 보내셨기 때문입니다. 누나는 교회와 관련해서 모든 활동을 해 왔기 때문에 교회라는 환경을 거북해하지 않았습니다.

그러나 형 역시 나와 비슷했습니다. 형은 학교에서 활동하는 것을 좋아했습니다. 뿐만 아니라 교회에서 활동하는 것도 좋아했는데 그래서 그런지 형은 나만큼 힘들어하지는 않았습니다.

다음은 교인들로부터 높이 평가받는 재능을 소유한 목회자 딸이 또 다른 면에서 비슷한 이야기를 전하고 있다. '탁월한' 재능을 가지고 있지 않았고 남들에게 부정적으로 여겨졌던 남동생의 불행에 대해서 그녀는 다음과 같이 이야기하고 있다:

* 중간 아이인 남동생은 피케이로서 제일 힘들게 지냈습니다. 그에게 학교는 편안한 곳이 아니었지요. 학교 문제로 생겨나는 행동 문제는 금방 파헤쳐졌습니다. 동생이 나의 선례를 따랐기 때문입니다(나는 모범생이었습니다). 나는 음악 분야에서 뛰어난 재주를 발휘했으며 그 때문에 교회에서 인정도 받고 종종 활동도 했습니다. 그로 인해서 나는 자주 교인들에게 칭찬과 인정을 받았습니다. 그러나 남동생은 운동 분야에서 뛰어난 재주를 발휘했음에도 불구하고 교인들에게는 거의 주목을 받지 못했지요. 오히려 그는 금새 문제아라고 불리게 되었습니다.

이런 가정 분위기 속에서 자녀들이 서로 비교 당하는 것은 그리 놀랄 만한 일이 아니다:

* 나는 안정적이고 자신감에 차 있었으며 실제적으로도 뛰어난 지적 재능을 가졌기 때문에 언니보다 수월한 삶을 살아왔다고 생각합니다. 불행히도 언니는 늘 나와 비교가 되었답니다.

이런 종류의 '격려'는 그다지 재능이 없는 피케이나 독특한 재능을 가진 피케이의 정체감 형성에 아무런 도움을 주지 않는다. 그런데 여기에 아이러니가 있다. 즉 자기 역할을 충실히 하는 다른 형제자매들보다 문제를 많이 일으키는 피케이일수록 부모의 대부분의 에너지와 관심을 끌게 된다. 이때 다른 형제자매들은 부모가 자신들에게는 관심이 없다고 생각하게 된다:

* 나는 남동생이 나보다 피케이로서 훨씬 힘든 시기를 보냈다고 생각합니다. 나는 나에게 기대했던 모델적인 삶에 가깝게 살 수 있는 능력이 있었던 것 같고 공부나 운동 모두 매우 잘했습니다. 동생은 우리에게 주어진 피케이의 이미지와 내가 큰형으로서 보였던 모범대로 행동해야 했기 때문에 많이 힘들어하는 것 같았습니다. 부모님은 우리를 공평하게 대하시려고 (적어도 그렇게 보였으니까요) 자신들이 할 수 있는 모든 일은 다 하셨습니다. 그분들은 내 동생이 좀 더 마음 편하게 지내도록 최선을 다하셨습니다. 사실 동생이 반항하면 할수록 동생에게 관심이 더욱 집중되었답니다. 나는 아이러니한 느낌을 갖지 않을 수 없었습니다.

형제자매들 가운데 재능이 많은 아이는 어떤 면에서 훨씬 운이 좋다고 간주되지만 그들 역시 필요할 때마다 적절한 격려를 받아야 한다. 또한 그들의 성취가 당연한 일로 치부되어서도 안 될 것이다. 그들에 대한 격려 역시 다른 형제자매들에게 열등감을 주지 않는 범위 내에서 반드시 이루어져야 할 것이다.

모든 것을 종합적으로 대하기

우리는 성별, 형제 순위, 재능, 그리고 기질이 목회자 자녀로서의 삶을 살아가는 데 중요한 변수로 작용한다는 것에 대해 살펴보았다. 어떤 피케이들에게는 여러 변수들 중 어느 한 가지 요인이 다른 것들에 비해 더욱 중요한 역할을 할 수도 있다. 또 어떤 피케이들에게는 각 변수의 상호작용이 한층 복잡하게 전개될 수도 있다. 다음에 나오는 목회자 딸의 이야기에서 성별과 출생 순서, 그리고 드러나는 기질적인 차이점들 사이에 이루어지는 상호작용을 주목해 보자:

* 나는 두 명의 오빠가 있습니다. 우리 삼 남매 중에서 큰오빠는 분명히 가장 고된 시기를 보냈을 것입니다. 우리가 처했던 교회 구조와 규제들이 큰오빠에게는 너무 엄격했으니까요. 큰오빠는 주어진 규칙들을 어기면서 반항했고 스트레스를 야기했습니다. 반면에 둘째 오빠는 훨씬 침착하며 주어진 일을 더할 나위 없이 잘 감당했습니다. 물론 그렇다고 그가 전형적으로 모범적인 십대는 아니었지만 그는 기준에서 벗어나지 않도록 행동했습니다. 나는 내가 피케이로서 힘든 시기를 보냈다고 생각하지 않습니다.

외동딸인 나는 언제나 가족들에게 귀여운 아이였으므로 부모님은 나를 무척이나 보호하려고 애쓰셨습니다. 내겐 단지 그것이 부담스러운 일이었습니다.

정체성 요소들의 복합적인 상호작용을 보여주는 또 다른 예는 딸들만 있는 목회자 집안의 한 딸의 사례에서 찾아 볼 수 있다. 물론 그 가정에는 성별의 차이는 없었지만 딸들의 기질이 서로 달랐기 때문에 아버지를 대하는 표현 방식들도 많이 달랐다. 장녀는 가장 큰 어려움을 겪었으며 매우 심각하게 반항했다. 아버지는 그런 큰딸을 대하면서 점차적으로 어린 동생들에게 적용하는 기준을 분명하게 완화시켰다 :

* 큰언니는 피케이라는 사실을 싫어했습니다. 나는 언니가 모든 이들의 훌륭한 모범이 되어야 한다는 사실에 대해서 불만을 터뜨렸던 일을 기억합니다. 그러나 언니를 가장 괴롭혔던 것은 목회자로서가 아닌 아버지와 큰언니 사이의 관계였다고 생각됩니다. 언니는 청소년 시절에 매우 반항적으로 변해갔고 아버지의 체면을 손상시켰습니다. 언니와 아버지 사이에 갈등이 잦았습니다. 갈등의 근본적인 이슈는 언니에게 자신이 원하는 것을 강요하시던 아버지의 강압적인 성격과 행동에 있었다고 나는 생각합니다.

나는 피케이라는 사실에 아무런 저항감이 없습니다. 사실 나는 목회자의 딸이라는 사실이 자랑스러웠으니까요. 실제로 나는 그 사실을 통해서 사람들이 인정해 주는 것이 좋았고 아버지를 자랑스러워했습니다. 아버지의 위치와 능력은 내가 평범하지 않은 중요한 존재라는 느낌을 주었으니까요.

비록 내가 목회자인 아버지에게 반항하거나 어떤 극적인 방법으로 저항하지는 않았지만 나는 아버지에 대해 강렬한 분노를 품었던 적이 여러 번 있었습니다. 나는 큰언니가 청소년 시절이었을 당시 큰언니에 대해서 실망스럽게 행동했던 아버지에 대해 매우 분노했던 것이 기억납니다. 나는 청소년 시절을 지내는 동안 아버지에게 상당한 분노를 느꼈지만 동시에 그분을 매우 사랑했으며 극단적인 불순종까지 가지 않도록 해주신 아버지의 사랑에 감사했던 일을 기억합니다. 나는 큰언니와 아버지 사이의 상호 관계를 보아왔기 때문에 청소년 시기에 아버지가 내 인생에 관여하는 것을 확실하게 거절하기로 마음먹었습니다. 특히 내가 남자친구와 교제라도 할 경우에는 아버지가 모르도록 하기 위해 조심해야 했습니다. 대학 시절에 부모님은 나에게 심하게 대하지 않으셨는데도 나는 아버지가 내 여동생을 대하시는 방식이나 때때로 어머니를 대하는 방식에 대해서 상당히 화가 났던 적이 종종 있었습니다.

나는 우리들 각자가 다른 반응을 나타내는 주요 원인이 우리의 선천적인 기질과 아버지의 태도 때문이었다고 생각합니다. 즉 아버지는 나보다 큰언니에게 훨씬 강압적이었고 동생보다 내게 훨씬 지배적이었기 때문이라고 생각합니다. 큰언니는 강한 성격을 가지고 있었고 가장 반항적이었습니다. 동생은 나보다 아버지를 두려워하지 않기 때문에 다소 버릇은 없지만 큰언니만큼 반항적이지는 않았습니다. 동생은 큰언니처럼 극단으로 치닫지도 않았습니다.

심겨진 환경에서 꽃을 피우기

　우리는 위에서 고찰한 내용이 추론임을 명심해야 할 것이다. 비록 성별이나 형제 순위는 그다지 논쟁의 여지가 없는 요인들이라 하더라도 수년 간을 지내오면서 얻게된 호칭들(영향들) 가운데에서 선천적인 기질들과 관계되는 것을 가려내는 것은 매우 어려운 일이다. 그러나 설사 이것이 가능하다 하더라도 피케이의 기질을 정확하게 측정해 내는 것은 그리 중요한 문제가 아니다. 중요한 것은 목회자 자녀에게 적용하는 '적합도 goodness of fit'의 개념이 함축하고 있는 바를 바로 인식하는 것이다.

　어떤 아이가 하나의 가족과 공동체에서 태어난다는 것은 특정한 토양에 꽃을 심는 것과 같은 것이다. 모든 묘목들이 동일한 조건 하에서 무성하게 자라지는 않는다. 어떤 것들은 모래가 섞인 땅과 약간의 수분과 충분한 일조량을 필요로 한다. 그러나 또 다른 것들은 진흙땅과 충분한 수분과 응달을 좋아하기도 한다. 만일 꽃이 시들기라도 하면 과연 우리는 그 꽃이나 주위 환경 혹은 그런 꽃의 성향을 비난할 것인가? 각각의 꽃들은 그 꽃에 맞는 손질이 필요할 뿐이다.

　목회자 자녀들을 바라보되 비난하기 위해서가 아니라 이해하기 위해서 바라보아야 할 것이다. 목회자 자녀들은 가족이나 교인들의 마음에 들도록 특별 주문된 사람들이 아니다. 그들은 하나님이 부여하신 여러 가지 독특한 재능을 가지고 태어난 사람들이다. 어떤 이들은 주어진 교회나 가족 안에서 건강하게 성장하겠지만 그렇지 않은 이들도 있을 수 있다. 어떤 피케이가 꽃을 피우며 성장하지 못할 때 가능한 모든 원인에 주의를 기울여야 할 것이다. 또한 문제의 아이를 상투적인 호칭으로 부르며 비난하기보다 그들의 '토양 조건'을 이해하려고 애써야 할 것이다. 그리고 변화시킬 수 있는 부분을 발견하기 위해 애써야 할 것이다.

무엇보다도 우리는 피케이들을 독립된 개인으로 이해하며 그들의 경계선을 존중하려고 애써야 할 것이다. 물론 하나님은 인간에 대해 다 알고 계시지만(시139:13-16) 우리는 하나님처럼 목회자 자녀들을 깊이 알 수는 없다. 그러나 우리는 하나님이 존재하도록 창조하신 인간들을 사랑하려고 노력할 수는 있다. 이는 우리가 그들의 잘못을 묵과하고 실수를 간과하라는 말이라기보다 우리 모두는 죄를 지을 수 있는 경향성을 갖고 있으며 참된 의를 이루기 위해서는 우리 모두가 적절한 지도를 필요로 한다는 것을 인식하자는 의미이다. 그러나 목회자 자녀들을 하나의 개인으로 공정하게 인식하지 않고 상투적인 호칭으로 부르면서 하는 우리의 '지도'가 얼마나 많은 우리의 잘못된 인식과 자기 과신을 기반으로 한 것인가? 만일 우리가 가치 기준을 가르치거나 지도하거나 물려주려고 한다면, 우리는 그들의 개성의 진가를 인식하고 보호하며, 하나님의 백성과 자녀로서 안정된 정체성들을 형성하도록 도와주어야 할 것이다.

우리가 그들이 누구인지를 이해하려고 노력하는 만큼 우리는 그들이 스스로를 발견할 수 있도록 돕게 될 것이다.

··· 사역자 자녀 상담
Counseling for Pastors' Kids

제7장

목회자 부모와 그들의 경계선

　우리는 목회자 자녀의 개성을 인식해야 하는 것과 마찬가지로 그들의 부모 역시 독특하다는 사실을 인정해야 한다. 우리가 목회자 부모들에게 어떤 기대를 하고 있더라도 직업을 이유로 해서 그들이 당연히 좋은 부모이거나 혹은 나쁜 부모일 것이라고 속단하는 것은 바람직하지 않다. 왜냐하면 부모의 역할과 능력은 언제나 현장 훈련을 통해서만 계발되기 때문이다. 한 사람이 목사 안수를 받기 위해서는 신학대학원을 졸업해야 되지만 부모가 되기 위해서는 어떤 교육과정도 이수하지 않는다. 그리고 부모 노릇을 하는 능력은 대개 목사 고시에도 포함되지 않는다.

　물론 목회자들 가운데에는 훌륭한 부모들이 있다. 우리가 살펴보겠지만 빌리 그래함Billy and Ruth Graham 목사 부부는 자녀들과 깊은 관계를 맺는 사랑이 많은 부모였다. 그들의 다섯 자녀들은 부모님의 지도와 영성에 대해 애정을 갖고 이야기한다. 이에 반해서 많은 사역자들은 아이들을 양육하는 것을 위해서는 거의 교육을 받지 못한 채 사역자의 역할을 수행하는 데만 교육을 받은 것처럼 보인다. 여러 사례에서 피케이들은 자신들의 부모님이 거의 모든 훈계를 할 때 서론으로 긴 설교조의 훈계를 강박적으로 하는 것 같다고 응답했다. 그럴 때면 자신들은 자식이 아닌 교인처럼 취급받는 느낌이 든다고 불평했다. 성경이 아이들의 행동을 통제하는 도구로써 사용되는 경우도 있다:

> * 아버지는 우리가 잘못된 행동을 저질렀을 경우 종종 서재로 우리를 부르셔서 대개 거짓말이나 다툼이나 불결함이나 성냄에 적용되는 성경 구절들을 읽어주시곤 하셨습니다 …… 그로 인해서 나는 성경 읽는 것을 지긋지긋해 했고 다소 부정적인 감정을 갖게 되었습니다. 아버지가 읽어 주시던 성경의 모든 구절이 책망으로 가득 차 있었는데 내가 어떻게 성경에 흥미를 느낄 수 있었겠습니까?

어떤 목회자 부모들은 심지어 자녀들을 학대하기도 한다. 음악가 마빈 게이(Marvin Gaye: 그 가족이 사용하는 성은 Gay였지만, Marvin 2세는 대외적으로 'Gaye'라고 해서 철자를 덧붙여 사용하였다)의 최근 녹음 작업의 사례는 잘 알려진 예일 것이다. 그 가수의 삶을 좌우했던 문제들은 바로 목회자이자 아버지인 마빈 게이Marvin Gay, Sr.와 아들인 그와의 악화된 관계였다. 그 아버지 마빈은 어린 시절 켄터키에 살 때 자신의 아버지가 어머니를 처참하게 때렸던 현장을 목격했다. 그는 장성하여 아버지가 된 후 아이들에게 매를 때리기 전에 옷을 벗으라고 다그치는 폭력적인 알코올중독자 아버지가 되었다. 아들 마빈은 그런 아버지에게 순순히 복종하기는커녕 아버지가 매를 들도록 일부러 화나게 만들었다. 그의 친구이자 전기 작가였던 데이빗 리츠David Ritz는 평생 동안 그가 결코 얻을 수 없었던 아버지의 축복을 끊임없이 갈구했다고 이야기한다. 이 마빈 부자 사이의 관계는 아버지가 아들을 총으로 살해한 바로 그날을 정점으로 해서 서로 간에 적대적인 관계가 영원히 계속되고 말았다.51)

이 사례가 우리의 현실과 너무 동떨어진 이야기일까? 나는 부모에게 정기적으로 맞아서 종종 죽을 뻔했던 한 피케이를 알고 있다. 또한 아버지에게 괴롭힘을 당하고 성적으로 학대를 받은 피케이들과도 연락을 주고받기도 했다. 그중 마빈 게이와 같이 자녀를 학대하는 목회자 아버지 가운데는 알코올 중독자도 있다.

> * 아버지는 강단에서 사랑과 존경에 대해서 설교를 하고 집에 돌아와서는 우리를 때렸습니다. 엄마는 조금도 말썽을 피우지 않는 완벽한 아이들을 원하셨습니다. 뿐만 아니라 아버지는 알코올중독자였는데도 교인들은 이전에는 볼 수 없었던 훌륭한 목회자로 생각했습니다. 그러나 집에서 아빠는 술에 취해서 걸핏하면 소리를 지르고 종종 우리를 때리기도 했습니다. 엄마는 그런 아빠로부터 우리를 보호하지 않았습니다.

안타깝게도 학대받는 가족들의 특징인 '베일로 가리기'는 대중 앞에서 거룩한 이미지를 유지해야 할 필요가 있는 가정 안에서 특히 심하다. 그러므로 이제 '목회자는 완벽한 부모'일 것이라는 장밋빛 환상은 접어두자. 양육하는 능력을 하나의 스펙트럼으로 표시할 때 목회자들 역시 일반 부모들과 마찬가지로 널리 분포되어 있다. 다시 말하면 지혜로우며 우정 어린 모습에서부터 불안정하고 학대하는 모습에 이르기까지 널리 분포되어 있다. 우리가 이미 논의했던 이슈들 역시 그 스펙트럼의 일부분이다 : 경계선 침범에서부터 감정에 대한 건강한 의사소통까지, 능력에 맞지 않는 기대에서부터 개성 인식까지.

이 장에서는 다시 한 번 목회자 가정에서의 경계선을 정하는 문제에 초점을 맞출 것이다. 경계선을 취급하는 방법에 따라서 부모가 자녀들의 정체성 발달을 얼마든지 도울 수도 있고 방해할 수도 있다. 이 장에서는 유리집과 같은 불안정한 공간 속에서 피케이들이 양육받았던 그 양육 중 성공적인 것은 무엇이며 부정적인 것은 무엇인지 그들의 시각을 통해 진솔한 이야기를 다루고 있다.

소중하다는 느낌의 중요성

나의 연구를 통해 드러난 하나의 문제는 피케이들 스스로가 자신의 부모가 자신들을 소중하게 여기고 있다는 느낌을 받느냐 그렇지 않느냐 하는 것이다. 사역에 대한 요구가 끊임없이 계속되면 많은 목회자 자녀들은 무시당한다는 느낌을 받게 된다. 그러나 다른 한편으로는 부모가 그들을 위해 시간을 보냈다고 느끼는 피케이들은 여러 압박감에도 불구하고 점점 부모의 사랑과 관심에 감사하게 된다. 그래서 나는 피케이들에게 직접적으로 질문했다 : "당신은 당신이 부모님에게 목회 사역만큼이나 소중한 존재였다고 느꼈습니까? 그들은 어떤 면에서 당신이 소중하다거나 혹은 그렇지 않다고 느꼈습니까?" 소중한 존재라고 느끼는 사람과 그렇지 않은 사람들을 살펴보면 부모로부터 받은 그들의 양육에 상당한 차이가 있음을 발견할 수 있다.

목회자 부모들은 자녀들이 그들 부모에게 있어 소중한 존재임을 느낄 수 있도록 어떻게 행동했는가? 그중의 몇 가지는 피케이들이 이야기하는 내용에서 드러나는 주제들과 연관된다. 하지만 모든 주제를 포괄하는 이슈는 바로 가족과 함께 보내는 시간의 양과 질이다. 제2장에서 우리는 수많은 교인들이 목회자의 시간과 정력을 지나치게 소진시키는 것 같다는 사실에 주목했다. 그러나 어떤 목회자 부모들은 자신의 책임을 수행하는 중에도 가족들과 함께 할 시간을 철저히 지키려고 노력하기도 한다. 이러한 헌신은 입술로만 하는 사랑 그 이상의 의미를 가지고 있다. 이는 가족들끼리 놀며 함께 대화하며 그냥 함께 있기 위해서 시간을 일관성 있게 갖는 것으로 구현되는 것이다 :

* 비록 아빠가 일주일 내내 바쁘시기는 했지만 금요일이나 수요일에는 반드시 우리와 함께 시간을 보내셨습니다.

* 아빠의 휴가 기간은 전적으로 우리가 사용할 수 있었습니다.

* 우리 가족은 매 여름마다 두세 차례 휴가를 떠났으며 겨울에는 스키 여행을 떠나곤 했습니다. 아침 식사와 저녁 식사는 거의 언제나 가족이 함께 했지요. 대부분 저녁 식사였던 것 같기는 합니다.

* 나는 내가 소중한 존재라고 느낍니다. 부모님은 우리와 게임도 하고 낚시도 가고, 휴가를 떠나기도 하시면서 많은 시간을 함께 해주셨습니다. 나는 피케이로서 기본적으로 매우 만족스러운 삶을 살아왔다고 생각합니다.

* 두 분은 이야기도 하고 이리저리 놀러 다니기도 하면서 가족들과 함께 시간을 보내주셨습니다. 아빠는 매우 바쁘신 분이었지만 늘 내가 필요한

존재라고 느끼게 하셨으며 종종 우리와 함께 할 시간을 마련하셨답니다. 여름에 우리는 함께 여행을 떠나곤 했죠.

* 아빠의 스케줄은 잠시도 빈틈이 없었지만 늘 가족들이 함께하는 시간을 갖기 위해서 가능한 한 일주일 중 하루를 쉬시며 우리와 시간을 보내셨습니다. 뿐만 아니라 아무리 바쁜 일이 있더라도 우리는 늘 가족끼리 저녁 식사 시간에 모였으며, 이런 습관은 우리가 청소년이었을 때도 계속되었습니다.

자녀들의 관심사

가족과 함께 시간을 보내는 데 헌신하는 목회자 부모는 아이들이 자신들에게 얼마나 소중한 존재라는 것을 분명한 방법으로 보여준다. 이에 못지않게 어떻게 시간을 보내는가 역시 중요한 부분이다. 만일 그 시간의 대부분을 교회 업무에 대해서 이야기하며 보낸다면 자녀들의 입장에서 그것은 더 이상 '가족' 간의 약속이 아닐 것이다. 그러나 만일 자녀들이 소중한 존재라고 느낄 수 있게 하려면 어떤 것이든지 자녀에게 소중한 것에 초점을 맞추는 시간이 필요하다. 이는 교회 안팎에서 자녀의 활동과 관심사에 대해 서로 이야기한다는 의미일 것이다 :

* 어린 시절 부모님은 우리가 청소년 모임에서 활동할 수 있도록 격려하셨을 뿐만 아니라 직접 참여하셨답니다.

* 나는 늘 소중하고 특별한 존재였으며 아버지가 맡으신 일이나 모임들로

인해 '두 번째'로 밀려난 적이 없었습니다. 아빠는 연주회에 참석하려고 학교에 오시거나 내가 아플 때 차로 태워 주시기 위해서 스케줄을 재조정하실 수도 있는 분이셨습니다. 그분은 우리의 스카우트 프로그램과 방과 후 활동에 적극적으로 참여해 주셨답니다.

* 부모님은 초등학교 때부터 고등학교까지 나의 운동 경기에 참석하셨고 그 외의 다른 학교 활동에도 참석하셨습니다.

* 부모님은 언제나 내가 활동하는 것들에 관심을 가지셨습니다. 그래서인지 나는 '내가 그분들에게 사역만큼이나 소중한 존재'임을 자연스럽게 느끼게 되었습니다. 나는 청소년 시기에 약 4년 동안 농구를 했는데 그분들은 대부분의 홈 경기와 절반 정도의 원정 경기에 나를 응원하러 오셨습니다. 뿐만 아니라 고등학교 시절에 친구들끼리 했던 밴드 콘서트에도 오셨죠. 바로 이런 일들이 나 스스로를 소중한 존재라고 느낄 수 있게 만든 몇 가지 일들이었습니다.

자녀에게 무슨 일이 일어나고 있는지 알기

가족들끼리 함께 시간을 갖는다는 것은 바로 개인적인 틀 안에서 의미 있는 대화를 나눈다는 것이다. 부모는 자녀와의 대화시간을 통해서 그들에 대한 정보를 얻을 뿐만 아니라 그들의 삶에 어떤 일이 일어나고 있는지를 알 수도 있다:

* 그분들은 내가 어떻게 지내는지 알기 위해 시간을 내셨습니다.

* 아빠는 나와 늘 대화의 시간을 가지셨죠. 나는 내가 소중한 존재라는 것을 알고 있었습니다.

* 나는 늘 부모님의 사랑을 받았고 격려받으며 귀여움을 받았다고 느꼈습니다. 부모님은 내 얘기를 늘 귀담아 들으셨고 내가 당면한 문제들에 신중하게 대처하셨습니다. 부모님이 교회에서 많은 시간을 보내셨던 것은 사실입니다. 그러나 그것은 부모들이 전문 직업에 종사하고 있는 자녀들이 하는 일반적인 불평거리에 지나지 않습니다. 그것은 대부분의 가정에서 제기되는 흔한 불평거리에 지나지 않습니다. 나는 그런 불평을 크게 확대하고 싶지 않습니다.

* 부모님은 가정에 문제가 있을 때마다 오빠와 내 의견을 물어보시곤 하셨습니다.

* 부모님끼리 대화를 나눌 때에도 그분들은 내 의견을 물어보시면서 나를 소외시키지 않으셨습니다.

* 아빠는 거의 언제나 기꺼이 나를 도와주셨고 시간을 내서 내게 귀를 기울이시곤 하셨습니다.

* 특히 우리 아버지와 어머니는 내가 자신들에게 소중한 존재임을 느낄 수 있도록 해주셨습니다. 나는 내가 힘든 시기를 거칠 때마다 부모님이 내게 교훈적인 뒷받침을 해주셨다고 늘 생각해왔습니다.

* 엄마와 아빠는 우리가 삶에 어떤 일이 일어나고 있는지에 대해 진심으로 귀를 기울여 주셨습니다. 그리고 그분들은 우리의 삶과 생각, 견해들이 매우 소중하다고 느끼게 해주셨습니다. 그분들은 우리를 한 가족으로 뭉치게 하셨고 우리의 자존감을 세워주며 우리의 삶의 방향을 제시해 주셨습니다.

* 부모님은 대하기 쉬운 분이셨습니다. 우리가 당면한 문제들을 늘 이해하려고 애쓰셨지요. 그분들은 내게 넉넉한 이해와 상냥함과 애정을 보여주셨습니다.

경쟁 상대가 아닌 파트너

그러나 자녀와 함께 시간을 갖는다는 의미가 교인들에게 들이는 시간이 줄어든다는 것을 뜻하지는 않는다. 때때로 목회자 부모는 자녀들을 데리고 다니면서 자녀들이 할 수 있는 일들을 찾아 주거나 사역 자체에 그들의 재능을 적절하게 활용함으로써 자신들의 직업 인생에 자녀들을 참여시킬 방법을 마련한다 :

* 아빠는 종종 우리에게 설교에 대한 아이디어를 제공해 주거나 원고를 교정해 주기를 부탁하셨습니다.

* 아빠는 가끔 다른 도시에 초청받아 설교하러 가실 때에 나를 데리고 가시곤 했습니다.

* 매주일 아침뿐만 아니라 주말이면 우리는 아빠랑 교회에 가서 복사를 하는 등 심부름을 하곤 했습니다.

* 아빠는 내 또래의 아이들이 있는 성도의 집을 방문하실 때면 그 자녀들도 쉽게 마음을 열게 하기 위해 나를 데리고 가셨습니다. 그것은 아빠에게 상당한 즐거움이었죠.

* 아빠는 어디 볼일이 있으시거나 사람들을 만나러 가실 때 종종 나를 데리고 가시곤 했습니다.

* 아빠는 나와 함께 노래를 부르시곤 하셨는데 이로 인해서 내가 소중한 존재라고 느끼게 됐답니다.

* 하나님은 내게 음악적인 은사를 주셨고 그 은사는 우리 교회와 다른 교회들에서 하나님의 사역에 사용되었습니다.

자녀들과 함께 할 여유를 두지 않기

만일 위의 내용이 자녀들을 잘 양육한 목회자 부모가 가진 특징이라면 피케이들이 하찮은 존재라고 느끼는 곳에는 당연히 정반대 되는 특징들이 존재할 것이다. 이런 부모들은 가족과 시간을 함께하고자 구체적으로 헌신하기는커녕 전적으로 사역에 매달려 있기 때문에 아이들과 함께 할 여유조차 없다:

* 나는 수없이 내가 하찮은 존재라고 생각해 왔으며 집에서 나와 다른 곳에서 살고 있는 지금까지도 종종 그렇게 느낍니다. 낚시를 가거나 무엇이든지 아빠와 함께하고 싶어 했던 시간들은 교회 안의 친목회와 모임들, 밤낮을 가리지 않고 계속되는 상담들로 인해 무산되었지요. 나는 교회의 행사 스케줄에 따라 내 생활을 맞추기 위해 애쓰곤 했답니다. 한동안 나는 결코 집에 들어가고 싶지 않았는데, 그것은 나 혼자 집에 있기 싫었기 때문이며 교회 일 때문에 또 다시 가족끼리의 저녁식사 시간이 없는 것이 싫었기 때문입니다.

* 그분들의 모든 시간과 정력 그리고 재산은 사역에 쓰였습니다.

* 부모님은 우리가 소중하다고 말씀하시곤 했지만 사실 나는 그렇게 느낄 수가 없었습니다. 아무튼 그분들의 모든 시간과 정력은 교회와 기타 등등의 사람들을 세워가는 데 사용되었으니까요.

* 나는 나 자신을 하찮은 존재라고 여겼는데 대부분의 경우 나보다 사역이 우선이었기 때문입니다.

* 우리의 스케줄은 언제나 교인들과 교회 일에 따라서 바뀌었습니다. 휴가는 여러 차례 연기되거나 취소되었죠.

* 때때로 나는 사역보다 하찮은 존재로 여겨졌습니다. 그 원인은 바로 시간 약속 때문이었죠. 대부분의 '사역'은 온 가족이 다 함께 모이기에 가장 좋은 시간인 밤중이나 주말에 이루어지잖아요. 교회의 모든 사역은 하나님

의 일 그 자체로 여겨졌으며 그 결과 하나님의 사역이 가족 간의 약속보다 훨씬 중요한 것으로 여겨졌습니다.

* 우리의 생활은 교인들이 필요들로 영향을 받아 진행되었습니다. 우리는 우리 재산도 소유하지 못하고, 그들의 결정에 따라 다른 도시로 이사해야 했습니다. 이처럼 우리가 하고 싶은 일들을 하지 못하고 또 놀러 다니지도 못했던 것은 교인들이 그런 모습을 원했기 때문이지요. 아버지는 많은 시간을 교회에서 보내셨고 가족들과는 그다지 시간을 내지 못했습니다.

* 아버지가 나와 함께 놀아주셨던 것을 기억해 내는 것이 내게는 매우 어려운 일입니다. 아버지는 식사를 거르시거나 잠을 아끼면서까지 '하나님의 일'을 쉬지 않고 하셨죠. 어머니 역시 주일학교와 여름(겨울)성경학교, 청소년 모임 등에 많은 시간을 쏟으셨습니다.

자녀들의 관심사를 무시하기

건강치 못한 목회자 부모는 자녀의 관심사에 동참하기는커녕 자녀의 과외 활동에 거의 지원을 하지 않는다 :

* 나는 내가 사역만큼 소중한 존재라고 느낄 수가 없었습니다. 나는 학교에서 친구들과 많은 운동을 했으며 또한 오케스트라의 단원이기도 했죠. 그러나 부모님은 교회 일에 너무 매여 있었기 때문에 내가 활동하는 것을 보러 올 시간이 없었습니다. 이런 이유로 나는 교회를 원망하게 되었죠.

* 부모님은 언제나 교회가 우선이었기 때문에 학교 행사에 참석하지 않으셨습니다.

* 가정생활은 사역을 위해서 희생되어 왔습니다. 학창 시절에 부모님은 단 한 번도 학교에 오시지 않았답니다. 아빠가 나를 위해서 해주셨던 최고의 일은 내 자전거 바퀴가 펑크났을 때 차를 태워주려고 오신 일이었습니다.

의사소통의 부족

경계선이 뚜렷하게 설정되지 않은 가정에서 발생할 수 있는 또 다른 문제는 자녀 중심적이며 인격적인 의사소통의 부족이다. 자신이 하찮은 존재라고 느끼는 목회자 자녀들은 부모들이 자신들의 말에 귀기울이기 위해 시간을 내지 않으며 자신들의 의견을 존중하지 않았다고 자신의 심정을 토로했다 :

* 부모님은 시간이 없었기 때문에 언제나 내 말에 귀를 기울이지 않으셨습니다.

* 때때로 내게 어려운 일이 생길 때 부모님께서는 언제나 나의 사적인 일들을 교회에서 듣곤 하셨죠.

* 부모님은 이사를 계획하실 때 우리와 한 번도 상의하지 않으셨습니다. 우리가 할 일은 그저 살던 곳을 떠나 다른 곳으로 옮겨가는 것이 전부였죠.

* 나는 종종 우리의 의견과 필요는 무시된 채 모든 결정이 부모님에 의해서만 이뤄진다고 느꼈습니다.

이용당한다는 느낌

부모가 사역에 자녀들을 참여시킬 때 피케이들은 자신이 소중한 존재라는 느낌을 받는 대신에 여러 가지 면에서 이용당한다는 느낌을 갖게 된다 :

* 나는 아버지가 우리 가족보다 교회 일을 우선적으로 생각할 때마다 정말로 화가 났습니다. 때때로 주일 아침에 아버지를 보면 아버지는 아침인사를 나눌 틈도 없이 무척 바쁘셨습니다. 아버지는 나에게 교회 의자를 정리하는 일이나 혹은 게시판에 광고를 붙이거나 유인물을 나누는 일을 도와달라며 교회의 일을 강요하셨습니다. 나는 그렇게 강제로 봉사하는 것이 싫었습니다 : '강요된 봉사' – 언젠가 아버지가 교회에서 테이블을 정리하고 계실 때의 일입니다. 나는 아버지에게 질문을 던지게 되었고 아버지는 내 질문에 아무런 대답을 하지 않으셨습니다. 결국 저는 똑같은 질문을 스무 번도 넘게 하였습니다. 그러나 결국 아버지는 내 질문에 아무런 대답을 하지 않으셨습니다. 나중에야 아버지는 자신이 테이블을 정리하고 있었기 때문에 내 질문에 대답을 할 수 없었고, 내 질문보다 테이블 정리하는 일이 더 중요한 일이었다고 설명하셨으며 나는 그 사실을 수용해야만 했습니다. 글쎄요, 나는 그분의 우선권이 어디에 있는지를 알게 되었고 십 년이 지난 지금까지도 그 일을 기억하고 있습니다.
도대체 내가 얼마나 더 나이를 먹어야만 아버지가 나에게(셔츠가 땀으로

뒤범벅이 될 정도로) 의자를 정리하라고 강요하지 않으시면서 존중할까요? 나는 빨리 자라서 그런 강요에서 벗어나는 날을 여전히 기다리고 있습니다.

아이가 이런 취급을 받게 되면 결국 그 아이는 아무도 자신을 돌보지 않는다고 느끼게 된다. 그리고 배신감으로 인해 가족과 교회에 가졌던 관심을 잃어버릴 수도 있다:

* 부모님은 나보다 교인들이 더 소중한 존재라고 느끼도록 행동하셨습니다. 비록 한동안 이런 문제로 상처를 받았지만 이제 나는 가족과 교회 그 어느 것에도 관심을 갖지 않게 되었습니다.

무대에서 등을 돌리고 있기는 하지만
사람들의 주목에서 자유롭지 못함

물론 자녀들의 이야기만 듣고 목회자 부모를 단순히 두 종류의 집단, 곧 '성공한' 집단과 '실패한' 집단으로 분류한다는 것은 정당하지 못한 일일 것이다. 목회 현장의 현실을 고려할 때 좋은 의도를 갖고 있는 부모라고 할지라도 완전히 일관성 있게 행동하지는 못했을 것이라고 볼 수도 있다. 다음의 피케이들은 어떤 때는 '부모들에게 자신들이 소중한 존재'임을 느끼는 한편 또 어떤 때는 '사역으로 인해 뒷전으로 밀려난 듯한 느낌', 즉 양가감정을 갖게 되었음을 이야기한다.

* 나는 가끔씩 동시에 두 가지 느낌을 갖게 됩니다. 부모님은 목회자 가정

의 많은 문제점을 이해하시고 결코 '세상을 구원하고 자녀들을 잃는' 잘못을 범하지 않기 위해서 애쓰셨습니다. 그분들은 우리와 의미 있는 시간을 보내곤 하셨지만 종종 사역이 우선시 되었고 그로 인해서 우리는 상처를 받았답니다.

* 부모님은 종종 교인들을 우선적으로 대하셨지만 나는 그분들이 나를 사랑하고 있다는 사실 또한 잘 알고 있습니다. 또 그 사실을 인정할 수밖에 없습니다. 그렇지만 제가 때때로 부모님의 행동 때문에 좌절감을 느낀 것은 사실입니다.

* 둘 다 맞습니다. 부모님은 내게 전혀 시간을 낼 수 없으실 정도로 매우 바쁘셨음에도 불구하고 대부분의 시간을 나와 함께 보내주셨습니다. 나는 그것을 통해 내가 그 무엇보다도 소중한 존재임을 느낄 수 있었습니다.

* 부모님은 독특한 사역을 하셨습니다. 일주일에 육일 동안을 저녁 시간에 활동하셨으니까요. 크리스마스가 되면 나는 매우 스트레스를 받았어요. 크리스마스 주간은 아빠 얼굴을 볼 수 없는 시기였기 때문이지요. 크리스마스 때 나는 교회 활동이 지나치게 많다고 생각했습니다. 그러나 부모님은 늘 힘을 북돋아 주셨으며 그분들이 날 사랑한다는 사실을 확인시켜 주셨습니다.

* 교회에 문제가 생기고 당회의 요청에 의해 우리 가족이 교회를 떠나게 되었을 때, 나는 우리 가족이 그 교회에 있어 '부차적인 존재'였구나 하는 느낌을 받았습니다. 물론 내 잘못도 있었겠죠. 하지만 내가 일종의 유기감

을 느낀 것은 사실입니다. 특히 아버지로부터 더욱 그랬습니다. 그런데 그런 일이 있고 난 후 상황이 바뀌었습니다. 이전에 나는 부모님의 우선순위에서 나라는 존재는 늘 뒷전으로 밀려났다고 생각했는데 그런 일이 있고 난 후에는 전혀 그렇지 않았습니다. 부모님은 내 고등학교 활동에 깊이 관여하시게 되었고 상당한 지지를 보내셨습니다. 때때로 아버지는 학교 음악회 등에 참석하시기 위해서 수요일 저녁 예배 인도자를 초빙하시기도 했답니다.

* 나는 내 일생에 있어 대부분을 '내가 사역만큼이나 소중한 존재인 것'처럼 느꼈습니다. 가끔 사역이 나보다 우선되기도 했지만 말입니다. 나는 장례식 때문에 집으로 일찍 돌아와야 했던 여러 차례의 가족 휴가를 기억합니다. 장례식을 대신 인도할 다른 사역자가 없는 현실에 늘 실망하면서 가족 휴가에서 돌아와야 했습니다. 그러나 내가 내 인생에서 아버지의 사역보다 하찮은 존재라고 느꼈던 적을 회상해 보면 단축되었던 몇 차례의 가족 휴가 밖에는 없습니다.

* 성장기 때 나는 그런 문제에 대해서 그리 많이 생각해보지 않았습니다. 이제야 나는 아버지가 나보다 사역을 중시했었음을 알게 되었습니다. 아버지는 우리와 함께 시간을 보내셨음에도 불구하고 자신이 자녀들과 가족을 얼마나 사랑하고 있는지 몸소 보여주지는 않으셨습니다. 하지만 나는 그 사실을 느낄 수 있었습니다. 그런 모습을 보인다는 것이 그분에게는 쉽지 않은 일이었습니다.

* 부모님은 가족보다 사역에 훨씬 중점을 두셨지만, 나는 그것이 부모님

의 선택이었는지에 대해서는 잘 모르겠습니다. 그 기관에서 부모님에게 어디에서 일하며, 무슨 일을 하며, 어느 곳에서 살며, 어떤 차를 사용할 것인지에 관해서 알려왔습니다. 내가 생각하기에 그것은 그저 생존의 문제였다고 봅니다. 우리가 했던 한 차례의 이사로 나는 많은 친구들을 잃었기 때문에 그것은 내게 견디기 어려운 일이었습니다. 그러나 당시에 부모님은 나와 함께 시간을 보내시려고 노력하셨습니다. 대체적으로 사역이 우선이었지만 말이죠!

도대체 아빠는 어디에 계신가요?

목회자 부모들이 어떤 방법으로 자녀들에게 '소중한 존재이다' 혹은 '소중한 존재가 아니다' 라는 느낌을 주는지 살펴볼 때, 반드시 우리가 사용하고 있는 용어들을 잘 사용해야 한다. 또한 우리는 한 가정에서 발견될 수 있는 개인적인 특성과 풍성하고 다양한 관계성들을 고려해야 한다. 첫째, 한 가정의 모든 자녀들이 동일한 방식으로 느끼지 않는다는 것을 고려해야 한다. 즉 각 자녀의 기질 문제는 그가 그 가정에 어떻게 적응하는가에 영향을 미친다. 둘째, 부모는 특정 자녀를 편애하거나 지나치게 관여하는 경우에서처럼 각각의 자녀를 언제나 동등하게 대하지는 않는다는 점을 고려해야 한다. 셋째, 보통 가정에서는 아버지보다 어머니가 자녀들과 보다 깊은 관계를 맺고 있다는 점이다. 이런 특징은 특히 목회자 가정에서 분명하게 나타난다. 이런 문제에 대해서 피케이들은 다양한 반응을 나타내는데 아버지와 친밀하게 지내지 못했던 것에 대한 결핍에서부터 아버지의 이기적인 행동에 대하여 노골적인 분노를 드러내기도

한다. 이런 피케이들의 아버지는 신체적으로나 정신적으로 가정에서 결손 되어 있었다 :

* 나는 '아버지는 사역을 중시했고 엄마는 우리를 중시했다' 는 생각이 듭니다. 엄마는 우리와 시간을 함께 보내셨는데 나는 이를 통해 나 자신을 소중한 존재라고 생각하게 되었습니다. 나는 아버지가 24시간 내내 할 일이 많았다는 사실을 이해하지만 이와 같은 상황에 대해선 분명하면서도 균형 잡힌 해결점을 찾아야 한다고 생각합니다.

* 엄마는 늘 우리와 함께 시간을 보냈습니다. 그러나 아버지는 대부분의 시간을 교회에서 보내셨기 때문에 요즘에도 나는 엄마에게 느끼는 만큼의 친밀감이 아버지에겐 느껴지지 않습니다.

* 오랫동안 나는 아버지의 사역이 우리들이나 가정보다 훨씬 소중한 것이라고 생각했습니다. 하나님께서는 아버지에게 일에 대한 소명도 주셨지만 우리에 대한 돌봄도 소명에서 빠진 것이 아닙니다. 우리도 아버지의 보살핌을 받아야 합니다. 나는 아버지를 좀 더 자주 보기를 원합니다.

* 아버지는 일중독자입니다. 나는 아버지와 긴밀히 만나본 적이 한 번도 없습니다. 내가 자라는 동안 아버지와 나 사이에 상호적 만남은 거의 없었습니다.

* 교회는 아버지 인생의 모든 것이었습니다. 아버지는 종종, 물론 지금도 "하나님과 교회, 가정 순" 이라고 말씀하시곤 하며 그 명제가 바뀌어야 한

다고 생각하지 않으십니다. 아버지는 모든 교인들에게 관심을 쏟으십니다. 모든 교인들에게 말이죠. 교회의 교인들에게는 언제든지 귀기울여 주시더군요. 그리고 아버지가 교회 다니는 내 또래 친구들에게는 신경을 써 주시며 그들의 필요에 관해 귀담아 들어주시고 꼭 껴안아 주시기도 합니다. 그러면서 내게는 전혀 그렇게 하지 않으시는 모습을 보면서 나는 끊임없이 상처를 받았습니다.

* 우리는 예전에도 소중한 존재였고 지금도 그렇지만 아버지보다는 엄마에게 훨씬 소중한 존재입니다. 아버지는 자신의 결혼생활과 현실적인 생활 문제와 자녀들의 정서적인 평안보다는 위신과 체면을 걱정하셨던 분입니다.

* 어머니는 틀림없이 균형을 유지하셨지만 아버지는 사역도 아닌 오직 자기 자신에게만 전념하셨습니다. 자기 스스로를 찾기 위해서 그 사역을 이용하신 것이라고나 할까요.

* 그토록 많았던 우리 가족의 필요들은 하나님 안에서 한 가족이었던 성도와 교회의 끊임없는 요구 사항 때문에 쉽사리 간과되었습니다. 목회자 가정에서 산다는 것이나 피케라는 것은 아빠가 주말에 쉬지 않는다는 의미이지요. 다른 아이들의 아빠들은 주말이면 언제나 집에서 쉬는데 말입니다. 저녁이면 친구들의 집에는 그들의 아빠가 계십니다. 그러나 우리 가정에는 아빠가 계시지 않았습니다. 아버지는 그 시간에 상담하시랴 성경 공부 인도하시랴, 회의 인도하시랴 바쁘셨죠. 아버지는 저녁시간에 늘 무슨 일인가 하셨으며 집에 계시는 날은 거의 드물었답니다. 가정에서나 교회에

서의 대부분의 시간을 교인들이 차지했지요. 내가 경험한 몇 가지 문제들을 중심으로 내 인생을 뒤돌아 볼 때 그 문제들의 가장 큰 원인 중 하나는 아버지가 거의 집에 계시지 않았다는 사실입니다.

부재와 경계선 침범

일상적으로 집을 비운다는 자체가 문제가 되는가? 아니면 목회자인 아버지가 가족과 거의 시간을 보내지 않는다거나 혹은 자녀와 '의미 있는' 시간을 갖지 못하는 것이 문제라고 말하는 것이 정확한가?

광범위한 연구 조사 결과에 따르면 아이들이 인생에서 겪게 되는 수많은 어려움들이 아버지의 부재와 관련이 있을 수도 있다는 것이다.[52] 그러나 어떤 연구자들은 이런 연구가 극단적으로 단순화된 것이라고 이의를 제기한다. 목회자에게 가족과 더 많은 시간을 보내는 것이 실제적인 해결책이라고 말한다면 그것은 지나치게 안이한 대답일 것이다. 한 리서치에서는 가족과 많은 시간을 갖는 것이 그 문제의 해결을 위한 좋은 출발점이 될지는 모르지만 단순히 아빠와 좀 더 장시간 동안 관계를 맺는다고 해서 그 자체가 아이들에게 반드시 더 좋은 일은 아니라고 결론을 내린다.[53]

그렇다면 우리는 목회자 자녀들의 이런 문제들을 어떻게 이해하고 해결해야 하는가? 나는 아버지의 부재로 인해 파생되는 광범위한 문제들은 경계선의 문제로 이해하는 것이 보다 도움이 된다고 확신한다.[54]

첫째, 경계선 침범의 제1요인은 목회라는 직업 특성상 개인의 시간과 정력을 과도하게 요청 받는다는 사실이다 : "교인들은 목회자 가족의 시간과 정력을 지나치게 많이 기대한다."

둘째, 우리는 경계선 침범의 원인을 전적으로 교인들의 탓으로 돌릴 수는 없다는 점을 인식해야 한다. 수많은 목회자들은 아무리 교인들이 그 시간과 정력을 끊임없이 요구한다 할지라도 경계선이 침범 당한 원인을 전적으로 교인들의 탓으로만 돌릴 수 없다는 사실에 깊이 동의할 것이다. 비록 요구되는 시간과 업무량이 엄청나게 많다고 할지라도 목회자들은 자신의 직업을 통해서 만족감과 자기 희열을 얻는다. 이것 자체가 잘못된 것은 아니다. 문제는 목회자가 교회와 가족 간의 경계선을 설정하려고도 않고 또한 설정하지도 못하는 경우에 발생하는 것이다. 이것이 경계선 침범의 제2요인이다.

수많은 목회자 가정에서 이 두 가지의 경계선 침범 요인이 결합됨으로써 목회자들은 신체적으로나 정신적으로 교회 일들에서 거의 헤어나올 수 없게 되는 것이다.

목회자 부모들이 피케이들을 … 존재라고 느끼게 하는 방법

소중한 존재라고 느끼도록	하찮은 존재라고 느끼도록
● 가족이 함께 시간을 보내는 일에 철저하게 헌신한다. ● 자녀의 감정과 의견에 귀 기울일 시간을 갖는다. ● 가능한 한 자주 자녀의 활동에 관심을 보이며 참여한다. ● 적절한 방법으로 자녀를 사역에 참여시킨다.	● 교회 일에 지나치게 몰두하고 있어서 가족과 함께 시간을 보낼 수 없다. ● 너무 바빠서 자녀의 감정과 의견에 귀 기울일 시간이 없다. ● 자녀의 학업 외 활동에는 거의 참석을 하지 않는다. ● 자녀를 억지로 사역에 참여하도록 강요한다.

가족을 보호하기

목회자 자녀들 가운데에는 부모님이 교회와 가정 사이의 경계선을 명확히 지키기 위해 끊임없이 노력해서 자신들에게 가능한 한 '평범한' 가정생활을 할 수 있게 해주었던 것에 감사하는 이들도 있다:

* 부모님은 할 수 있는 한 우리를 교회 일에 참여시키셨지만 교회생활로 가정생활이 지나치게 방해받지 않도록 노력하셨습니다.

* 나는 '내가 부모님께 언제나 소중한 존재였음'을 알고 있었습니다. 그분들은 여러 비난이나 '어항' 같이 불안정한 상황에서 저희를 보호해 주셨지요. 그분들은 늘 우리 가정을 평신도의 가정과 다름없이 평범하게 만드시려고 노력하셨답니다. 그들의 가정과 전혀 다름없이 말이죠!

* 그분들은 우리를 보통 아이들처럼 대하셨으며 일반 교인들과 같은 생활을 하게 해주셨어요. 그분들이 하시는 사역은 그분들의 직업이었을 따름이었답니다.

한 전기 작가에 따르면 빌리 그래함 목사 부부는 앞에서 언급했던 자기 가정의 '보호'를 위해 최선을 다했음을 보여준다. 존 폴럭John Pollock은 빌리 그래함 목사의 두 자녀의 말을 인용하면서 다음의 결론을 내린다:

그래함 목사의 자녀들은 인터뷰를 거절하라는 엄격한 지시 이외에는 명성으로부터 철저하게 보호되었기에 아버지의 명성에 대해서 별로 인식하지 못하고 자랐다 …… 자녀들은 남들의 눈에 띄지 않은 채 평범한 유년기를 보냈다. 네드Ned는 "내가 기억할 수 있는 것은 우리 가정의 분위기가 복음 전도자인 아버지의 직업에 그다지 큰 영향을 받지 않았다는 사실입니다"라고 회고한다. 그의 가정은 "결코 나에게 실망을 안겨주지 않는" 부모님과 함께 살아가는 평범한 곳이었던 것이다. 자녀들은 기독교 가정의 이상적 모델로 여겨지지 않았다. "나의 가정은 사적이며 개인적인 공간으로 보호되면서 결코 세상에 노출되지 않았다"는 프랭클린의 인터뷰 역시 그래함 목사의 가정이 건강했다는 것을 잘 나타내고 있다.55)

시간의 질인가 양인가?

나는 피케이들이 자신의 가정에서 소중한 존재라고 느끼거나 하찮은 존재라고 느끼도록 만드는 원인에 대해서 논의하는 가운데 두 가지 사실을 알게 되었다 : (1) 그 차이는 가족이 함께하는 시간의 양이 아니라 질에 달려 있다. (2) 이러한 질적인 차이는 경계선의 문제이다. 물론 시간을 어느 정도 '양'적으로 투자하지 않은 채 결코 '질'의 시간을 누릴 수는 없다. 부모는 단지 일주일의 몇 분 정도만을 자녀와 함께 지내면서 그 시간을 의미 있는 관계로 가득 채웠으니까 아이에게는 그것으로 충분할 것이라고 생각해서는 안 된다.

각각의 자녀들이 부모로부터 소중한 존재라는 느낌을 받는 데 요구되는 최소한의 시간의 양이 있을 것이다. 이것은 기질이나 연령과 같은 요인들에 의해 결정된다. 목회자 가족이 필요한 양만큼의 시간을 함께 보낸다고 해서 그들이 어떻게 시간을 보내는 것과는 상관없이 무조건 '성공적인' 가정이 되는 것은 아닐 것이다. 시간의 양 자체만 문제가 되는 것이 아니다. 중요한 것은 시간을 함께 보내고자 하는 마음이 잘 드러나는 헌신과 이 헌신을 잘 표현하는 모습일 것이다. 즉 교회와 가정 사이에 명확한 경계선들을 설정하는 능력이다. 잘 설정된 경계선은 자녀들이 언제든지 부모들을 신뢰하며 가까이 다가가도 된다는 안정감을 주기 때문에 교인들이 부모님을 불러내더라도 자녀들이 유기되었다고는 느끼지 않을 것이다.

목회자 부모들은 하루 중 대부분의 시간을 집에서 보낼지 모르지만 감정적으로는 그렇지 않을 수 있다. 이것은 목회자 부모들이 비록 집에 있는 순간이라 하더라도 교회 일에 몰두하거나 혹은 사역에서 받는 스트레스를 가정생활에 쏟아낼 수 있다는 것을 의미한다 :

* 나는 아버지와 관계를 맺는 것이 다소 힘들었습니다. 우리와 함께 웃으며 재미있게 시간을 보내기도 했지만 집에 돌아오기만 하면 아빠는 허리띠로 우리를 때리기가 일쑤였습니다. 이로 인해서 아버지와 저의 관계는 복잡하게 얽혀들어 갔습니다. 우리 아버지는 저에게 '헤비급 레슬링 선수' 처럼 보였으며 마치 우리를 벌주어야만 직성이 풀리는 사람 같았습니다. 그런데 내가 생각하기에 아빠는 자신의 직업에서 받은 복잡한 문제들과 스트레스를 훈육의 명목으로 풀면서 종종 분노와 실망 그리고 조급함의 모습으로 체벌하셨습니다.

내가 그렇게 매를 맞았던 것은 부모님이 헤쳐나가야 했던 문제들과 생활 속에서 받은 여러 스트레스들을 처리하지 못하고 나를 통해 그것을 발산하는 그분들의 무능력과 관련된 것이었습니다. 나는 우리들을 양육하는 데 있어 매가 필요했기 때문에 그렇게 하셨다고는 생각하지 않습니다.

* 나는 부모님을 통해 교회의 문제들을 알게 되었습니다. 부모님은 교회 일로 받은 스트레스를 효과적으로 처리하지 못하셨습니다. 그분들은 서로 자주 말다툼을 하셨습니다. 우리는 말다툼 과정에서 부모님이 교인들의 이름을 들먹거리는 것을 들을 수 있었습니다. 부모님은 어린 우리들에게 이런 스트레스를 받지 않게 했습니다. 나는 그분들이 우리에게 짐을 지우지 않으려고 했다고 생각합니다. 그러나 다른 수가 없었습니다. 나는 어린 나이임에도 불구하고 무슨 일이 일어나고 있는지 알았습니다. 부모님의 침묵은 그것에 대해 말하시는 것보다 더 치명적이었습니다. 더욱이 일단 그분들이 이야기를 시작하면 어린 저에게 한꺼번에 너무 많은 이야기를 하셨습니다.

때때로 그런 '쏟아내기' 식 대화는 의도적인 것처럼 보인다:

* 아빠는 교회에서 우리를 잘 대해 주셨기 때문에 우리는 마냥 행복했습니다. 그러나 집에서 아빠가 우리에게 벌컥 화내실 때면, 엄마는 아빠가 자신을 화나게 한 교인들에게 직접 화를 내실 수 없기 때문에 우리들에게 그토록 노발대발하는 것이 틀림없다고 말씀하셨습니다.

이 사례는 일터와 가정 사이의 감정적인 경계선을 지킬 수 없는 부모의 무능력이 더 나아가서 자녀들의 경계선을 침해할 수 있다는 것을 보여준다.

세대 간의 경계선

경계선 침범 가운데 한 가지 두드러진 유형은 가족 치료사들이 소위 '부모 노릇하기parentification' 라고 일컫는 것이다.56) 상대적으로 건강한 가정에서는 어른들과 아이들이 서로 다른 역할과 책임을 지는 세대 간의 경계선이 존재한다. 이러한 가정에서는 자녀의 안녕을 돌보는 것이 부모의 책임이다. 그러나 때때로 역할이 전환되면서 아이들이 어른들의 위치에 올라서 있게 된다. 아이들이 부모의 '부모' 가 되는 것이다.

가끔 이런 부모 노릇을 하게 된다면 그것은 별 문제가 되지 않으며 오히려 그것을 통해서 자녀들은 공감과 배려를 배울 수 있다. 그러나 그런 일이 반복적으로 발생하게 될 때 자녀들의 개인적인 경계선은 침범을 받는다. 때때로 피케이들은 부모의 기분을 상하지 않게 하려고 자신의 문제를 숨겨야 한다고 생각하면서 자신도 모르게 이런 부모 노릇을 시작하게 된다. 그러나 자녀들이 부모 노릇 하는 것이 너무 커지면, 그들은 정서적으로 기댈 어른이 없는 상태에서 부모의 정서적인 대리인이 되는 것이다. 다음의 세 피케이들 모두 가정에서 맏이라는 사실은 우연의 일치가 아닐 것이다:

＊ 나는 가족들을 한데 모으는 역할을 하는 편입니다. 나는 가정에서 누군가 힘들어하면 그들을 달래주고 도와주는 사람이었습니다. 지금 생각해 보면 내가 부모님의 역할을 대신 했던 것 같습니다. 정작 부모님은 부모가 아니었습니다. 나는 전 가족에게 있어서 아버지를 대신하는 사람이었으며 그것은 내게 엄청나게 큰 부담이었습니다.

* 나는 아빠와 함께 사역을 해 나가는 대리 배우자 그리고 부목사와 같은 위치에 있었습니다. 아빠는 물론 나를 신뢰하셨지요. 이제야 나는 내가 그런 일에 대해서 아빠에게 이야기할 때마다 왜 나도 모르게 불쾌한 기분을 느꼈는지 이해하게 됐습니다. 아빠가 나에게 속 깊은 이야기를 털어놓고 하던 그때 아빠와 저와의 관계는 일종의 근친강간이었습니다. 그분은 수개월 동안 극심한 고통에 시달렸지만 실제로 나 외에는 그 누구와도 그런 일을 나눌 수 없었습니다. 그는 그 일에 대해서 나와 이야기하곤 했습니다. 나는 그때 내가 아빠에게 "아빠, 그 일은 잊어버리세요 그리고 더 이상 내게 아빠의 괴로움을 하소연하지 마세요"라고 이야기하지 못했던 것이 못내 안타깝습니다.

* 아빠는 자주 집을 비웠기 때문에 엄마는 맏이였던 나를 정서적인 버팀목으로 의지하곤 하셨습니다. 엄마는 내게 자신의 여러 가지 문제를 이야기하곤 하셨답니다. 나는 어린아이인 나에게 그런 이야기가 얼마나 건강한 것인지는 잘 모르겠습니다. 엄마는 내게 아빠에 대한 불만을 토로하셨고 자신의 곁에 있어주지 않는 것에 대해서 억압된 불만의 감정을 털어놓곤 하셨죠. 그래도 엄마와 아빠는 때때로 대화를 나누셨기 때문에 그 가운데서 저는 소외감을 느꼈습니다. 그리고 더욱이 내가 아빠에 대해서 안 좋게 이야기하거나 엄마 편을 들기라도 하면 엄마는 "너는 그렇게 말해선 안 된다"라고 말씀하시더군요.

내가 고등학교 2학년이 되었을 때 내가 매일같이 했던 일은 텔레비전을 켜는 일이었으며 그것이 나의 도피 수단이 되었습니다. 나는 차츰 텔레비전에 중독되어갔습니다. 나는 줄곧 텔레비전만을 봤으며 정서적으로 모든 가족들과 단절하였습니다. 나는 바로 이와 같은 방법으로 그 문제에 대처했던 것입니다.

둘째 사례와 셋째 사례에서 나타난 자녀들의 반응에 주목해 보자. 두 번째 피케이는 회상하면서 그녀의 아버지에게 "아버지의 문제를 나에게 가져오지 말아달라"고 말함으로써 경계선을 긋기를 원했던 것이다. 세 번째 피케이는 실제적으로 텔레비전 세계 속으로 도피함으로써, 또 식구들과의 관계를 단절함으로써 인위적인 경계선을 그었던 것이다. 이는 부모 노릇을 하면서 침해받게 되는 개인적인 경계선들을 보호하고자 꾀한 그들의 방어적인 반응들인 것이다.

바쁘지만 언제라도 다가설 수 있는

시간의 '질'에 관한 문제에서 중요한 부분은 피케이들이 부모에게 정서적인 접근이 가능하다고 느낄 수 있어야 한다는 것이다. 부모가 교회일에만 몰두하게 될 때 자녀는 부모에게 다가설 수 없게 된다. 부모의 필요를 위해 자녀에게 보다 어른스러운 역할을 감당하도록 강요할 때 자녀가 부모에게 자신의 필요를 이야기하기란 배나 어렵게 된다. 교회와 가정생활 사이의 명확한 경계선을 유지해야만 피케이들이 부모에게 다가서고 싶을 때에 아무런 거리낌 없이 다가설 수 있는 것이다.

이러한 현상은 심지어 자녀들이 부모에게 함께 있어 주기를 요구하는 시간보다 실제로 함께 있는 시간이 훨씬 부족한 경우에도 일어날 수 있다. 그럼에도 불구하고 집을 자주 비우는 목회자들은 자녀들에게 접근 가능성과 가족들이 합의한 것을 존중하는 자신의 헌신도를 증명할 수 있다. 제리 폴웰Jerry Falwell의 자서전에서 발췌한 한 일화는 개인적으로 상

당한 대가를 치르더라도 가족을 우선하려는 그의 의지가 엿보인다:

> 어느 월요일 아침 나는 한 주간 스케줄을 훑어보다가 내 아들의 생일 날 큰 집회의 기조 연설이 약속되어 있음을 알게 되었다. 착오가 생긴 것이다. 그러나 연설을 취소하기에는 너무 늦었고 이 사실을 나의 비서도 나도 깨닫지 못했다. 나는 즉각 아들에게 이 문제를 이야기하려고 전화를 걸었다.
> "얘야, 내가 실수를 했구나"라고 솔직히 고백했다. "우리 식구들이 너의 생일을 축하하기 위해 파티를 열기로 이미 약속을 했지 않니? 네가 다음 중에서 하나를 택했으면 좋겠다. 내가 그 집회에서 연설을 하게 해 주는 대가로 천 달러를 받든지, 아니면 내가 그 연설을 취소하고 우리의 계획대로 네 생일 축하파티를 하든지."
> 어린 아들에게 천 달러는 생일 선물로 꽤 많은 액수였지만 나는 어린 아들이 특별히 대학 등록금을 위해 이전부터 저축하고 있다는 것을 알고 있었으므로 괜찮은 제안이라고 생각했다. 그러나 아들은 서슴지 않고 "나는 생일 날에 아빠와 함께 보내는 것이 더 좋아요 아빠, 연설 약속을 취소하세요"라고 말했다.
> 나는 두말 하지 않고 연설 약속을 취소했다. 그로 인해서 나는 난처한 입장이 됐고 그 집회의 관계자들은 상당히 당황했고 혼란스러워 했다. 나는 모든 사람들에게 사과해야 했지만 그날만큼은 아들과 함께 보냈다. 우리가 어떤 열정에 불타고 있다 하더라도 하나님과 우리 가족과의 관계가 우선이 되어야 할 것이다.[57]

아무리 바쁜 사역자라도 자녀들이 다가갈 수 있게 할 수 있다. 존 폴럭은 빌리 그래함 목사의 가족에서는 이것이 실제로 일어났다고 말한다:

그 가정의 자녀들은 부모에게 언제든지 접근할 수 있는 권리가 주어졌다. "그분들이 누구와 함께 계시건 어디에 계시건 문제가 되지 않아요. 내가 이야기하길 원한다면 그분들은 언제든지 기꺼이 하던 일을 멈추고 나의 말에 귀를 기울여 주셨죠"라고 프랭클린은 이야기한다. 우리 아이들은 "아버지가 책상에 앉아 계실 때 방해해서는 안 된다"고 주의를 받은 적이 없어요. 그리고 아이들 스스로도 거의 한 번도 아버지를 방해하지 않았죠. 그저 아이들은 아버지와 함께 좋은 시간을 보내고 있는데 낯선 사람이 조심성 없이 밀어닥치면 약간 골을 냈을 뿐입니다.58)

비록 겉으로 어떤 주의도 받지 않았음에도 불구하고 그 자녀들이 아버지 그래함 목사의 경계선을 존중했다는 사실을 주목하라. 이것은 그들이 필요할 때면 언제든지 아버지와 이야기할 수 있다는 사실을 알았기 때문에 가능한 것이 아닌가? 다음의 그래함 목사와 둘째 딸의 일화는 이 점을 사실로 입증해 준다. 아버지가 수많은 약속들로 꽉 짜여진 빽빽한 스케줄 속에서 생활했음을 알았음에도 불구하고 딸은 개인적인 문제로 아버지의 업무를 일시 중지시켰다 :

아빠는 바빴던 만큼 나와 시간을 보냈고 나를 사랑해 주셨고 나와 함께 기도하셨고 나와 함께 울어주셨다. 딸의 입장에서 아빠가 바쁘고 피곤한 스케줄 속에서도 시간을 내어 짐을 나눠지셨다는 사실이 평생 특별한 추억으로 남을 것이다.59)

한 목회자 아들은 또 다른 예를 제공해 준다. 그는 아버지가 자주 집을 비우는 것을 싫어했기 때문에 그리고 사역의 부담감이 싫었기 때문에 사역의 길로 들어서지 않기로 결심했다. 그럼에도 불구하고 그는 아버지가 분명하게 보여준 태도, 즉 언제나 다가설 수 있는 공간을 제공했던 태도를 소중하게 간직하고 있었다 :

* 아빠는 우리에게 문제가 생기거나 어떤 요구가 있거나 무슨 이유로든 아빠에게 얘기해야 할 때면 언제든지 사무실 문과 전화가 열려있다고 우리 가족 한 사람 한 사람에게 이야기했습니다. 그는 비서에게 "만일 가족 중의 누구에게든지 전화가 오면 즉시 전화를 받겠어요"라거나 "나는 언제든지 그들을 만나겠어요"라거나, "내가 중요한 문제를 처리하고 있더라도 가족들이 사무실에 오면 나는 하던 일을 멈추든지 잠깐 시간을 내어 그들을 만날 겁니다"라고 말씀하셨습니다. 그러나 아빠가 당회에 참석해야 할 때나 자살을 시도하려는 사람과 상담을 하는 경우에는 예외였습니다. 그러나 대부분의 경우에 있어 아빠는 아빠의 말씀대로 우리를 우선순위에 놓으셨죠. 고등학교 시절 충격적인 사건을 겪은 후 집에 돌아오던 내 모습이 기억납니다. 내가 생각하기에 그 문제를 해결할 수 있는 유일한 사람은 아빠밖에 없었습니다. 나는 곧장 교회로 가서 사무실 문을 두드렸습니다. 아빠는 재빨리 "실례합니다" 하고 자리에서 일어나 문밖으로 나와서 나를 얼싸 안으며 "무슨 일이 있니?"라고 물으셨지요. 그분은 만사를 제쳐놓고 전적으로 내게만 집중하셨습니다. 그래서인지 아들인 나는 아빠에게 "아빠! 정말 고마워요. 아빠가 최선을 다해 나를 위로해 주셨다는 것이 느껴져요"라고 이야기했습니다. 그분이 기꺼이 그렇게 하셨기 때문에 나는 그분에게 애정을 갖고 존경할 수 있었던 것이죠. 내가 아빠에게 얼마나 소중한 존재인지 알게 됐으며 나와 함께 하시기 위해서 그 어떤 일도 중단하셨기 때문에 그분이 나를 사랑하신다는 사실을 알게 되었답니다.

이토록 쉴새 없이 바쁜 목회자라도 자신의 스케줄 속에서 자녀들의 정서적인 오아시스를 만들어 줄 수 있다. 그가 자신과 아들 사이의 관계를 보호하면서 외부상황에 대해 경계선을 그을 때 아들은 그 무엇도 자신의 아버지를 빼앗아 갈 수 없다는 사실을 알게 되는 것이다.

가족과 함께 하는 시간

교회와 가정 사이에 명확한 경계선들을 유지한다는 것은 직무로 인해서 부모와 자녀의 관계가 방해를 받아서는 안 된다는 의미이다. 가족들이 함께 하는 시간은 교인들을 위한 시간이 아니라 가족에게 관심을 갖는 시간이다 :

* 부모님은 언제나 우리가 많은 사랑을 받고 있다는 것을 느끼게 해주셨습니다. 나는 이 사실을 부모님과 함께했던 시간들을 통해서 알게 됐지요. 부모님은 우리와 함께 보내는 시간에는 교회와 관련된 일들을 화제로 삼지 않으셨답니다.

실제적으로 위와 같은 존재에 대한 긍정적 인식은 가족들이 방해를 받지 않아야 하는 시간과 그렇지 않은 시간에 대해서 가족과 교인들, 그리고 직원들 사이에 명확한 합의가 이루어져 있어야 가능하다 :

* 나는 우리가 사역보다도 훨씬 소중한 존재임을 느꼈습니다. 그분들이 우리에게 관심을 보여주신 한 가지 방법은 가족들끼리 모이는 저녁 시간이었습니다. 매주 월요일 밤마다 우리는 영화를 보거나, 게임을 하거나, 독서

를 하는 등 두 세 시간을 함께 보냈습니다. 아빠는 이 시간이 우리 가족의 시간이라고 교회의 다른 지도자들에게 분명히 말씀하셨고 위급한 상황이 아니면 전화도 하지 말아달라고 부탁하셨답니다.

가족들을 우선적으로 배려하려면 다른 사역자들에게 그 일에 대해 분명하게 이야기할 필요가 있다. 경계선을 긋는 것은 때때로 자녀들과 함께 가족들만의 휴가를 떠난다거나 가끔씩 자녀들을 어떤 방문객이나 전화로도 방해받지 않는 곳, 가령 낯선 도시에 있는 음식점으로 자녀들을 데려 갈 필요가 있다는 것을 의미한다. 요점은 목회자 자녀들은 부모를 신뢰하면서 일관성 있게 다가설 수 있기를 원하고 또한 필요로 한다는 점이다. 자녀들이 부모의 보호나 관심을 필요로 하는 때에 부모들은 돌봐줘야 한다 :

* 교회에서 내가 아빠에게 어떤 것이든지 질문을 하고 아빠 옆에서 대답을 기다리고 있으면 비록 아빠가 그 누구와 이야기하는 중이라도 나의 질문을 결코 모른 척 하고 넘어가는 법이 없었습니다.

이런 경험을 통해 피케이는 부모로부터 한 인간으로 인정과 지지를 받고 있다고 느낀다. 그들은 자신이 소중한 존재임을 느끼는 것이다. 이와 같은 경험은 안정된 정체감의 가장 중요한 부분이 된다.

교회와 가족관계 사이에 명확한 경계선이 있어야 한다는 것이 자녀들을 사역에 절대로 참여시키지 말라는 뜻은 아니다. 우리가 이미 살펴봤듯이 자녀를 적절한 방식으로 사역에 참여시키는 것은 그들로 하여금 부모들의 삶에 의미 있는 부분을 차지하게 함으로써 그들 스스로 자신들이 소중한 존재임을 느끼게 할 수도 있는 것이다. 중요한 것은 '적절한' 이라는 단어이다. 자녀들에게 그들의 삶이 부모들의 삶의 연장에 불과하다는 느낌을 준다거나 그들의 개인적인 경계선이 침해당하는 느낌을 갖게 할 정도로 자녀들을 부모의 사역에 참여시켜서는 안 된다. 피케이들은 자신들의 개인적인 재능과 선호도가 존중되는 범위 내에서 사역에 참여해야 할 것이다.

　이렇게 하기 위해서는 부모가 방과 후 활동에 참여하며 지원을 하는 것이 매우 중요하다. 자녀들은 자신이 선택한 활동을 하면서 정체감을 형성해 간다. 아주 어린 나이에도 자녀들은 칭찬받기 위해서 부모에게 자신이 잘했다고 생각한 일, 즉 그림이나 신발 끈 묶기, 혹은 뒤집어 입었든지 거꾸로 입었든지 간에 어쨌든 자기 혼자 힘으로 옷 입은 모습 등을 보여준다. 학교에 입학하게 되면 여러 가지 활동들을 직접 선택하게 되는데 그때에도 그들은 여전히 부모의 지지가 필요하다. 지혜로운 부모는 활동 자체와 그 활동이 자녀의 정체감 형성에 어떤 기여를 하는지 구분할 줄 안다. 이렇게 함으로써 부모는 자녀들이 비록 그 활동을 칭찬받을 정도로 잘하지는 못했다 하더라도 그 활동을 지지해 줌으로써 그들에게 독특한 개인으로 살아갈 권리를 부여하게 된다. 부모의 이런 참여는 "그래, 우리는 네게 관심이 많단다. 우리는 네가 단순히 우리 삶의 일부분이 되기를 원하지 않고 우리가 네 삶에 일부분이 되길 원한단다"라는 메시지를 보내는 것이다.

　이런 경험에 대해서 감사한 마음을 가지고 있는 한 피케이는 부모님이 자신의 경계선들을 어떻게 존중해 주셨는지를 다음과 같이 이야기하고 있다:

* 부모님은 내가 하는 모든 일에 무조건적인 지지를 보내주셨습니다. 때로 내가 하는 그 일들이 그분들 마음에 들지 않을 때도 마찬가지셨어요. 그분들은 모든 걸 내 스스로 배워 나가야 한다는 것을 이미 알고 계셨습니다. 그분들은 있는 모습 그대로 나를 받아주셨고 그 모습에 대해 만족해 하셨죠. 뿐만 아니라 그분들은 여러 가지 운동, 일기, 학과목, 공작 등에서 내가 받은 결과에도 매우 기뻐해 주셨어요. 또 저를 많이 격려해 주셨어요. 우리의 삶은 하나님께 집중되어 있었죠. 그러나 가정생활 역시 소중했습니다

경계선과 기독교인으로서의 정체성

교회와 가정의 경계선 문제에서 중요하게 생각되는 것은 목회자의 목양적pastoral 역할과 부모parental 역할 사이에 경계선을 어떻게 설정하느냐 하는 것이다. 우리는 제1장에서 피케이들이 하늘에 계신 아버지와 이 땅에 사는 육신의 아버지 사이를 명확히 구분하지 못하는 어려움을 겪을 수 있음에 대해 이미 살펴보았다. 목회자인 다음의 아버지가 하나님과의 관계를 구실로 피케이인 자신의 딸에게 얼마나 많은 억지를 부리며 강압적으로 대했는지를 주목해 보자:

* 내가 피케이이기 때문에 가지게 된 큰 문제점들은 내가 '유리집'에서 살았기 때문에 발생했다기보다는 아버지의 강압적인 태도나 권위주의적인 성격, 고약한 기질과 더욱 관계가 있다고 믿습니다. 또 나는 피케이였기 때문에 대부분의 사람보다 더 많이 하나님의 모습이 아버지와 같을 것이라고 생각했을 가능성이 있습니다. 나는 아버지의 성격상의 특성과 그분이 목회

자가 되기로 결정한 이유 사이에는 상당한 연관성이 있다고 생각합니다. 이런 점에서 볼 때 내가 피케이라는 사실은 내 인생에 강한 영향을 끼쳤다고 생각됩니다. 나는 아마도 많은 목회자들이 아버지와 유사한 성격적인 특성들을 지니고 있으리라 짐작해 봅니다.

어른이 된 나는 구원에 대하여 확신이 없는 문제에 대해서 커다란 문제점을 갖고 있습니다. 그리고 하나님이 자신을 위해 고난의 길을 걸으라고 무리하게 요구하실까봐 걱정하는 문제점을 안고 살아갑니다. 이러한 고민은 주님과 나와의 관계와 헌신하는데에 매우 큰 걸림돌이 되어 왔습니다. 나는 하나님을 믿지만 주님이 나를 용납하신다는 사실에 대해선 거의 자신이 없습니다. 나는 주님에게 충성을 하면서도 주님의 사랑을 거의 느끼지 못하며 나도 주님을 사랑한다는 것을 거의 느끼지 못합니다.

피케이들이 자신의 아버지와 관계 맺는 방법과 유사한 형태로 하나님과 관계를 맺는다는 사실은 목회자들의 적절한 경계선 유지가 얼마나 중요한지를 우리에게 보여준다. 목회자의 정체성과 역할, 책임이라는 세 가지 영역이 분명하게 구분되어야 한다 : (1) 한 사람의 크리스천으로서의 정체성과 역할, 그리고 책임 (2) 아버지로서의 정체성과 역할, 그리고 책임 (3) 교회의 전문 사역자로서의 정체성과 역할, 그리고 책임. 교회생활과 가정생활 사이의 경계선과 관련된 문제들은 특히 마지막 영역에 속해있다. 아버지와 사역자로서 갖게 되는 목회자의 정체성은 정서적인 면에서 뿐 아니라 실제적으로도 각 역할의 책임을 충분히 구분할 수 있을 만큼 안정되어 있어야 한다. 물론 한 사람의 크리스천으로서 그가 갖게 되는 정체성이 그 두 가지 영역의 충분한 기초를 제공해야 할 것이다.

만일 부모가 자녀들의 건강한 영적 정체성을 발달시키기를 원한다면 그들이 비교적 언행이 일치된 삶을 사는 크리스천이어야 함과 동시에 좋은 부모가 되어야 한다. 첫째, 무엇보다도 이것은 목회자들이 자신들이 설교한 그대로 실제 살아야 한다는 것을 의미한다. 존 폴럭은 그래함 목사의 장남의 말을 인용하고 있다 :

> 역사를 통해 우리는 수많은 유명 인사들이 카메라 앞에서의 모습과 또 비밀스런 공간에서의 모습이 서로 다름을 알게 되었습니다. 그러나 우리 엄마와 아빠는 그렇지 않았습니다. 그분들의 삶은 대중 앞에서도 닫힌 방문 뒤에서도 언제나 동일한 모습이셨습니다.[60]

목회자들이 대중 앞에서든 사적인 자리에서든 상관없이 일관되게 자신들의 믿음대로 살아가는 것은 가족들 안에서 그들의 영적인 리더십을 보장해 준다 :

> * 나는 아빠를 나의 영적인 대부로 생각합니다. 그는 일반적인 목회자들과 구별될 만큼 특별한 분이셨습니다. 나는 대부분의 피케이들이 자신들의 부모에게 실망하게 된다는 사실을 압니다. 그들은 부모를 영적으로 존경하지 않죠. 그러나 우리 아빠는 자신이 설교하신 바대로 사셨습니다.

둘째, 목회자들은 좋은 부모가 되어야 한다. 좋은 양육은 각각의 자녀와 일대일 상호작용을 하기 위해 그들 한 사람 한 사람에게 개인적인 '오아시스'를 만들어 줄 수 있는 능력을 포함한다. 다음의 피케이의 아버지는 딸의 영적인 생활에 초점을 맞춰서 관심을 보이는 방법을 알고 있다 :

* 지금은 더 말할 나위도 없고, 내가 대학에 들어간 이후부터 나는 아빠를 나의 영적인 대부이자 멘토로서 바라보게 되었어요. 우리가 고등학교를 졸업하고 나면 아빠가 우리에게 꾸준히 하신 일이 한 가지 있습니다. 그것은 우리와 아침이나 저녁을 먹으러 외출하는 것이었습니다. 요즘도 아빠가 주말에 우리 집에 들리시면 아빠와 나는 단 둘이서 점심 식사를 합니다. 아빠가 식탁에 몸을 기대시면서 "줄리야, 요즘 너는 영적으로 어떤 상태에서 지내니?"라고 물으실 때마다 나는 "중요한 질문이 내게 떨어졌구나" 하고 생각하곤 했답니다. 그러고 나면 나는 대답을 해야만 했죠! 그러나 그분은 특별하게 정해진 답을 요구하지도 않으셨고 내가 얼마나 많이 성숙했는지를 시험해 보려고 애쓰지도 않으셨어요. 단지 내가 어디쯤 머물러 있는가를 알고 싶어하실 뿐이었죠. 그 질문은 나에게 많은 생각을 하게 해준 소중한 것이었습니다. 아빠가 내게 그렇게 질문해 왔다는 사실은 정말 뜻깊은 일이었습니다.

일상생활 속에서의 신앙

목회자 부모라면 당연히 언행이 일치된 크리스천이며 좋은 부모일 것이라고 생각하는 이들이 있는 것 같다. 만일 그렇다면 모든 피케이들은 크리스천으로서 안정된 정체감을 가질 것이다. 그러나 정작 많은 피케이들이 아예 크리스천이 되기를 거부한다는 사실을 그들이 알게 된다면 놀랄 것이다. 또 그 피케이들이 자신의 모교회를 떠나기 전까지는 개인적으로 예수를 구주로 인정하지 않는다는 사실을 알게 된다면 놀랄 것이다. 비록 목회자가 집에서 극도로 가식적이지 않더라도 일상적인 가정생활 속에서는 신앙의 진실을 드러내는 데 실패할 수도 있다. 이와 같이 실

생활이 따르지 않으면 피케이들은 영적 정체성을 확립하는 데 필요한 영향을 제대로 받을 수 없게 된다 :

＊ 나는 아버지가 집에 있을 때 정말로 그분이 경건한 사람이라고 생각해 본 적이 없습니다. 물론 이따금 설교 준비를 위해서 아버지가 연구하는 모습을 보기는 했지만 아버지는 집에 있는 대부분의 시간에 신문을 보거나 뉴스를 시청하거나 잡지를 보거나 독서를 하셨죠. 그분은 자신이 가지고 있는 소신이나 생각하고 있는 굳은 신념들이 어떤 것인지에 대해서 실제로 이야기하지도 않았습니다. 그분은 무엇보다도 폐쇄적인 사람이었고 과묵한 성격이었기 때문에 다른 사람과 거의 교제를 하지 않는 편이었습니다. 나는 결코 교회에 등록하지 않았습니다. 그것이 부모님을 언짢게 했는지는 잘 모르겠습니다. 언젠가 그 일에 대해서 아버지에게 얘기했을 때 아버지는 "애야, 네가 원해서 등록하는 것이라면 나도 좋지만 나를 기쁘게 해주기 위해서라면 제발 하지 않았으면 좋겠구나"라고 대답했습니다. 내가 교회에 출석하면 아버지는 교회에서 날 본다는 사실로 기뻐했죠. 그러나 나는 거의 교회에 출석하지 않았습니다.

한편으로 그 목회자가 자신의 아들이 교회에 억지로 헌신할 것을 강요하기보다는 아들 스스로 진심으로 하나님께 헌신하기를 원했다는 점은 칭찬받을 만하다. 그 아들의 신앙 결단은 분명히 교인들이나 부모를 기쁘게 하려는 것이 아닌, 진정으로 스스로의 결단이어야 한다. 그러나 또 다른 한편으로 우리는 그런 결단의 근거가 과연 무엇인지를 물어야 할 것이다. 순수하게 그의 아버지의 설교에 근거한 인지적인 결단인가? 그 아들이 교회에 등록하는 문제에 대해서 아버지에게 질문했던 것은 아버지의 개인적인 헌신 수준을 알아내며 교회가 하나의 직장이라는 사실을 넘어서 교회가 그분의 인생에 어떤 의미인지를 알아내려는 한 방법이었는지도 모른다. 그런데 아버지의 대답은 아들로 하여금 여전히 아버지의 신앙의 깊이가 어느 정도인지 파악하기 힘들게 하는 것이었다.

이 예에서 나오는 아버지와 아들을 공정하게 평가하려면 아버지가 진정한 신앙을 소유하지 않았다는 이 피케이의 말만 듣고 모든 것을 판단해서는 안 될 것이다. 우리는 아버지의 기질도 고려해야 할 것이다. 왜냐하면 자신의 생각들과 감정들을 솔직하게 표현하지 않는 것이 죄는 아니니까 말이다. 그러나 우리는 한 아이의 눈에 이것들이 어떻게 비춰졌는지에 대해서 의문을 가질 수밖에 없다. 만일 사역이 하나의 직업에 지나지 않는다면 과연 교인들은 무엇인가? 만일 사역이 언행이 일치되도록 살아가는 신앙의 표현이 아니라면 과연 신앙이란 무엇인가?

목회자라는 직분의 역할과 가족 사이의 경계선이 신앙과 가족 사이에 놓인 장벽이 되어서는 안 된다. 크리스천 부모로서 목회자들은 자녀들에게 진실한 신앙을 전수해 줄 권리와 책임 모두를 가지고 있다. 만일 선악 간에 지켜야 할 사항들을 자녀들에게 전수한다면 그것은 목회자 부모의 명예를 위해서가 아니라 가족들의 그리스도에 대한 헌신 때문에 일어나야 할 것이다:

* 만일 당신이 자녀들에게 해야 할 일과 하지 말아야 할 일에 대해 말해야 한다면, 그들에게 당신은 사역자로서가 아닌 한 사람의 크리스천으로서 그렇게 행동해야 한다는 사실을 분명히 이해시켜야 합니다.

일상생활 속에서 은혜와 용서의 실제를 보여주는 양육은 자녀들의 영적인 생활에 견고한 기초를 제공한다. 이러한 맥락에서 복음전도자였던 드와이트 무디Dwight Moody의 아들인 폴 무디Paul Moody가 자신의 아버지를 조명하는 한 일화를 소개하고자 한다. 폴은 자기 집에 놀러온 친구와 이야기하느라 잠잘 시간을 넘기고 말았다. 아버지는 지나가면서 폴에게 잠자리에 들 시간이 지났다고 일러주었다. 이 아들은 아버지 말을 듣지 않으려고 했던 것이 아니라 친구가 돌아간 후에 곧 잠자리에 들라는 의미로 아버지의 말을 잘못 이해했다. 잠시 후 다시 돌아온 아버지는 이번에는 소리를 치면서 똑같은 말을 반복했다. 아들은 이렇게 기록하고 있다:

> 당시에 나는 울면서 곧장 일어나 방으로 갔는데 아빠가 그렇게 엄하게 이야기하거나 굳은 표정으로 명령하시던 일이 이전에는 없었기 때문이다. 그러나 내가 가까스로 내 작은 침대에 눕자 아빠는 내게 다가와 눈물을 보이시며 침대 곁에 무릎을 꿇고서 그렇게 거칠게 말씀하신 것에 대해서 용서해 달라고 하셨다. 그로부터 오십여 년은 족히 지났으며 내가 기억을 더듬기조차 오래된 일이지만, 그 일은 여전히 눈에 보이는 듯 선명하며 나는 아직도 어스름한 불빛의 그 방과 커다란 어깨에 수염을 기르신 분이 내 위로 몸을 굽히신 모습을 볼 수 있고, 떨리는 목소리와 그 가운데 담긴 다정함을 들을 수 있다. 그 일이 있기 전이나 그 이후에도 나는 아빠가 수천 명에게 주목을 받으신 것을 보았지만 어린 아들이 자신도 모르게 불순종한 것에 대해서 자신이 거칠게 말씀하셨던 일로 용서를 구하셨던 것은 그 당시는 물론이고 지금까지도 내게 그 무엇보다 멋지고 훌륭한 기억으로 남아있다. 그리고 지금의 내 모습이 된 것은 그분의 어떤 설교보다도 그 사건 덕분일 것이다. 이후로 내가 하나님의 부성에 대해서 이해하게 되고 그날 밤

어린 나의 마음속에 시작된 하나님의 사랑을 신뢰하게 된 것도 이 사건 때문이다.[61]

드와이트 무디의 아들을 향한 다정함은 사실 드와이트의 아버지가 그를 대하셨던 태도에서 비롯된 것이었다. 무디의 맏아들인 윌리엄은 자애로운 할아버지 가정에 대해서 이렇게 기록하고 있다:

> 그분의 가정에서는 율법이 아닌 은혜가 지배 원리였다. 아이들에게 가장 아픈 벌은 아이들의 방종이나 어리석음 때문에 아버지가 마음으로 괴로워하는 모습을 지켜보는 것이었다.[62]

은혜로 다스려지는 목회자의 가정에서 부모의 지혜는 대대로 전수된다.

생명력 있는 은혜의 모델

자녀들이 스스로 소중한 존재임을 느끼도록 하는 목회자 부모는 그들과 놀아주며 대화하고 그들이 하는 활동에 관심을 보이고 그들과 함께 시간을 보낸다. 이런 부모는 자신들의 스케줄이 아무리 바쁘더라도 언제든지 자녀들과 그들의 삶에 무슨 일이 일어나고 있는지를 함께 나눌 수 있는 안전한 공간을 제공해 줄 준비가 되어 있다.

여러 가지 사역의 직무로 바쁜 가운데에서도 틈틈이 보이는 부모의 집중적인 관심은 피케이의 긍정적인 자아감 발달의 필수적인 요인이다. 이런 부모들은 독특한 은사와 희망을 지닌 개인으로서 자녀들을 이해하고 존중한다는 사실을 몸소 보여 주는 것이다. 교회와 가정에서의 일관된 부모의 신앙은 자녀의 영적인 정체성에 활력을 불어넣는다.

  이 모든 것을 실천한다는 것은 불가능한 일일까? 물론 그것이 쉽지는 않겠지만 그렇다고 불가능하지도 않을 것이다. 우리의 목표는 완전한 인간이 되려고 스스로 애쓰는 것이 아니라 그리스도 안에서 완전해져 가는 것이다. 한 번 더 반복해서 말하자면, 목회자에게 살아 있는 완전한 모델이 되기를 기대하지 말고 생명력 있는 은혜의 모델이 되기를 기대해야 한다. 목회자 부모가 이러한 자세로 신앙의 삶을 살아간다면 은혜 안에서 좋은 부모로 성장하고자 할 때 실수하거나 실패할 수도 있다는 자유와 허용을 경험하게 될 것이다. 자녀들의 입장에서는, 그들이 자신들의 부모 역시 그저 인간일 뿐이며 자신들이 헌신할 대상은 오직 하나님뿐이라는 점을 결국 깨닫게 될 것이다.

제8장
내부집단과 외부집단

피케이의 인생 드라마에 등장하는 인물들에는 피케이 자신과 부모뿐 아니라 그들의 또래 집단들도 포함된다. 우리는 지금까지 피케이들을 선천적인 기질과 형제 순위의 관점에서 살펴보았다. 또한 명확한 경계선들을 설정하고 자녀를 소중한 존재로 느끼게 해주는 부모의 영향력에 대해서도 생각해 보았다. 이제 우리는 이 장에서 피케이의 정체감 발달에 미치는 또래 집단들의 영향력에 대해 살펴볼 것이다.

이제 한 가상의 가정, 스미스 씨 가정을 살펴보자. 어느 날 그 가정에 예쁜 딸(우리는 이 아이를 보니라고 부를 것이다)이 태어났다. 처음 몇 달 동안 보니의 삶은 스미스 가족이라는 틀 안에서만 주로 이루어졌다. 실제로 보니의 전체 사회생활은 그녀와 엄마, 혹은 그녀를 돌봐주는 사람과의 일대일 관계가 전부였다. 보니가 자라면서 보니의 사회생활 반경은 점차적으로 넓어졌고 다른 가족들도 보니의 생애에 중요한 인물로 등장하기 시작했다. 몇 년 동안은 보니의 자아 정체감의 가장 중요한 부분이 가족 안에서

창출되고 뒷받침된다.

이제 보니는 유치원이나 학교에 입학하게 된다. 보니의 가치관은 더 이상 그녀에 대한 가족들의 수용 여부에 기반을 두지 않는다. 보니는 이제 스미스 가족을 대외적으로 대표하게 되며 또래들과 나란히 배우며 실천하며, 생활해야만 한다. 보니는 자신이 어떤 과제를 얼마나 잘하는가에 대해서 평가받게 되며 그중의 어떤 것들은 다른 아이들보다 훨씬 쉽게 해냈다는 사실을 깨닫기 시작한다. 보니는 아주 자연스럽게 자신과 또래 친구들을 비교하기 시작한다. 보니가 얼마나 남들과 자신을 자주 비교하게 되는가는 수많은 요인들에 달려 있다 : 그녀의 소질들, 정서적 감수성, 가족으로부터 얻어진 자기 가치감, 그룹의 크기 등. 결과야 어떠하든 보니의 정체성을 이루고 있는 기반이 변화되고 넓어지기 시작한 것이다.

이러한 변화는 청소년기까지 이어지며 성인기에 들어서게 되면 보니는 자신의 정체성을 형성하기 위해서 보다 의식적으로 노력하게 된다. 스미스 집안의 일원이라는 사실이 보니에게는 예전만큼 중요한 일로 여겨지지 않을 수도 있다. 의심할 여지없이 보니는 부모님이 모든 '해답'은 고사하고 대부분의 해답조차 갖고 있지 않다는 사실을 깨닫게 된다. 그래서 그런 문제들을 그녀 스스로 해결하고 싶어한다. 보니는 자신을 지도해주고 진로를 안내해 줄 만큼 믿고 따를 만한 사람들을 가족 밖에서 찾기 시작한다. 그리고 그녀는 친구들 역시 자신과 동일하게 그러한 대상을 찾고 있음을 발견하게 된다.

보니와 친구들은 공통된 활동이나 신념으로 결속된 일시적인 집단들이나 하부 집단들을 결성하는 경향이 있다. 그들이 맺은 유대 관계는 하루만에 끝날 수도 있고 여러 해 동안 이어질 수도 있다. 그들은 자신들을 결속시켜주는 그 무엇인가를 근거로 정체감을 경험하게 된다 : "우리는 졸업앨범 제작준비위원이다", "우리는 브라이언 집에서 파티를 가질 계획이야", "우리는 마약을 해", "우리는 이런 일을 해서 이 세상을 훨씬 살기 좋은 곳으로 만들 거야." 어떤 집단의 일원이 된다는 것은 보니에게 소속감을 주게 되며 그녀는 그 집단에 고집스럽게 집착할 수도 있다. 그녀는 그것을 고수하기 위해서 엄청난 대가를 지불해야 할지도 모른다. 또래 친구들의 지지를 통해 그녀는 혼자서는 할 수 없을 일들을 능히 해낼 만한 담력을 얻게 될 수도 있다. 물론 마찬가지로 보니는 다른 곳에서는 하지 않을 일들을 또래 친구들의 압력으로 억지로 강요받을 수도 있다.

그런데 많은 또래 집단들이 결국에는 흩어지고 만다. 정신적으로 밀착된 듯한 친구들은 서로 소원해질 수도 있다. 소홀해진 관계 때문에 분노를 표출하거나 위축될 수도 있다. 보니는 한 집단과의 동일시를 끝내면 다른 집단에 합류하여 그들과의 동일시를 시작한다. 그러나 머지않아 또 그들을 떠나게 될 것이다. 청소년기 후반에 이르면 보니는 자신이 동일시했던 몇 명의 사람들과만 관계를 계속 유지할 뿐 다른 사람들에 대해서는 잊어버리게 될 것이다. 그녀는 결국 새롭게 형성된 개인적인 정체감을 소유한 상태로 청소년기를 마감하고 자신의 정체성을 실제로 테스트해 볼 수 있는 선택의 시기인 성인기로 접어들 것이다.

물론 이와 같은 시나리오는 정체성 발달의 과정을 지나치게 일반화시키고 단순화시켜 묘사한 면이 없지는 않다. 그러나 각각의 아이들의 인생 여정에 이 시나리오보다 세부적인 일들이 펼쳐진다 하더라도 또래 집단의 중요성은 무시될 수 없다. 한 아이의 자아 정체감은 그의 천부적인 성격과 부모가 그것을 어떻게 다루어주었는가를 기초로 이루어지는 것이 사실이다. 그러나 가정만이 그 기초를 다지는 유일한 기관이라고는 말할 수 없다.

선택의 자유

어떤 부모들은 자녀들이 입학하는 바로 그날부터 걱정에 휩싸인다. 그들은 아이들이 가정의 보호막을 떠나 이제 세상으로 막 첫 번째 큰 걸음을 내딛고 있음을 알고 있다. 그래서 걱정이 많은 부모는 성공적으로 잘 적응하는 아이로 키우는 비법을 찾느라 자주 서적을 구입한다. 부모들은 아이들이 그 책대로만 살아준다면 성공할 것이라고 생각한다. 그러나 부모가 자녀들의 삶 속에서 일어나는 모든 변수들을 통제할 수는 없다. 자녀들은 결국 자기 스스로 결정해야 하며 부모들이 그러한 방법을 얼마나 많이 가르쳐 주었는가에 상관없이 종종 현명하지 못한 선택을 하기도 한다(어른들이 그렇게 하는 것처럼 말이다!).

부모들은, 특히 십대 청소년들의 부모들은 자녀가 스스로 선택하도록 맡기는 것을 꺼려하고 초조해한다. 그들은 자녀가 친구들을 선택하는 문제에 대해서 특히 염려한다 : 내 아이들은 누구와 함께 시간을 보내는 것일까? 아이들은 함께 모여서 무엇을 하는 것일까? 자녀들로 인해 고민하고 있는 많은 크리스천 부모들은 자신의 자녀가 하나님을 멀리하게 만든 그런 친구들을 사귀는 바람에 중독이나 범죄에 빠져들게 되었다고 이야기한다. 자녀들이 올바른 선택을 하도록 적절한 관심을 보이는 것이 잘못되었다고 말하는 것은 아니다. 그러나 때때로 고통스럽고 손해를 입는 한 두 가지의 잘못을 저지르고 나서야 비로소 올바른 선택을 할 수도 있다. 따라서 올바른 선택을 할 수 있는 기초가 아직 갖추어지지 않은 자녀에게 부모가 계속적으로 그들의 결정을 통제한다면 아직 자리를 찾지 못한 아이 내면의 '안내 시스템 guidance system'은 제자리를 찾을 수 없을 것이다.

반면에 십대 청소년들이 그들의 부모가 겪어 온 일들을 다 이해한다는 것은 쉬운 일이 아니다. 비유적으로 인생을 자전거와 같다고 해보자. 자전거 보조 바퀴를 떼고 아무런 도움 없이 혼자서 처음 자전거를 타고 길에서 페달을 밟는 자녀를 바라보는 그 환상적인 순간을 생각해 보라. 자전거 위의 아이는 넘어질지도 모른다는 두려움에 불안해할지 모르지만 혼자 힘으로 달린다는 흥분으로 자전거를 운전할 것이다. 그러나 부모는 자전거의 뒷부분을 잡아 주든지 만약의 사태에 대비해서 최소한 옆에서 뛰어 주는 것이 낫지 않을까 하고 염려한다. 그들은 자녀가 넘어지지 않도록 보호해 주고 싶어한다. 그러나 같이 뛰는 것을 멈추고 그 자리에 서서 자녀가 제 길로 잘 가도록 행운을 빌며 그저 지켜봐야 할 때가 곧 올 것이다. 부모는 아이들이 자전거에서 넘어지지 않을 만큼 균형을 유지하는 법을 터득했다고 믿어야 한다. 자녀가 넘어지지 않도록 대책을 강구하는 것은 더 이상 부모들의 몫이 아니다. 그들이 자전거를 타려고 할 때 필요한 도움을 언제든지 손쉽게 줄 수 있도록 그 자리에 있어 줄 뿐이다.

이러한 상황이 목회자들과 그들의 자녀들에게는 다소 더 복잡할 수 있다. 유리집에 산다는 사실이 다시 한 번 문제로 대두된다. 피케이가 '보조 바퀴'를 떼어내는 순간 소위 전 교인들이 그 사실에 주목할 수도 있다. 한 목회자 아들은 공립학교 다니던 시절에 친구들이 자신이 피케이임을 알았지만 그 사실이 그들에게 별 문제가 되지 않은 것 같았다고 말했다: "친구들은 우리 아빠가 목사라는 사실과 내가 주일마다 교회에 가야 한다는 것을 알고 있었어요. 그런데도 내게 그다지 많은 기대를 하지 않았죠." 친구들은 종종 예배에 빠져야 되는 파티나 여행에 여러 차례 그를 초대하곤 했다. 피케이인 그가 친구들과 놀고 있는 바로 그 시간에 목사인 아버지가 예배를 인도하고 있다는 사실이 그 교인들에게는 별 문제가 되지 않았던 것이다. 그러나 그 피케이는 가족 모두 사택에서 살던 이전 교회의 경우였다면 "내가 주일예배를 빼먹기라도 하면 교인들은 부모님께 부담을 주었을 겁니다"라고 힘주어 말했다. 그러므로 피케이가 청소년 시기에 또래끼리 어울릴 때 교인들이 피케이의 행동에 주목하는 것은 목회자 가정이 아닌 일반 가정에서는 경험하지 않는 제약이 될 수 있다.

피케이들 가운데에는 처음부터 올바른 선택을 하는 사람들도 있는 것 같다. 위의 자전거 비유를 들어 계속 부연 설명해보자. 여기 균형감도 제법 있는 것 같고 부모에게 자전거 타는 법을 잘 배운 아이들이 있다. 그들은 자전거 보조 바퀴를 떼고 이제 부드럽고 안정되게 자전거를 탄다. 다음의 목회자 딸과 같이 그들은 부모의 가치 기준에 맞는 친구들과 생활 방식들을 선택할 것이다:

* 내 친구들은 술이나 마약을 하지 않아요. 나도 그런 것들에 한 번도 현혹된 적이 없어요. 대학 4학년 때 파티에 간 적이 있어요. 나는 그때 주위 친구들이 노는 것을 둘러보면서 '스스로 바보짓을 하는군. 나는 이렇게 하고 싶지 않아'라고 생각했던 일이 기억나네요.

또 어떤 목회자 자녀들은 처음부터 그렇게 정신력이 강하지 않을지도 모른다. 아마도 부모가 그들에게 지나치게 많은 제약을 가했거나 아니면 거의 하지 않았기 때문에 균형을 잡지 못할지도 모른다. 이유가 어떻든지 간에 그들에게는 무슨 일이 일어나는지 주목하는 어떠한 눈빛도 도움이 되지 않는다.

왜 모든 사람들이 나를 마치 다른 사람 취급하나요?

주목하는 눈빛에는 피케이 또래 친구들의 호기심도 한몫을 한다. 우리는 심지어 피케이 또래 집단에서조차 피케이들을 지나치게 단순화된 통념에 맞게 행동하기를 예상한다는 사실을 이미 살펴보았다. 목회자 자녀들이 또래 집단 안에서 피케이로 특별히 구분될 때 그들은 더 이상 군중 속의 한 명이 될 수 없다.

* 사람들은 "그래, 네가 목사님 자녀구나, 그러니 당연히 이런 모습이겠구나"와 같은 말을 끊임없이 해댔습니다. 어른들은 물론이고 친구들도 그랬죠. 일단 내가 피케이라는 사실을 알고 나면 나를 대하는 그들의 태도가 변하더군요.

제4장에서 예로 든 한 목회자 딸의 이야기를 기억해 보자:

* 캘리포니아로 이사한 후 우리는 집에서 가까운 교회에 참석하게 되었습니다. 그 교회에는 내 또래의 아이들이 많았는데, 그래서 그런지 처음에는 교회생활이 재미있었습니다. 그러나 후에 아이들이 우리 아빠가 사역할 새로운 교회를 찾고 있는 목회자라는 사실을 알게 되자 내 모습을 있는 그대

로 보일 수가 없었습니다. 나는 완벽한 자세로 걷고 말하고 바라보고 숨쉬어야 했습니다.

피케이의 친구들은 실존 인물이 아닌 기존의 고정관념 속의 인물과 친구 관계를 맺는 것 같다. 이런 친구 관계 속에서는 피케이들의 실제 행동 양식보다 친구들이 예상하는 피케이들의 행동이 훨씬 중요하게 생각된다 :

* 가끔 욕을 하는 친구들이 언젠가 내 앞에서 욕을 하고 난 후 내게 여러 번 사과를 했습니다. 아마 어느 누구도 나 역시 가끔은 욕을 하리라고는 생각지 못했기 때문이죠. 그들이 생각하기에 나는 완벽한 피케이였으니까요.

콘웨이 부부Jim and Sally Conway가 자신의 딸에 관해 기록했던 일화는 같은 반 아이들이 별 생각 없이 사회적 통념을 피케이에게 적용할 수 있다는 점을 지적하고 있다 :

베키Becki는 같은 반 친구의 한 도전적인 요구, 즉 자신의 견해를 어떤 성경 구절을 인용해서 보강해보라는 요구를 받고 그와 논쟁했던 일을 기억한다. 그때 베키는 친구의 질문에 제대로 대답하지 못했다. 그러자 그 친구는 "넌 목사님 딸인데 성경에 관해서 별로 아는 것이 없구나"라고 비웃으며 말했다. 그러자 베키는 "그렇다면 너희 아빠는 배관공인데 넌 배관을 수리할 줄 아냐!"라고 반박했다.[63]

또래 친구들 역시 어른들과 다를 바 없이 '목회자 자녀들은 다른 사람들과 다를 것'이라고 기대한다. 그러므로 대부분의 십대 친구들은 그런 자신의 생각을 은연중 목회자 자녀에게 표현할 것이다. 따라서 대중 속에서 자신이 구별된다는 사실로 인해 목회자 자녀는 매우 당혹스러워 할 수 있다. 심지어 어른이 되어서도 이따금씩 이런 기분을 맛본다. 그들은 특별한 경우를 대비해서 지나치게 치장을 한 것 같지 않으면서도 초라하지 않게 옷 입는 방법을 배우고 싶어한다. 또한 그들은 어떤 선물이 너무 비싸지도 않고 또 너무 싸지도 않은지를 알아두고 싶어한다. 성인들과는 달리 십대 청소년들이 이런 상황을 겪게 될 때 나타나는 차이점은 그들이 자의식self-conscious을 충분히 경험해 보지 않은 상태에 있다는 점이다. 그리고 구별된다는 사실에서 오는 자기-의심이 가져다주는 고통을 견딜 수 있을 만큼 강하지 않은 시기에 있다는 점이다.

피케이들은 또한 친구들이 다른 사람들과 동일하게 자신을 대하지 않을 때에 차별 받는다는 느낌을 갖게 될 수도 있다. 이러한 차별 대우가 다소 유익할 수도 있다. 앞에서 "학교 친구들은 자신이 목회자 자녀라는 사실에 대해서 그다지 신경을 쓰지 않는 것 같다"고 진술했던 한 피케이는 안타깝게도 그 후에 교회의 또래 친구들이 그를 자신들의 집단에서 따돌렸다는 사실을 알게 되었다:

* 나는 그들에게 목사님의 자녀로만 비춰졌어요. 그래서인지 그들은 특정한 몇몇 활동에는 날 끼워주지 않았습니다. 예를 들어 그들은 종종 영화를 보러 갔는데 나는 영화 같은 것은 보러 가지 않을 거라 생각하고 내게는 물어보지도 않더군요. 물론 교회 활동에 날 끼워주긴 했지만 그밖의 다른 활동에서는 의도적이지는 않지만 나를 제외시키곤 하더군요.

"왜 교회의 다른 아이들에게는 영화 보러 가는 일이 대수롭지 않은 일인데 목회자 자녀에게는 그렇지 않느냐"는 질문이 생길 수도 있을 것이다. 여기에서 이 피케이가 영화 보러 가는 것을 허락 받았는지 혹은 가고 싶어 했는지는 논점에서 벗어나는 문제이다. 그에게는 아예 기회조차 주어지지 않았던 것이다. 그의 친구들이 그에게 물어볼 생각도 하지 않았다는 사실을 그는 감지한 것이다. 그렇다면 왜 그랬을까? 그가 목회자 자녀였기 때문이다.

적개심을 키움

피케이의 친구들은 여러 방법으로 피케이를 억압한다. 그러나 때로는 그들의 그런 행동이 피케이들의 삶을 너무 깊숙이 침해하는 경향이 있다. 제4장에서 살펴보았듯이 피케이들은 교회에서 책임 있는 위치를 맡거나 모범을 보여야 하는 입장에 놓일 수도 있다. 교인들은 때때로 자신의 자녀들에게 "도대체 너는 왜 목사님 아들 딸처럼 못하니?"라고 핀잔을 주면서 아이들의 마음을 상하게 한다. 이것은 반사적으로 피케이의 또래 친구들에게 적개심을 키울 수 있으며 이러한 적개심은 여러 가지 방식으로 표출될 수 있다.

교인들이 자기 자녀들의 마음을 상하게 해서 생겨나는 한 결과는 경쟁의식이다. 한 목회자 딸은 일명 '총잡이 신드롬'이라고 이름 붙인 경험을 하였다. 할리우드 영화에서 서부 개척 시대에 '날쌘 총잡이'라는 명성을 가졌다는 것은 언젠가는 흙먼지 날리는 최후의 결투신청을 받게 되리라는 사실을 암시하는 것이다. 이처럼 그 소녀는 또래들 사이에서 '이겨야 되는 대상'으로 인식되어 있었다:

* 교회에는 내 나이 또래의 많은 여자아이들이 있었는데 그들에게 나란 존재는 경쟁을 해서 이겨야 하는 대상으로 여겨졌습니다. 그러나 나는 끊임없이 나를 경계하는 이들이나 어떤 식으로든 나를 능가하거나 이겨보려는 친구들이 없는 상태에서 내가 하고 싶은 일을 진짜 하고 싶었습니다.

이 피케이는 실제로 모든 면에서 최선을 다해야 한다는 것에서 동기부여를 받았고 그 부분을 성취할 만한 재능도 가지고 있었던 것 같다. 그러나 그녀 주위의 또래 친구들이 자신을 '견제' 하고 있다는 사실을 아는 상황에서, 어떻게 그 일들을 훌륭하게 성취하려고 노력할 수 있을까? 그 어떤 관계도 경쟁 속에서는 오래 지속될 수 없으며 그녀의 또래 친구들이 그녀를 따돌리는 한 그녀가 진정한 우정을 소유하기란 어려울 것이다.

죄책감을 느낌

십대 아이들이 목회자의 자녀들을 괴롭히는 데에는 또 다른 이유가 있다. 인간의 마음속에는 악한 생각이 끊임없이 일어나기 마련이다. 그러므로 가까이에 '성자' 라는 평을 듣는 사람을 통해 자신의 악한 생각들이 드러나는 것을 좋아할 리 없다. 특히 가치관이나 소속감, 또는 정체성의 문제들로 고민하는 십대들은 그 문제들을 해결해 보려고 할 때 다른 사람보다 더욱 쉽게 상처를 받는다. 그 사실을 좀 더 솔직히 이야기해 보면 거룩하게 보이는 사람들 앞에만 서면 죄책감을 갖게 된다는 것이다. 그러나 우리가 그런 느낌을 가진 채 그들 앞에서 그들의 행동을 그 가치 그대로 솔직히 인정하기는 어려운 일이다. 우리는 그들이 왜 그런 착한 행동을 하는지 '진짜' 동기들을 간파하고 싶어한다. 우리는 그들이 별로 거룩하지 않게 행동하는 모습을 보고 싶어한다. 그래서 또래 친구들은 목회자 자녀들이 어느 정도 실제적이거나 이상적인 규범을 어기도록 부채질하거나 유혹하려고 애쓸 것이다 :

* 나는 매우 작은 도시에서 살았어요. 그래서인지 아빠가 목사라는 사실을 모르는 사람이 아무도 없었죠. 십대 후반이 되었을 즈음 교회에 안 다니는 남자아이들이 내게 이성적인 관심을 보였고 그것은 현실적인 문제로 대두되었지요. 나는 모든 사람들이 내가 무슨 행동을 하며 어떻게 반응하는지를 살피기 위해 주시하고 있음을 확실히 느낄 수 있었지요. 내 친구들이 술 마시고 담배를 피울 때에는 나를 더욱 주목하더군요. 그들은 내가 결코 그런 행동을 하지 않을 것이라고 생각했지만 혹시 내가 그 뜻을 굽히는지 보려고 내게 더욱 억지로 술과 담배를 권하더군요.

더 문제가 되는 것은 사람들이 피케이들을 '범생, 범생' 하고 놀리면서도 뭔가 반항적인 행동을 하도록 자극하면서 피케이들을 상반된 고정관념 사이에서 이리저리 밀고 당길 수도 있다는 것이다 :

* 어느 주말 밤에 나는 여러 남자친구들과 놀러 나갔다가 파티에 잠깐 들르기로 했습니다. 가는 도중 아이들의 이야기는 욕으로 시작해서 욕으로 끝났지요. 그런데 난데없이 그 패거리들 중에 한 녀석이 다른 아이들을 향해서 "그렉Greg은 정말이지 너무나 착한 녀석이란 말이야, 걔는 절대 욕하는 법이 없어" 라고 말하는 것이었습니다. 우리 반에는 두세 명의 피케이들이 더 있었는데 그 아이들은 다른 아이들처럼 욕도 하고 술도 마시며 다른 아이들과 똑같이 행동했지요. 그래서 그런지 그 녀석들은 나를 꼬마 성자

라도 되는 듯 쳐다보았어요. 우리가 파티에 들어서자 그들은 모든 아이들에게 술을 권했고 대부분 술잔을 받아들었어요. 그런데 나는 그렇게 하지 않았지요. 내 여동생을 잘 알고 지냈던 어떤 아이가 "네 동생은 술도 마시고 잘 나가 노는데 넌 도대체 왜 그래. 꼬마 성자 노릇이라도 하겠다는 거야?"라고 말하더군요.

만약 그 피케이가 그 자리에서 몇 잔의 술을 마셨다 하더라도 근본적인 문제는 여전히 남아 있을 것이다. 그리고 그의 친구들이 갑자기 "이봐, 우리가 그렉에 대해서 잘못 알았던 것 같아. 걘 그저 우리와 다를 바 없는 평범한 녀석이야. 미안해, 그렉!"이라고 말하지는 않았을 것이다. 그보다는 이제 그에게 반항아 피케이라는 호칭이 붙여질 것이다. 어느 쪽이든 그렉은 있는 모습 그대로 받아들여지는 것이 아니라 통념이란 박스 안에 집어넣어지는 삶을 살아야만 하는 것이다.

그렇지만 나는 실제로 달라요!

사람들이 피케이들을 보통 사람과 전혀 다른 사람들로 취급하는 데에 문제점이 있다면, 실제로 피케이들이 다른 사람과 다를 땐 보다 심각한 문제가 발생하게 된다. 어떤 차이점은 장점으로 여겨질 수도 있지만 어떤 차이점은 단점으로 간주될 수도 있다. 피케이가 겪었던 여러 경험들은 그 또래 친구들이 공유할 수 없는 인생관을 그들에게 제시해 줄 수도 있다. 긍정적인 면에서 피케이들은 세계의 다양한 지역의 선교사들과 저명인사들을 만나거나 혹은 다른 나라에서 생활할 기회를 갖기 때문에 세계 문명에 대한 폭넓은 감각을 가지게 될 수도 있다. 더욱이 교회에서 대하는 사람들과의 경험은 그들에게 또래 친구들이 수년에 걸쳐도 경험하기 힘든 인간 본질에 대해 중요한 교훈을 줄 것이다. 이러한 요인들과 여러 계층의 성인들을 계속해서 대하는 요인이 합해져 피케이들은 그 나이의 다른 아이들과 달리 보다 성숙한 인생관을 가지게 될 수도 있다.

이러한 장점들이 피케이의 경험 속에 견고하게 뿌리내리고 있다면, 이것은 또래 친구들과의 관계에서 겪게되는 단점을 잘 극복할 수 있는 장점이 될 수도 있다. 그러나 또래 친구들을 의식하는 피케이들은 때때로 자신들이 친구들과 다르다는 사실을 부담스러워 할 것이다. 특히 속해 있는 교단이 친구들을 하나로 묶어 주는 활동, 예를 들면 록 뮤직, 춤, 영화, 음주, 흡연, 화장을 금지할 때는 더욱 그럴 것이다. 피케이들은 반드시 본질적인 가치를 추구하기 위하여 이런 독특한 행동들을 하고 싶어하는 것이 아니다. 또한 그들은 종종 그들이 놓치고 있는 것이 무엇인지조차 전혀 모르기도 한다. 오히려 그들에게는 여러 친구들과 어울리지 못한다는 사실이 문제가 되는 것이다. 다른 친구들은 애창 유행가를 부를 수 있는데 피케이들은 노래를 몰라서 못 부를 수 있다. 다른 친구들은 최근에 개봉한 인기 영화에 대해서 이야기할 때 피케이들은 보지 않았기 때문에 꿀 먹은 벙어리처럼 될 수 있다. 피케이들에게 있어서 그런 것들은 마치 다른 문화에서 자라는 것이나 외국어로 이야기하는 것처럼 느껴진다. 그래서 또래 친구들과 공통 분모를 찾기가 어렵다.

혼란을 가중시키는 또 다른 요인이 있다. 만일 피케이들이 다른 사람처럼 평범해 질 필요가 있다고 여긴다면, 피케이들이 '남들과 다른 이유'를 남들이 이해하기는 더욱 어렵게 된다:

* 나는 여러 가지 문화적인 유행에 대해서 모르고 지냈던 것을 매우 후회합니다. 왜냐하면 지금도 새로운 유행이 등장하면 그것을 수용하는 데 오랜 시간이 걸리기 때문입니다. 그리고 나는 여전히 그 사람들과 어울리는 상황에 들어가는 것을 두려워합니다. 내가 어렸을 때 배웠던 삶의 대본을 따라서 현재 문화와 동떨어진 가정을 갖고 뭔가 틀린 말을 할 수도 있을지 모르기 때문입니다.

아예 다른 문화에서 성장했다는 사실을 사람들이 알면 관대하게 대해준다는 말도 있습니다. 그러나 다른 사람과 똑같이 대우를 받아야만 한다는 하부 문화에서 자라게 되면 사람들은 피케이를 잘 모르며 관대하게 대해주지도 않습니다. 그것은 모두 내부 집단의 이슈이며 외부 집단의 동료는 왜 피케이가 다른지 이해를 하지 못합니다. 그 대부분은 내부 집단의 문제이며 피케이들이 기대를 만족시킬 수 없을 때 그들은 정상으로 취급받지 못합니다…… 나는 남들과 다르다는 사실에 매우 지쳤습니다.

그 자체로서 하나의 세계

문제점의 일부는 목회란 전반에 걸쳐서 관여하는 삶이라는 점이다. 첫째, 교회생활에 참여하려고 하면 '항상' 더 많은 활동들이 기다리고 있다. 교회 사역에 참여하기를 원하는 청소년 피케이는 그의 수첩이 금방 교회 활동으로 채워진다는 사실을 발견하게 된다. 둘째, 교인들은 당연히 피케이들은 교회 활동에 참여하리라고 기대를 갖고 있으며 그들이 많이 참여할수록 좋다고 하는 기대를 자주 갖고 있다. 목회자인 부모가 교회 활동에 참여하기를 기대하는 것처럼 자녀들도 그렇게 하리라고 기대한다. 중고등부, 클럽 그리고 기타 그룹 활동에 참여하거나 리더가 되리라고 기대한다. 셋째, 보다 긍정적인 면으로 볼 수 있다. 사역에 참여할 수 있는 여러 기회들은 단지 외부로부터 억지로 강요된 요청으로만 끝나는 것이 아니라 피케이의 자기 정체성의 중요한 자원이 될 수 있다.

목회자 자녀들은 각기 다른 상황 속에서 다양하게 결합될 앞의 세 요인들 때문에 보통 청소년기에 겪어야 할 경험들을 겪는 시간이나 에너지가 별로 없음을 발견하게 된다 :

* 나는 '일상적인' 사회생활에 부분적으로는 참여할 수 있었지만 사실상 '평범한' 아이로서의 삶과 목회자의 딸로서의 삶을 둘 다 해내기에는 늘 시간이 부족했습니다.

* 친구들은 파티에 갈 수 있었지만 나는 교회의 행사이나 예배 참석 때문에 이런 기회를 별로 갖지 못했죠. 그러다 보니 내 활동의 대부분은 교회 활동으로 제한되더군요.

그러나 생활 전반에 걸쳐 깊이 뿌리 박혀 있는 사역의 본질은 단지 하루에 아니면 일주일에 몇 시간 일하느냐 식의 문제 이상의 것이다. 어떤 목회자 자녀들은 또래 친구들이 경험해보지 못한 환경이나 특권과 책임을 경험하기도 한다. 사역은 그들에게 성인들의 삶이나 진정한 봉사의 삶에 대해서 관찰할 수 있는 독특하고 귀중한 기회를 제공한다. 그러나 그들이 경험하는 세계는 결과적으로 또래 친구들과는 사뭇 달라지게 될 것이며 따라서 또래 친구들과의 의사소통이 점차 어색해질 수 있다 :

* 내 인생은 부모님의 사역과 깊이 연관되어 있습니다. 나는 부모님의 사

역에 매우 관심이 있었으며 또한 내가 감당해야 했던 일들, 예를 들면 피아노 반주, 주일학교 교사, 예배 순서에 있어 중요하고 인정받는 역할을 탁월하게 해냈는데 이런 역할들을 다른 친구들도 그런 역할을 맡을 수 있는 나이 훨씬 이전부터 한 것입니다. 그러나 그로 인해 나는 운동하러 다니고 록 뮤직을 듣고 머리 스타일과 남자친구들에 대해서 이야기하는 내 나이 또래의 아이들과는 원만한 관계를 맺지 못했습니다. 내가 친구들과 함께 있을 때면 나는 아빠의 사역에 대해서, 사역하느라 이사다녔던 마을들에 대해서, 목회 경험을 통해서 얻어진 인생에 대한 시각에 대해서 자주 이야기를 꺼내는 내 자신을 볼 수 있었습니다. 내가 하는 이런 이야기들 때문에 또래 친구들로부터 경계심이 어린 관심을 받았지만 실제적으로 그들은 나를 공감할 수 없었습니다. 오히려 다른 아이들이 콘서트에 다녀온 것을 이야기할 때 훨씬 신나게 반응하더군요.

나는 사람들과 '피상적으로' 대화하는 법을 터득했습니다. 대화의 주제로 아빠의 사역에 관한 이야기를 꺼내지 않아야 한다는 사실을 알게 되었습니다. 내가 친구들과 지내는 데 곤란함을 겪는 모든 이유를 아빠의 사역 탓으로 돌려야 할지는 잘 모르겠지만 분명 아빠의 직업은 내가 살아온 세계 외의 그 밖의 세계의 모습에 대해서 혼란스러움을 겪는 데 기여했다고 생각합니다.

여느 십대들과 마찬가지로 목회자 자녀들도 남들과 '어울리고' 싶어한다. 다르다는 것은 외로운 일이다. 예를 들면 내 아내와 처제들은 다른 나라에서 성장했다. 그들이 미국으로 이주했을 당시에 분명히 그들은 다른 아이들과는 사뭇 다르게 보였을 것이고 다른 식으로 이야기했을 것이다. 처제들 중에는 짓궂게 놀림받은 이도 있고 등하굣길에 얻어맞은 이도 있다. 그렇다면 해결책이 무엇인가? 그것은 동질감을 느낄 수 있는 그룹을 찾는 것이다. 내 아내는 해결책으로 그녀가 다니던 고등학교 안에서 비슷한 당혹감을 경험했던 외국학생들의 소그룹에 들어갔다. 소그룹에 참여하게 된 학생들은 점차 안정감과 평정을 되찾았다. 많은 목회자 자녀들이 고등학교에서나 대학 캠퍼스에서 피케이들로 이루어진 소그룹을 찾는 역동성과 같은 것이었다 :

* 목회자 가족은 여느 다른 가족과 결코 같을 수가 없으며 따라서 늘 아웃사이더입니다. 나는 고등학교 시절 남자 학생들이 "나는 그 여자애랑 더 이상 만나지 않을 거야. 애는 괜찮은 애지만 목사 딸이란 말이야"라고 말하는 것을 우연히 듣게 되었습니다. 그런 아이들에게 신경을 써서 그랬던 것은 아니지만 사실 그 말은 내게 조금은 상처가 되었습니다. 하지만 그것이 바로 우리의 인생인 걸요. 우린 남들과 달라요.

한 소년이 한 소녀에게 데이트 신청을 하지 않겠다는 이유가 "그녀는 목사 딸이야"라는 간단한 말로 대치될 수 있다는 것은 유감스러운 일이다. 그런 상황에서 누군가 "그래, 그게 어쨌다는 거야?"라는 식으로 반응하는 것을 들어본 적이 있는가?

고정관념에서 탈피하기

목회자 자녀들의 어울리고 싶어하는 감정은 소위 반항이라는 동전의 다른 면이다. 다른 한편 제4장에서 이미 살펴보았듯이 반항적인 행동은 편협한 고정관념에 대한 반응일 수 있다. 이 반항적인 행동은 피케이의 정체성을 부과되는 고정관념의 억압으로부터 멀어지려는 한 몸짓이다. 다른 한편으로 그런 행동은 또래 집단과 친구들 사이에서 자리 매김 하려고 접근하는 몸짓일 수도 있다. 그렇다면 이 반항의 정도를 두 가지 방향에서 살펴볼 수 있다. 피케이들이 벗어나려고 애쓰는 '구별된 이미지'라는 고정관념들은 얼마나 강력한 것인가? 그리고 교인들이 반항적이라고 생각할 수 있는 식으로 피케이들이 행동하게끔 하는 또래 집단의 압력은 얼마나 큰가?

목회자 자녀들 가운데 가장 행운아는 위의 두 가지 압력 중 어느 쪽도 심각하게 경험해보지 않은 자녀일 것이다. 어떤 이들은 첫 번째 압력에 상당한 영향을 받았을 것이며 또 어떤 이들은 두 번째 압력을 심각하게 받았을 것이다. 그리고 두 가지 모두를 경험한 이들도 있을 것이다 :

* 내가 청소년 시기에 고민했던 한 가지 문제는 내 또래 집단과 어울리는 문제였습니다. 나는 학교에서 내가 피케이라는 사실을 끊임없이 꼬투리 잡으며 화제로 삼았던 녀석들을 기억하고 있습니다. 나는 단지 그 이유 때문에 그들과 어울리면서 내 자신의 존재를 나타내기 위해 더욱 노력해야 했지요. 그러면서 나는 술 마시는 데 말려들게 되었고 또한 대마초도 피우게 되었습니다. 왜냐하면 그 당시 우리 친구들 사이에서는 대마초를 피우고 술을 마시는 것보다 더 강하게 어필되는 것이 없었습니다. 이제 와서 그 기억을 돌이켜 보니 내가 그런 일을 했던 것은 피케이가 아닌 단지 친구들 중의 한 명이 되어서 차별 받지 않으며 어울리기 위한 힘겨운 몸부림이었던 것입니다.

여러 면에서 볼 때 그것은 피케이고 싶지 않았던 동시에 친구들에게 수용되기를 원했던 것으로서 정체성을 찾는 과정에서 겪었던 갈등이었습니다.

나를 향한 또래 친구들의 시선 때문에 피케이라는 말은 나에게는 듣기 싫은 단어였습니다. 피케이라는 단어에 따라다니는 낙인과도 같았습니다.

사람들은 피케이가 반항적일 것이라고 일종의 예측을 했습니다. 피케이들은 싸우기 좋아하고 애들을 선동하는 경향이 있다고 생각하는 것이 우리 교인들의 속마음이었으며 나는 다른 교회 교인들도 그럴 것이라고 생각합니다. 그래서 나는 그들의 기대대로 행동하기로 마음먹었습니다. 그들이 틀렸다는 것을 알려주고 싶지 않았습니다.

자신들의 장애물인 고정관념에 대해 갈등하고 있는 일부 피케이들은 일석이조의 방법을 찾기도 한다 :

* 나는 또래 친구들에게 받아들여지기를 간절히 바랐는데 왜냐하면 피케이로서 친구들에게 받아들여지는 것은 상당히 힘든 일이었기 때문입니다. 나는 파티에 참석했고 술을 마시기도 했습니다. 나는 곤드레만드레 취하지 않고 그저 약간 취기가 돌 정도로 마시곤 했으며 담배를 피우거나 남자친구들과 나돌아다니지는 않았죠. 실제로 그것은 그저 부드러운 반항이었으며 나는 자유스런 기분이 들었습니다. 나는 나만의 정체성을 확립하려고 애썼던 것입니다. 나는 학교에서는 이런 식으로 행동했지만 교회에서는 여전히 더할 나위 없이 완벽한 아이였답니다.

당신이 서 있는 바로 그곳에 존재하는 수용

불공평한 고정관념들의 장벽과 침범해오는 기대들의 사각지대에 사로잡혀 있는 십대 피케이들은 또래 친구들 사이의 어디에서도 수용되는 경험을 하기란 어려울 수도 있다. 만일 그들이 교회 안에서 받아들여지지 않는다면 그들은 다른 곳으로 주의를 돌릴 것이다. 아마도 대부분의 크리스천 가정들에서처럼 불신자와의 우정 문제와 같은 것은 목회자들 가정 안에서 일어나는 주요 갈등 원인이 될 것이다.

거절을 경험해 본 피케이들에게는 교회보다 교회 바깥 세상이 더 관대한 것처럼 보일 수도 있다 :

> * 내게는 불신자 남자친구들이 아주 많습니다. 지금 와서 생각해 보니 나는 내 자신이 그래도 괜찮은 사람이라고 느낄 수 있는 일종의 인정을 받기 위해 필사적으로 노력했던 것 같아요. 그래서 나는 내가 술이나 담배를 하는지 매일 몇 시간이나 기도하는지 성경 말씀을 보는지 그리고 오늘 아침에 묵상의 시간을 가졌는지 등등 이 모든 것을 궁금해하는 사람과는 사귀고 싶지 않았습니다. 실제로 나는 담배 피고 술도 마시는 이들과 사귀며 내가 허락하기만 했다면 나와 잠자리를 함께 할 뻔했던 이들과 사귀었습니다. 내가 어느 정도의 무조건적인 수용을 처음으로 경험한 곳이 바로 그곳이라는 것을 깨달았거든요. 교회 바깥의 사람들로부터 말이죠. 그들은 내가 피케이라는 것을 상관하지 않더군요.

얼마나 슬픈 일인가! 그녀가 '어떤 역할' 이 아닌 그녀 자체로 받아들여졌다고 처음으로 느낀 곳이 어떻게 교회 밖이란 말인가! 피케이들 중에 교회 안의 또래 친구들보다 불신 친구들에게 훨씬 친근감을 느끼는 피케이들이 있다는 사실이 다소 이상하지 않은가?

불행한 결과나 원하지 않는 행동으로부터 피케이들을 보호하는 문제의 해결이 단순히 크리스천 친구들만을 사귀도록 통제하는 데 있는 것은 아니다. 그런 방법이 항상 통하는 것은 아니기 때문이다 :

* 우리 교회 중고등부는 믿을 수 없으리만큼 열심을 보이는 그룹이었습니다. 모든 학생들이 다른 학생들의 일거수일투족을 잘 알고 있었지요. 전 회원이 서로 밀착되어 있었던 것이지요. 우리 모두는 주말에 중고등부 모임에 참석했습니다. 그런데 고등학교 2학년이 되자 "너 그 남자애랑 사귈 거야?" "너 그 여자애랑 사귈 거야?" 아니면 "어떻게 해, 나 그 애를 좋아하는 것 같아," 또는 "잘 모르겠어, 걔가 날 좋아하는지 어떤지 잘 모르겠어" 등 매사가 이런 식으로 변해갔습니다. 시간이 지나면서 더욱 심해져 갔지요! 그러면서 중고등부 모임이 아니라 데이트하는 친목 모임으로 변하기 시작했습니다. 나는 점점 그들과 몰려다니며 빈둥빈둥 시간을 낭비하면서 친구들과 관계를 유지했습니다. 그 모임의 여자애들 역시 남자애들과 이런 식으로 사귀었는데 결국 이것이 우리 모임의 목적이 되어버렸습니다. 그때가 친구들이 나에게 관심을 보여주었던 때였지요 …….

우리는 서로 어울려 술을 마셨지요. 남자애들 중의 몇몇은 취하기도 했지요. 그것이 우리 중고등부 모임의 실체였어요. 일주일에 한 차례 한 시간 정도 모이는 주일 학교는 물론 경건했죠. 그러나 그 시간에는 대부분의 아이들이 하품하며 내려오는 눈꺼풀을 올리려고 애쓰면서 졸고 있었지요.

분명히 교회 어른들 중에 어느 누구도 이런 일이 벌어지고 있다는 사실을 조금도 알아차리지 못했던 것 같다. 또한 이것이 지역교회의 전형적인 학생회 모임의 모습은 아닐 것이다. 그러나 목회자 가정이든 일반 교인들 가정이든 많은 자녀들이 어떻게 살아가고 있는지에 대한 현실을 몰라서는 안 될 것이다.

요점은 우리가 또래 친구들의 중요성과 피케이들의 선택에 영향을 주는 복잡한 요인들을 인식해야 한다는 것이다. 더욱이 이 장에서 다루어진 어떤 내용도 피케이들이 자신의 정체성 문제를 해결하고자 전력을 다해 노력하는 과정 속에서 그들이 원하는 것은 무엇이든지 허가해 주어야 한다는 의미로 오해해서는 안 된다. 오히려 우리는 피케이의 자기 정체성 드라마에서 역할을 감당하고 있는 부모와 그 밖의 다른 성인들과 또래 친구들의 다양한 역할들에 대해서 인식해야 할 것이다.

목회자 부모는 자신들이 청소년기에 비슷한 문제들로 고민했던 일들을 기억해내기 어려울 수도 있다. 어쩌면 그들이 자녀를 깊이 공감하기에는 사역의 중압감이 너무 클지도 모른다. 의료 선교사였던 알버트 슈바이처의 삶에서 일어났던 한 사건은 이 점에 대해 확실한 실례를 제공해 준다. 한 작은 마을의 교구 목사의 어린 아들이었던 슈바이처는 자신의 회고록에서 그의 가족의 사회적 신분과 그 지방에 사는 하류층인 또래 친구들 사이의 격차를 극복하기 위해서 자신이 얼마나 노력했는지를 이야기하고 있다. 그는 자기보다 몸집이 큰 한 소년과 직접 레슬링 시합을 벌였는데 결국 알버트가 이기게 되었다. 그러나 "좋아, 나도 너처럼 일주일에 두 번쯤 고기 수프를 먹는다면 분명히 너만큼 힘이 셀텐데"라고 비웃는 말에 그의 승리감은 금새 씁쓸해지고 말았다. 그 말은 슈바이처의 마음속 깊이 파고들었고 그에게 다음의 사실을 깨닫게 해주었다:

그 말은 내가 미처 인식하지 못했던 사실, 즉 그 마을의 소년들이 나를 자신들의 일원으로 받아들여 주지 않았다는 사실을 깨닫게 해주었다. 나는 그들에게 단순히 귀족 꼬마로서 교구 목사의 아들이며 그들보다 한결 잘 사는 아이였던 것이다.[64]

어린 알버트는 자신이 할 수 있는 모든 방법을 동원해서 다른 소년들과 같아지려고 애썼는데 특히 옷차림에 신경을 썼다. 그는 자신의 또래 친구들과 어울리기 위해서 익숙하게 입던 옷보다는 찢어진 옷을 훨씬 즐겨 입었는데 그의 부모님은 이로 인해 많은 걱정을 했다. 그의 어머니는 그가 다른 아이들의 고약한 비난을 받지 않도록 그의 옷차림을 묵인해 주었다. 그러나 알버트의 아버지는 그를 지하실에 가두거나 따귀를 때리곤 했다. 알버트와 아버지 모두에게 있어서 상징적으로 가장 중대한 의미를 지닌 이 옷차림의 문제는 두 부자 사이에 끊임없이 갈등을 일으켰다:

누군가의 방문이 있을 때마다 그 갈등이 다시 시작되곤 했는데 왜냐하면 '신분에 맞게' 옷을 입고 내 자신을 소개하는 것이 나에게 맡겨진 임무였기 때문이었다. 실제로 나는 집안에서는 모든 것을 양보했지만 '상류사회의 도련님'의 정장 차림으로 다른 이들을 방문해야 하는 경우에는 또 다시 아버지를 격분하게 만드는 어쩔 수 없는 놈이 되었고 결국 몇 차례 따귀를 맞은 것에 대한 흥분을 가라앉히면서 자진해서 지하실에 갇히는 용감한 영웅이었다. 그 마을 소년들은 내가 그들의 인정을 얻어내기 위해서 어떻게 했는지 전혀 몰랐다. 그들은 내가 그들과 어떻게 해서든 차이가 나지 않으려고 기울인 모든 노력을 별반 감동 없이 받아들였고, 그 후에 우리 사이에

서 사소한 말다툼이 발생할 때마다 '도련님'이라는 끔찍한 단어로 내 마음에 비수를 찔렀다.65)

슈바이처가 경험했던 일들은 19세기 후반에 발생했던 일이라고 기록하고 있지만 그러한 유사한 긴장감들이 오늘날까지 계속되고 있다. 지금도 목회자 가족과 교인들 사이의 사회적 계층 차이가 존재하고 있다. 대부분의 목회자들은 평균의 교인들보다 더 교육을 받았지만 그들의 보수는 여전히 빈약하다. 이것은 목회자 자녀들의 생활 양식과 견해에 영향을 미치는 실제적인 요소들이 될 것이다. 따라서 그 자녀들은 이런 차이점들을 또래 집단에 받아들여지는 것을 가로막는 장애물로 느낄 수도 있다. 또한 상대적으로 낮은 소득은 다른 아이들이 입는 것과 같은 종류의 옷을 입을 수 없다는 의미일 수도 있다. 슈바이처의 가족이 그랬던 것과 마찬가지로 특별히 사춘기에는 옷차림이 신분을 상징하는 데 여전히 중요한 역할을 한다. 어떤 피케이들은 자신의 어머니가 직접 옷을 만들어 주면서 그들이 세련되어 보이도록 민감하게 보살펴주셨던 것을 기억하기도 한다. 이런 어머니들은 친구들과 어울리는 데 옷차림이 얼마나 중요한가를 자녀들 만큼이나 잘 알고 있는 것이다.

또 다시 이사해야 되나요?

흔히 목회자 자녀들을 대다수의 또래 친구들과 분리시키는 경험 중의 또 다른 하나는 빈번한 이사이다. 대부분의 피케이들은 성인기에 이르기 전에 최소한 두 세 차례 이사를 하며 상당수의 피케이들은 훨씬 더 자주 이사를 한다. 한 공동체에서 다른 공동체로 옮겨간다는 것은 그 동안 정성을 다해 쌓아왔던 친구들과의 관계를 끊어야 한다는 의미일 것이다. 물론 이것은 오로지 십대들의 경우에만 해당되는 것은 아닐 것이다. 이와 같은 우정 관계는 청소년기에 있는 피케이들이 개인적인 정체성을 세우는 데 있어 중요한 부분을 차지할 수 있다. 목회자 자녀들 가운데 다른 마을로 이사가지 않으려고 저항하는 아이들이 있는 것은 놀라운 일이 아니다.

이사에 대한 청소년 자녀들의 반응은 소극적으로 받아들이는 것에서부터 격노하며 저항하는 반응까지 다양할 수 있다. 그런 반응은 부모들이 이사를 결정하는 방식에 따라 어느 정도 달라진다. 즉 과연 얼마나 자녀들의 필요들과 의견들이 충분히 고려된다고 느끼는가에 달려있는 것이다. 다음의 피케이는 이사를 가야 하는 것이 목회자 가정에서 존재하는 가장 골치 아픈 문제라고 생각한다 :

＊ 형제들 간에 피케이로서의 생활에 적응하거나 수용하는 데 차이를 보였던 가장 큰 요인은 이사 할 때의 나이였으며 우리를 수용하기도 하고 거절하기도 했던 또래 집단이었습니다.

정체성을 확립하는 데 있어 기반이 되는 것은 안정된 또래 친구들과의 관계로서 피케이들은 빈번한 이사로 이런 관계망 형성이 거의 불가능하게 된다. 그런 부분을 보충하기 위해 그들은 정서적으로 자신들의 부모나 그 외의 다른 성인들에게 한층 의존하게 될 것이다 :

＊ 수없이 반복된 이사로 나는 자기 충족적인 사람으로 변해갔고 친구들의

인정에 그다지 연연해하지 않게 되면서 가족들의 정서적인 지지와 격려에 한층 의존하게 된 것 같습니다. 나의 전략은 내 인생에서 영향력 있는 권위를 행사하신 분들(부모님과 선생님들)을 만족시키는 대신 내 자신 스스로 또래 친구들의 평가를 모른 체하며 무시하는 것이었습니다.

위의 사례에서 주의를 기울여야 할 부분은 피케이가 자기 충족성이라고 일컬었던 것은 충족의 기반이 또래 친구들로부터 가족으로 전환된 것을 의미한다는 것이다. 비록 이런 필요가 그 자체로 문제되지는 않지만 정체성 발달에 사뭇 다른 방향을 제시할 것이다. 이것은 특히 역기능적인 목회자 가정의 피케이들에게 어떤 식으로든 문제가 될 것이다. 대부분의 다른 십대들이 점점 의존성에서 벗어날 시기에 피케이들이 점점 가족을 의지한다는 것은, 한층 안정되게 자기 만족적인 정체성을 확립해 갈 소중한 기회들을 놓치거나 늦추는 것을 의미할 것이다. 그러므로 만일 가족 내에 문제가 있다면 피케이는 아무런 탈출구 없이 문제 속에 갇히게 되었다고 느끼게 될 것이다. '완벽주의적이며 일중독적인' 부모에게서 태어난 다음의 피케이는 그녀의 잦은 이사로 자신이 하찮은 존재라고 느끼게 되었던 경험을 회상하며 슬퍼했다:

* 아버지의 사역은 학기 중간에 우리를 학교 밖으로 몰아내었고 친구들과 떼어놓았습니다. 그리고 기껏해야 절반쯤 순기능적인 가족으로 우리를 고립시켰습니다.

결론

피케이의 인생 드라마에는 등장인물이 많다. 부모님과 교인들 그리고 또래 친구들은 목회자 자녀들을 각기 다른 방향으로 밀고 당길 수 있다. 그들은 많은 기대감과 고정관념의 한가운데에서 스스로 정체감을 확립해야 할 어려운 과제를 안고 있다. 우리는 그들에게 무의식적으로 부여했던 중압감을 덜어줌으로써 그 과제 해결에 한층 쉽게 도울 수 있을 것이다. 그중의 한 가지 방안은 그들에게는 또래 친구들과 어울리고자 하는 욕구가 매우 강력하게 내재되어 있다는 사실을 인식하는 것이다. 우리는 이사를 결정해야 할 때 친구들이 그들의 정체성에 얼마나 중요한가를 이해해 주어야 한다. 그러나 우리가 마치 그들이 느끼는 모든 감정을 이해할 수 있는 것처럼 그들을 우리와 지나치게 동일시해서는 안 될 것이다. 바로 이것이 그들의 권리이며 그들을 개인으로 존중하는 길이다.

우리는 피케이들에게 우리의 해결책을 조급히 강요해서는 안 되며 그들이 자신의 해결책을 스스로 찾도록 도와야 할 것이다. 앞에서 예로 들었던 자전거 비유로 돌아가 본다면 우리는 피케이들이 개인적으로 터득하는 방법들에 적합한 방식으로 코칭 할 필요가 있다. 우리의 코칭은 결과에 영향을 미칠 것이다. 어떤 아이들은 보다 오랫동안 보조 바퀴를 달아야 하겠지만 전혀 그럴 필요가 없는 아이들도 있을 것이다. 만일 우리가 아이들이 엎어진 것을 비웃는다면 우리는 그들의 자신감을 손상시키는 것이며 그들이 또 다시 엎어지게 될 가능성은 매우 높아질 것이다. 그리고 우리가 그들에게 보조 바퀴 없이는 자전거를 탈 수 없다고 계속 이야기한다면 그들은 우리말을 그대로 믿거나 직접 렌치를 가지고 그 보조 바퀴들을 떼어 낼 수도 있다.

그러나 만약 피케이들이 진정으로 은혜를 경험하며 성장하게 된다면 그들은 제대로 삶을 헤쳐나갈 수 있을 것이다. 그리고 그 동안 하나님의 은혜 안에서 성장하지 못했다면, 지금 시작한다 해도 결코 늦지 않을 것이다.

··· 사역자 자녀 상담
Counseling for Pastors' Kids

제9장

하늘 아래 성도들

　우리는 목회자 자녀들의 인생에서 상연되는 '정체성'이라는 드라마에서 피케이들과 그들의 부모 그리고 또래 친구들이 맡은 역할들을 살펴보았다. 그 연극에 등장하는 남은 한 배우 그룹은 상연을 위해서 꼭 필요한데, 그들은 바로 교인들이다.

　교회의 전통 성가들 중에는 랩소디 음조로 천상의 교회와 땅위의 교회가 하나됨을 찬양하는 성가들이 있다. 예를 들어서, 잘 알려진 '만 입이 내게 있으면'이라는 찬송은 본래는 좀처럼 사용하지 않는 다음의 후렴이 포함되어 있다:

　　이 땅의 교회와 천국의 교회
　　곧 하늘 아래 성도들과 하늘 위에 성도들이여
　　이제와 영원히
　　하나님께 영광과 찬양과 사랑을 돌리세

또 다른 찬송인 '다 나와, 높이 찬양 드리세' 역시 비슷한 권면의 형태를 띠고 있다:

만민의 가슴이여 예수님의 사랑으로 불태우세
만민의 마음이여 기뻐 뛰는 환희로 약진하세
땅 위의 성도들은 천상의 성도들과 함께
목소리 높이어 그분을 찬양하세

어떤 이들은 사실상 '하늘 아래 성도들' 이라는 표현에 대한 거부감 때문에 이와 같은 찬양을 부르는 것을 힘들어하기도 한다. 어떤 사람이 이 유명한 곡조에 재치 있게 다음의 가사를 붙였다:

우리가 사랑하는 성도들과 함께 천국에 거하는 것은
오, 얼마나 영광스러운 일인지요!
우리가 알고 있는 성도들과 땅 위에 거하는 것은
음, 그건 한 번 생각해 볼 부분이지요!

우리는 앞장에서 경계선과 고정관념, 그리고 기대라는 관점에서 교인들이 피케이에게 미치는 영향들을 종종 언급하였다. 이 장에서는 일반적으로 교인들이 목회자 자녀들에게 실제로 좋지 않은 영향을 미치는 두 가지 이슈, 즉 힘의 사용과 남용, 그리고 교회 안에 팽배해 있는 외식을 강조해서 다룰 것이다.

잭 볼스웍과 내가 *Life in a Glass House*에서 주장했던 것처럼 교회는 가족에 버금가는 정서적인 기능을 하는 독특한 직장 상황을 연출한다.⁶⁶⁾ 실제로 많은 피케이들은 부모가 교인들을 자신의 '확대 가족'으로 여기면서 봉사했다고 말한다. 이것은 목회자 자녀들과 다른 아이들의 삶을 구분 짓는 또 다른 요인이 된다. 대부분의 가정에서는 부모의 직업이 자녀들의 정체성 발달에 별반 영향을 미치지 않는다. 그러나 목회자 가정은 교회라는 확대 가족 속에 깊이 뿌리내리고 있기 때문에 교인들은 자녀의 자아감 발달에 상당한 영향을 끼칠 수도 있다.

실제 가정에서처럼 교인들은 때때로 서로 간에 싸우며 말다툼을 하기도 한다. 이런 분쟁은 사소한 문제에서부터 발생될 수 있으며 떠도는 소문이나 비난으로 확산될 수 있다. 더 나아가서는 편가르기 싸움을 시작하기도 한다. 윌리엄 흄은 다음과 같이 말한다:

> 혈연으로 맺어진 일가처럼 하나의 대가족과 다름없는 교인들은 서로 간에 때때로 불화를 일으킬 수 있다. 교회들과 마찬가지로 교단들도 가족끼리 벌이는 파괴적인 갈등을 드러낼 수 있다.⁶⁷⁾

흄은 이런 갈등이 보다 가족적인 분위기에서 발생할 수 있는 자연적인 결과라고 설명한다:

> 교회는 구성원들이 교회 공동체 밖에서 개인적으로 경험했던 모든 욕구불만들을 표출하는 스크린이다. 교회의 조직적인 구조들은 권력다툼과 우리 사회의 비인격적 구조를 통해 자주 차단되었던 권력다툼과 통제게임을 표출시키게 하는 유혹적인 환경을 제공한다.⁶⁸⁾

따라서 교회 구성원들이 자신들의 욕구불만들을 표출시키는 데 교회를 이용하는 것과 마찬가지로 교인들은 자주 경쟁하는 가족처럼 행동한다. 때때로 그와 같은 불화는 대외적인 분열의 형태를 띠기도 한다. 또 어떤 때에는 보다 소극적으로 당사자가 없는 자리에서 험담하는 형태로 나타난다. 그러나 어떤 형태이든 관계없이 이 모든 것은 목회자 가족에 대한 기대들이 더 커진다는 것을 의미할 수 있다.

문제는 피케이들이 이런 종류의 갈등을 바라보면서 무슨 생각을 하겠느냐는 것이다. 그것이 과연 그들에게 영향을 미칠 것인가? 그렇다면 어떤 영향을 미칠 것인가? 피케이 주변에서 모든 성도들이 완전히 소란에 휘말린 순간에도 교인들은 피케이들이 성도의 진정한 모범이 되리라고 기대한다.

몇몇 교회들을 특징짓는 정서상의 혼돈은 목회자 자녀들을 극도로 혼란스럽게 만들 수 있다. '교인들이 어떻게 그렇게 행동할 수 있을까?' 라고 그들은 의아해 할 수도 있다. '그들은 도대체 무엇 때문에 그토록 화가 난 것일까? 그들은 왜 우리를 이런 식으로 대할까? 우리가 뭘 어떻게 했다고? 그들은 왜 날 좋아하지 않을까?' 그리고 나서 자녀들은 그 해답을 얻기 위해서 부모에게 질문을 할 수도 있다. 어떤 목회자 부모들은 그런 질문들에 대처할 만한 능력을 잘 갖추고 있어서 자녀들에게 적절하면서도 분명하고 솔직하게 대답해 줄 수 있다. 그러나 별 도움을 주지 못하는 부모들도 있다. 그들은 그런 질문들에 대해서 교인들을 격렬하게 비난하는 기회로 전락시키거나 또는 자신들 스스로 당황하고 혼란스러워하면서 그 질문에 대한 대답을 회피하거나 거부할 것이다. 다음의 한 목회자 딸은 교인들의 말도 안 되는 요구들과 그 모든 요구들을 다 이해하려고 애쓰면서 겪었던 혼란스러움에 진저리가 났었노라고 이야기함으로써 많은 피케이들의 마음을 대변하고 있다:

* 내가 교회에 다니거나 조직화된 종교와 관련하면서 갈등해야 했던 유일한 이유가 있다면, 교인들이 목회자에게 제기하는 하찮고, 무가치하고, 시시한 수많은 요구 때문입니다. 나는 더 이상 이런 것들에 대해서 조금도 견딜 수가 없습니다. 내가 사소하다고 간주했던 일들은 대부분 성도들이 아빠를 비난하는 것과 모종의 관계가 있었습니다. 나는 아빠를 너무 좋아했고 나를 대하는 아빠의 인자함을 내 것으로 삼고 싶었기 때문에, 아빠를 보호하려고 했다는 것도 아닙니다. 그러나 그러한 내 행동은 당시에 내가 느끼기에 (그리고 지금까지도) 단순한 맹목적 보호는 아니었습니다. 나는 아빠를 이상화했음에도 불구하고 나 스스로 아빠에게 비판적이었습니다. 또한 아빠의 단점들을 파악할 수 있다고 생각할 정도로 객관적이면서도 솔직한 관계를 충분히 유지해 왔습니다. 무엇보다도 나를 가장 화나게 만들었던 비난들은 사실상 아무런 근거도 없는 것이었습니다. 그것은 자기들끼리 세력을 형성하거나, 남들이 자신을 알아주기를 원하거나, 주목받고 싶은 욕구를 갖고 있으면서도 그런 욕구를 충족시키지 못한 사람들의 입을 통해서 전해졌습니다. 그리고 그 후에 그것은 아빠와 엄마 모두에게 상처가 되는 비난으로 변했습니다. 부모님은 이런 비난에 공감으로 반응하거나 건강한 경계선들을 설정한다거나 자신들의 문제가 아님을 명확히 하는 식으로 대응해 갈 줄을 모르셨습니다. 그러니 어린아이였던 내게 어른들이 서로 간에 보여주었던 그런 모습은 실제로 하나님의 영광을 가리기에 충분할 만큼 당황스럽고 고통스럽고 화가 나게 하며 매우 혼란스러운 일이었습니다.

많은 피케이들은 매우 하찮은 일로 벌어지는 논쟁, 권력 다툼, 혹은 외식적인 모습들을 목격했노라고 응답하였다. 그들 중에는 교인들과 스치면서 느꼈던 과거의 아픔들로 여전히 아파하고 있는 이들도 있다.

교회 내에서의 갈등

교회는 교인들 사이에서 벌어지는 사소한 분쟁으로 인해서 서로 적대시하는 편가르기로 분리될 수 있다. 그렇다면 그들은 무엇 때문에 싸우는 것인가? 우리는 정서적인 측면에서 그런 분열들이 신봉하는 교리나 신조의 견해차를 넘어서 대부분 종교적인 열심에서 비롯된 것이라는 것을 인식해야 한다. 사실 교회사에서 끊임없이 반복되어 왔듯이 새롭게 형성된 모든 교파들은 교리적인 의견 차이에서 태동되어 왔다. 그러나 목회자 자녀들이 날마다 교회생활 속에서 보게 되는 모습은 사소한 논쟁들이다. 어떤 교회들에서는 교회의 회의 시간에 터무니없는 격론으로 치닫게 하는 데 은사를 받은 일부 교인들이 있는 것 같다. 어떤 논쟁들은 다음의 피케이에게 매우 어리석고 아무런 이득 없는 싸움처럼 여겨진다:

* 나는 교인들 중에서 정말 별것 아닌 일에 트집을 잡곤 하는 사람들을 본 적이 있습니다. 심지어 그들은 탁자나 어떤 물건들이 원래 자리에 있지 않으면 크게 흥분하곤 했습니다.

방청객으로서 공식적인 의결 과정을 방청할 기회가 있었던 목회자 자녀들은 자신들이 본 사실에 대해서 거의 환멸을 느끼게 되기도 한다:

* 내 머릿속에 새겨진 한 사건은 내가 학생회 회장으로서 처음으로 공식

적인 위원회 모임에 참석하게 됐던 바로 그 해의 일이었습니다. 그날 밤에 위원회는 정상적인 모습이 아니었습니다. 그동안 내가 '성도들'이라고 여겼던 사람들 사이에 오고간 대화는 한 시간이 넘어서면서 분노로 격해졌고 중상모략으로 뜨거워졌으며 거의 난타전에 이르기까지 했습니다. 그 의결 사항은 다름 아닌 본당에 깔 새 카펫의 색상 문제였던 것입니다. 나는 내가 목격한 사실로 너무도 화가 나고 괴로워서 그 외의 어떤 회의에도 참석하기를 거부하게 됐습니다.

이와 같은 사소한 이슈들로 목숨을 걸고 싸우는 모습을 보면서 일부 피케이들은 교회의 우선순위들에 대해서 의구심을 갖게 된다. 그들에게 이런 다툼은 교회의 참된 목적을 포기하는 것을 의미한다:

* 이 문제를 주제로 해서 내가 경험했던 일들을 쓴다면 책 한 권은 족히 될 것입니다. 수많은 이들이 교회에 관련된 사소한 일들, 즉 카펫 색상이나 프로그램 유형, 혹은 성찬식을 기준으로 헌금 순서를 앞에 넣을 것인지 뒤에 넣을 것인가와 같은 문제들로 격분하며 어쩔 줄 몰라하는 경향이 있더군요. 내 일생 동안 교회에서 목격했던 이와 같은 사소한 불평들은 족히 수백 가지는 될 것입니다. 그로 인해서 교회의 원래 목적과 그리스도가 보여주신 참된 복음의 메시지가 점차 빛을 잃어 가는 것은 아닐까요?

이것은 교인들이 '무엇 때문에 싸우는가'의 문제일 뿐만 아니라 '어떻게 싸우는가'의 문제이기도 하다. 이와 같은 교인들에게 있어서 교회는 배후에서 서로 정치하고 분열하며 서로에게 공격적으로 행동하는 원형 경기장으로 변해 가는 것이다:

* 나는 자신이 원하는 것을 얻기 위해서 특정 교인들을 불러내곤 했던 한 여자 교인을 알고 있습니다. 나는 모씨와 그 여자 교인 사이에 간음을 범할 소지가 있음을 예상하고 있었는데 이것은 간접적으로 분열의 원인이 되었습니다. 나는 그 일을 처리하려던 당회가 두 편으로 갈리어 서로 치고받던 사건에 대해서 알고 있습니다.

공정하고 확고한 목회자들이 이끄는 교회 안에서는 이와 같은 일들이 덜 일어날 것이다. 물론 목회자들 가운데에는 성도들을 사랑으로써 이끄는 리더십을 하나님으로부터 은사로 받은 분들도 있다 :

* 나는 교회 안에서 사소한 논쟁이나 권력다툼 하는 모습을 목격한 기억이 별로 없습니다. 아빠는 독재적인 방식은 아니었지만 강한 리더로서 교회 조직을 매우 잘 통제하셨지요. 아빠는 어떤 논쟁이 발생하더라도 침착하며 공정하게 처리할 수 있었습니다. 아빠는 공정성을 유지했고 따라서 교인들 각자가 소중한 존재라고 느끼며 교회의 적절한 직분을 담당하는 데 필요한 존재라고 느꼈다고 나는 생각합니다.

* 아빠는 견고한 확신과 사랑의 정신이 독특하게 배합되어 있는 분입니다. 이런 성격상의 결합으로 그분은 평화주의자가 될 수 있었던 것 같아요. 우리가 사역했던 두 교회에서 내 또래의 친구들은 나에게 다음과 같이 말해주었습니다 : "너의 아빠가 목회하실 때만큼 교회가 건강하고 일치 단결과 목적을 잘 지향했던 때가 없었다고 성도들이 종종 너의 아빠에 대해서 이야기한단다."

침착함과 따스함과 확고함을 표현할 수 있는 목회자의 능력은 매우 중요한 것 같다. 그러나 아무리 지혜롭게 인도한다 하더라도 교인들은 계속 언쟁하며 싸울지도 모른다. 다음의 한 목회자 딸은 자신의 아버지를 분명히 사랑하고 존경하지만 분명하게 나타나는 교인들의 미성숙함에 대해서는 비판적이다 :

* 왜 모든 사람들이 리더가 되기를 원하는 것일까요? 모든 사람들이 어느 날 갑자기 리더가 되는 것은 아니죠. 그것은 상당한 요구를 하며 지치게 만들며 그다지 매력적인 일도 아니에요. 아빠는 사욕을 좇아 행동해 본 적이 없는 매우 지혜로운 사람이랍니다. 아빠는 상황에 따라서 철저하게 공정한 입장을 견지할 수 있으셨죠. 그러므로 내게 남아 있는 유일한 의문점은 왜 다른 사람들은 그렇게 지혜로울 수 없는가 하는 것입니다. 어떤 교인들은 영적으로 진짜 아기 수준이에요.

힘의 남용

'하늘 아래 사는 성도들' 사이의 내분으로 피케이들은 당혹스런 기분을 느낄 수 있다. 그러나 정작 그들에게 상처를 주는 것은 교회 안에서 휘둘러지고 있는 힘의 기세에 목회자 가족이 희생되는 경우이다. 이것은 특히 목회자의 위임 여부에 대해서 교인들이 투표하도록 규정하고 있는 교파들 사이에서 한층 두드러지는 현상이다. 결정의 시간이 점점 다가오게 되면 목회자 가족들은 혹시 사임 결정이 나지는 않을까 하고 불안해하며 기다리게 된다. 이 기간은 특히 목회자 자녀들에게 스트레스를 줄 수 있다. 그 이유는 교회의 투표 결과에 따라 자신들이 새로운 도시로 이사가서 낯선 학교에 다니면서 완전히 새로운 친구들을 사귀어야 할지도 모르기 때문이다. 그들의 운명은 교인들의 손에 달려 있는 것처럼 여겨진다. 또한 그들은 중대한 결정 사항들을 내릴 때는 교인들이 변덕스러워 일관성 있게 예측할 수 없다는 사실을 서서히 깨달을 수도 있다.

때때로 교인들이 임의적으로 힘을 행사해서 목회자를 사임시키는 결정을 내리는 경우에 그와 같은 결정은 목회자 가족들에게 엄청난 충격이 될 것이다. 고통과 환멸감으로 온 가족은 몸서리칠 수도 있다 :

* 아빠는 자신의 목회 경력에서 두 차례나 알력의 희생양이 되었습니다. 첫 번째 부딪힌 알력으로 그는 수 년 동안 목회를 쉬었고 두 번째 경우에는 거의 목회를 접을 정도가 되었습니다. 이 두 사건들은 우리 온 가족에게 아물지 않는 마음의 상처를 남겼습니다. 어느 주일 날 아빠가 교회에 도착하자 당회원들은 아빠에게 해임되었다고 통보했습니다. 나는 아빠가 '해고된' 당시에 우리 가족이 받았던 고통과 그 같은 결정 이후에 부모님이 집으로 돌아오는 차 안에서 서로 얼싸안고서 슬퍼하시던 모습을 결코 잊을 수 없습니다. 당시에 부모님의 포옹은 영원히 계속될 것처럼 여겨졌고 따라서 그 고통도 영원할 것 같았습니다. 당회원들을 포함해서 교회 내의 많은 사람들은 자신들의 인간적인 목표를 달성하려고 애쓰는 순간에는 그리스도가 가르쳐 주신 구원과 사랑의 메시지를 까마득히 잊어버린 것 같습니다.

어느 곳이든 힘이 존재하는 곳에는 그것이 남용될 소지가 있다. 교인들이 투표로써 목회자를 축출할 수 있는 권한을 가지고 있다는 것은 그런 결정을 무신경하게 처리해 버릴 수 있는 자유를 부여받았다는 의미가 아니다. 만일 어느 날 교인들 자신들이 직장에 출근했을 때 "당신은 해고되었습니다"라는 통고를 받는다면, 과연 그 어느 누가 깊은 상처를 입지 않겠는가? 물론 그런 권한을 행사하는 데 있어서 법적으로는 아무런 문제가 없다. 만일 교인들이 목회자의 직무 수행에 만족할 수 없다면 우선적으로 그 목회자와 이 문제에 대해서 협의를 거친 후에 상호 간에 수용할 수 있는 해결책이 발휘되는 것이 이상적일 것이다. 그러나 그럼에도 불구하고 그 문제들이 여전히 해결되지 않을 때 사임을 요구하게 되겠지만 그 일은 목회자 가족들이 마땅히 받아야 할 배려가 이루어지는 가운데 처리되어야 한다.

대부분의 경우에 목회자 가족들은 정당한 이유 없이 쫓겨난다고 단순하게 생각한다. 그리고 피케이들은 교인들에게 기만당했다고 느끼면서 교인들에 대한 불신감을 키워가게 된다. 조나단 에드워즈가 1750년에 매사추세츠 주의 한 교회에서 해임되었을 당시에 그 가족은 당장 아무 데도 갈 곳이 없어서 일 년 이상 그 마을에서 그대로 살아야만 했다. 그의 딸 에스더는 깊은 상처를 받았고 교인들의 변덕스러운 마음을 신뢰해서는 안 된다는 것을 터득하게 되었다 :

> 에스더가 열 여덟 살이었을 당시 그녀의 아버지는 노샘턴 Northamton에 위치한 그의 사역지 교회에서 해임되었다. 그 후로 일년이 훨씬 지나서야 그녀의 가족은 스톡브리지 Stockbridge로 이사를 하게 되었다. 해임되었다는 사실에 대한 부끄러움으로 더 이상 머무르고 싶지 않았던 그곳에서 16개월 남짓 거주해야 하는 동안 겪었던 거북스러움, 그리고 위험한 프론티어 지역으로의 좌천은 에스더에게 잊혀지지 않는 정신적 충격이 되었다. 그녀는 교인들의 변덕스러움으로 그들을 불신하게 되었고 교인들을 만족시킬 만

한 목회자의 능력 여부에 따라 목회자와 가족의 처지가 전적으로 좌우된다는 사실을 뼈아프게 인식하게 되었다.[69]

오늘날 수많은 목회자 자녀들이 통렬함이나 쓰라림과 같은 감정의 아픔을 소유하고 있다 :

* 그들은 내 인생의 모든 것을 완전히 뒤엎어버릴 수 있는 힘을 가지고 있습니다. 우리가 한동안 어떤 교회에서 사역을 하고 나면 그 후에 그 교인들은 투표를 해서 우리를 쫓아내겠지요 …… 나는 교회 안의 모든 사람에 대해서 의심을 품게 되었답니다. 나는 모든 사람을 불신하며 틀림없이 언젠가는 나를 거부할 것이라고 예측을 하게 되었습니다. 그리고 지금까지도 그런 불신의 감정과 투쟁하고 있습니다.

* 현재 내 여동생은 하나님이 계시지 않으며 설사 계신다 하더라도 그분은 잔인한 분이라는 생각으로 갈등하고 있습니다. 그 이유는 아빠가 두 교회로부터 사임하도록 요청받았기 때문입니다. 그 과정에서 내 여동생은 사람들에게 가졌던 모든 신뢰감을 상실했지요. 나는 아빠가 사임할 만큼의 문제가 전혀 없었다는 사실을 잘 압니다. 그 이후로 아빠는 건강이 별로 좋지 않습니다. 여동생은 매우 반항적이며 아직까지 교회에 출석은 하지만 그것은 그녀에게 의례적인 출석일 뿐입니다.

* 아빠는 사역하시던 교회 중 세 곳에서 사임을 강요받았습니다. 어떤 교회는 '굶기기 이론'이란 방식으로 우리에게 사례비를 지급하지 않았습니다. 또 다른 교회에서는 교인들이 아빠에게 스캔들이 있다고 소문을 퍼뜨

리기 시작했습니다. 그 작은 도시에서 소문은 꼬리에 꼬리를 물고 번져갔으며 이미 우리는 더 이상 손을 써 볼 도리도 없이 외톨이가 되었습니다. 나는 여러 차례 그 소문의 진실을 밝혀달라고 요청했지요. 나는 사람들이 우리(나)를 좋아하지 않는 이유를 전혀 이해할 수 없었습니다. 교인들 가운데 내가 가장 신뢰했던 바로 그 사람들이 여러 경우에 우리 가족을 가장 심하게 중상모략한다는 것을 알게 되었습니다. 나는 교인들과는 어떠한 것도 더 이상 이야기할 수 없었습니다. 그리고 지금 그들 소식에 대해서는 아무 것도 아는 바가 없습니다.

왜 이 자녀들의 아버지가 사임을 요청받았을까? 한편으로 그 해임 경험들이 피케이들에게는 그럴듯하게 모양새를 갖춘 악의나 충동성 때문에 일어난 것처럼 보여질 수 있다. 그러나 또 다른 한편으로는 만일 해임 이유에 대한 질문을 했다면 당회원들은 결정을 내린 나름대로의 이유에 대해서 분명히 제시했을 것이다. 그러나 자녀들은 아버지가 사임을 강요당해야 하는 이유를 충분히 이해하지는 못할 것이다. 결정 자체의 공정성도 중요한 이슈이기는 하지만 결정을 내리는 과정과 그것이 전달되는 방식도 중요하다. 피케이들과 그의 가족들에게 가장 상처를 주는 것은 자신들이 신뢰했던 사람들이 아버지의 해임 과정에 앞장서는 모습일 것이다. 이런 배신감은 그들의 가슴에 사무칠 것이다. 자녀들은 교회 정치의 모든 세부적인 사항들을 다 이해하지 못할 수도 있다. 그러나 교인들이 그들에게 온정심을 갖고 대했는지 아니면 그러지 않았는지는 잘 알고 있다.

여러 직원들

교인들만이 권력을 쥐고 있는 유일한 집단이 아니다. 유급직원으로 한 사람 이상의 목회자가 있는 교회에서는 자주 구체적인 수직적 파워 구조가 존재한다. 부목사들은 직권을 남용하는 담임목사 밑에서 봉사할 수도 있다. 물론 파워 투쟁에서 지는 쪽은 결국 부목사들이다. 그러면 그의 가족들은 희생양이 된 것처럼 느낀다.

* 나는 아빠가 사역하시던 몇몇 교회에서 교인들의 술책을 목격했습니다. 슬프게도 가장 눈에 띈 술책은 아빠가 부목사로서 함께 사역하시던 그 교회의 담임목사님이 하신 것이었습니다. 밑에 있는 부목사들의 아이디어로 어떤 사역이 성공을 거두고 '열매'를 맺을 때마다 담임목사님은 프로그램의 트집을 잡기 시작해서 단계적으로 무산시키곤 했습니다. 따라서 결국에는 그 직무를 담당한 사역자가 좌절 속에서 사임하고 교회를 떠나곤 했지요. 한 번은 한 사역자가 결심을 하고 맡은 사역을 고집스럽게 밀고 나가자 담임목사님과 그를 지지하는 일부 세력들이 그 부목사님 가족들과 친구들에 관해서 극도로 치욕스럽고 당혹스러운 유언비어와 비난을 퍼뜨리기까지 하더군요. 아빠는 동료 부목사님을 방어해주기 위해 담임목사님에게 여러 번 직언을 드렸는데 결국 그것 때문에 아빠도 해임되셨지요.

* 파워를 지나치게 행사하는 담임목사님이 계셨습니다. 그는 그 교회를 떠나 새로운 교회에서 사역하기 시작했으면서도 이전 교회에 여전히 일부의 힘을 갖고 있음을 확인하곤 했지요. 그런 상태에서 아빠가 후임이 되셨습니다. 그 목사님이 사임을 결정했던 시기에는 교회가 제대로 운영되지

않았었지만 점차 모든 것이 순조롭게 진행되어 가며 그 교회가 급속히 성장하였습니다. 이런 소식을 전해들은 그는 재빨리 돌아와서 우리 아빠에게 극도로 신랄하게 몇 마디를 던지고 자신의 직위를 냉큼 되찾아 가더군요. 마침내 우리는 그 교회를 떠나기로 결정해야 했습니다. 이 일은 몇 해 전에 일어났던 일인데 지금에 와서 그 교회의 교인수가 급격히 감소해 가고 있으며 와해되고 있다는 소식을 전해 듣는 것은 정말로 슬픈 일입니다.

이것은 참으로 슬픈 일이다. 인간의 조직체인 교회가 그리스도의 몸으로서의 역할은 하지 않고 오직 인간의 조직체로만 남아서 그토록 권력 획득과 직위 추구로 몸살을 앓고 있다는 사실은 참으로 슬픈 일이다. 개인적인 이익에 급급한 정치적 형태와 권모술수를 경험하면서 수많은 피케이들은 남을 신뢰하는 데 세심한 주의를 기울여야 한다는 사실을 저절로 터득하게 되는 것이다.

도대체 나는 누구를 신뢰해야 하나요?

왜 피케이들은 누군가를 신뢰하고 있어야 하는가? 그들의 견해에서 보면 그들은 교회 안에서 수많은 위선을 경험한다고 말한다. 자신이 크리스천이라고 말하면서도 불신자와 다를 바 없이 행동한다는 것이다. 피케이들은 교회의 당회원들로부터 일반 평신도에 이르기까지 한 입에서 단물과 쓴물을 내는 사람들이 너무 많다고 생각한다:

＊ 교인들은 주일 날 잠시 교회에 와서 앉아 있다가 월요일부터 토요일까

지는 간담이 서늘할 정도로 사악한 모습으로 살아가곤 하지요. 나는 간음과 도둑질, 귀신들림, 중상모략 등을 목격했거든요.

때때로 그들은 자신의 또래 집단 속에서도 그와 같은 위선을 접하게 된다 :

* 나는 학생회 모임의 상당수 친구들이 매우 영적인 체 하면서 당사자가 없는 자리에서 그 사람에 대해서 비난하는 모습을 보았습니다. 그리고 그보다 훨씬 심하게 행동하는 아이들도 있더군요.

혹은 교회 직원들 사이에서도 그런 모습을 접하기도 한다 :

* 고등학교 시절 나는 집사님들 사이에 바람피우는 것과 그 외의 개인적으로 수치스러운 많은 사건들에 대해서 알게 되었습니다.

* 나는 리더들과 교회 직원들 사이에서 한층 위선적인 모습을 발견할 수 있었습니다. 난무하는 중상모략이나 회의 안건들을 회의 전에 이미 짜고 나오는 것과 같은 행동들 말입니다.

* 그 교회에는 목사님이 한 분 더 계셨는데 그분은 위선적인 사람이었습니다. 그는 교회를 몹시 싫어해서 다른 직업까지 갖고 있었는데 주일마다 미소를 띠고 나타났지요. 그의 자녀들도 똑같은 모습을 가진 아이들이 된 것은 당연한 일인지도 모릅니다. 아마도 내가 양가감정을 갖게 된 데에는 이런 모습이 원인이 된 것 같아요. 나는 그 교회에 대해서 반감을 갖고 있

지는 않지만 언젠가 좋은 목사님을 모시게 될 날을 기다리고 있습니다.

물론 교회마다 외식이 만연되어 있는 정도에는 차이가 있다. 한 피케이는 몇 가지 경우를 회고하면서 그가 보지는 못했지만 더 심한 경우들도 있을 것이라고 생각한다 :

* 나는 교회 안의 몇몇 교인들 사이에서 드러나는 외식을 목격했지만 전체적으로 본다면 극히 일부입니다. 내가 보지 못한 곳에 훨씬 심각한 외식이 존재하리라고 확신합니다. 내가 만났던 외식적인 사람들에 대한 모든 존경심과 신뢰감을 상실했습니다. 그들이 나를 신뢰한다는 말은 무가치하고 거짓말처럼 여겨집니다.

또 어떤 피케이들은 그런 위선적인 행동들을 너무 많이 접했기 때문에 위선이 교회생활의 표준이라고 생각한다. 그들은 이렇게 언행일치가 되지 않는 모습 때문에 교회를 싫어하게 될 수 있고 그 결과 크리스천으로서 그들 자신의 정체성을 세우는 데 악영향을 받게 된다 :

* 지독한 위선! 나는 진정으로 주님께 헌신된 크리스천들과 그 밖의 다른 어떤 것에 더 헌신된 거짓 크리스천들의 차이점을 아주 어린 나이에 알게 되었습니다.

* 어느 교회든 외식적인 모습이 팽배해 가고 있습니다. 모든 교인들이 정도의 차이는 있지만 위선적입니다. 이것은 내가 교회에 신경을 끄게 하는 큰 원인이었습니다. 나는 성경공부 모임을 매우 싫어했습니다. 나는 그 모

임에서 부정적으로 판단을 받는 것처럼 느꼈습니다. 나는 대학에서도 이런 느낌을 받았습니다. 모든 사람이 너무나 위선적입니다.

* 나는 교회에서 상당한 외식의 모습을 보았습니다. 사실 나는 대부분의 교인들의 삶 속의 '실체'를 거의 보지 못했습니다. 그들에게는 예배 참석이나 친분 관계가 진실함보다 훨씬 중요한 것 같더군요. 그리고 그것 역시 내가 그들을 통해서 지금까지 배워온 사실입니다. 나는 유년기와 청소년기에 기독교 신앙생활에 있어 규칙과 종교적인 관습을 이행하고 순종하는 것이 개인적이고 의미 있는 관계 속에서 하나님을 아는 것보다 훨씬 중요한 일처럼 느꼈습니다.

* 나는 교회 안에서 수없이 많은 외식의 모습을 목격해서 그것에 넌더리가 날 정도였습니다. 나는 교인들이 엄마와 아빠 그리고 우리 가족들에게 했던 행동들 때문에 그들에 대한 적의와 노여움과 원망을 갖게 되었지요. 그로 인해서 내가 사람들에게 가졌던 신뢰라는 환상은 깨지게 되었고 그들의 상처 주는 행동 때문에 교회 안에 있는 다른 이들과도 신뢰하고 친밀한 관계를 형성하기가 어렵더군요.

윌리엄 홈이 일컬었던 '슬픈 광경'에는 교인들과 교회 직원들의 사소한 말다툼과 권력의 남용, 그리고 외식적인 행위들이 포함되어 있다. 이런 문제점들을 공공연히 드러내는 교회들을 보면 그 문제들은 다양하게 얽혀 있으며 그 정도에도 차이를 보인다. 중요한 것은 이렇게 얽힌 문제들이 목회자 자녀들의 정체성, 특히 그들의 영적인 정체성에 어떠한 영향을 미치는가 하는 것이다. 같은 피케이들이라도 신앙 면에서 정도의 차이를 보이는 것은 교인들의 영적인 건강함과 어느 정도 관계가 있을까?

가정에서 시작되는 기독교 신앙

모든 것을 일차원적으로 설명하는 것은 피케이의 사회적인 환경을 지나치게 단순화시키기 때문에 공정한 설명이 될 수 없다. 교인들의 품행이 올바른가 그렇지 않은가는 분명히 피케이의 신앙 발달에 중요한 요인이 된다. 목회자 자녀들은 흔히 교회에 대해서 회의적이며 양가감정을 갖기 쉽다. 그러나 어떤 이들은 상처받은 경험으로 오히려 신앙이 견고해졌음을 고백한다. 무엇 때문에 이런 차이가 생겨났을까?

거기에는 수많은 요인이 있을 것이다. 우선 개인적인 특성이 어느 정도 그 차이점을 설명해 줄 것이다. 같은 가정에서도 어떤 아이는 다소 냉소적인 다른 형제나 자매보다 다른 사람들의 생각과 감정에 한층 민감하며 사소한 일이나 외식에 더 심하게 영향을 받을 수도 있다. 또 다른 요인은 피케이들이 교인들 가운데서 신앙의 적절한 역할 모델을 찾을 수 있는가 하는 문제이다:

* 나는 우리 교회뿐만 아니라 그 밖의 어느 곳에서든지 외식의 모습을 발견했지만 그것이 내 신앙에 그다지 큰 영향을 주지는 않았다고 생각합니다. 왜냐하면 내가 존경했던 사람들은 신앙심이 강한 분들이었거든요.

그러나 그런 요인들 가운데 단연코 가장 중요한 요인은 목회자 부모들이 그런 문제들을 어떻게 처리하는가이다. 일반적으로 이런 경험들을 쉽게 넘어설 수 있는 피케이들 뒤에는 효율적이고 개방적인 의사소통을 하는 부모가 있으며 말과 행동에서 신앙의 일관성을 보이는 부모가 있다. 이런 아이들은 교인들의 그릇된 행위와 기독교 신앙을 동일시해서는 안 된다는 사실을 이미 터득한 것이다.

인간 본질을 이해하기

이런 목회자 부모들은 자녀들에게 무엇을 가르치는가? 첫째, 그들은 교회 안에서 발생하는 문제들을 인간의 타락성과 유한성에 대하여 실제적으로 가르칠 수 있는 기회로 활용할 것이다. 그들은 그들의 자녀가 성도들에 대한 그들의 태도와 하나님과 교회를 향한 그들의 태도를 구별할 수 있도록 도우려고 노력한다 :

* 부모님은 우리에게 많은 이야기를 해주셨고 내가 인간 본질을 이해할 수 있도록 도와주셨습니다.

* 그분들은 교회가 좋은 곳이며 교인들은 단지 인간이기에 늘 사이좋게 지낼 수 없다는 사실을 우리들이 깨닫기 원하셨습니다.

* 부모님은 "인간은 누구나 주님과의 개인적인 관계를 맺는 것에 스스로 권리와 책임을 져야 하며 따라서 내가 어느 누구의 행위에도 좌우되어서는 안 된다"고 설명하시곤 했습니다.

* 엄마와 아빠는 우리에게 어떤 이들은 우리를 넘어지게 하고 잘못을 저

지르게 한다고 경고하셨습니다. 그분들은 우리를 넘어지지 않도록 잡아주시는 분은 오직 주님뿐이라고 말씀하셨지요. 우리의 시각은 크리스천의 삶에 대한 지표로서 그 어느 누구도 아닌 오직 그분에게 고정되어야 한다고 거듭 강조하셨습니다.

이런 부모는 또한 자녀들에게 일치성과 정직함의 중요성을 가르친다 :

* 부모님은 내게 나의 겉모습은 내면의 자아를 반영해야 하며 말과 행동이 일치하게 사는 사람들을 하나님은 귀하게 보신다고 가르치셨습니다.

* 우리 부모님은 나에게 내가 믿는 바대로 살아가라고 가르치셨지요.

부모님의 그와 같은 조언의 결과로 많은 목회자 자녀들은 신앙의 위기를 경험하지 않고도 교회 안의 외식과 사소한 논쟁을 직면할 수 있게 된다. 그들은 기독교 신앙이 다른 크리스천들의 행위에 따라서 축소되는 것이 아니라는 사실을 배운 것이다 :

* 나는 상당한 위선을 목격했습니다. 그렇다고 그것이 내 신앙에 영향을 미쳤다고 생각하지는 않으며 단지 그 사람들에 대한 나의 태도에 영향을 미쳤을 뿐입니다.

* 나는 외식의 모습을 많이 봤지만 그 문제들을 하나님이나 교회가 아닌 단지 그 사람들의 탓으로 돌릴 뿐입니다.

* 교인들 때문에 내가 교회와 사역의 길에서 상당히 벗어난 것은 사실이지만 기독교 신앙으로부터 벗어난 것은 아닙니다.

사려 깊은 부모들 밑에서 자란 피케이들은 누구나 각자 자신의 행동에 책임을 져야 한다는 사실을 이해할 것이다. 어떤 경우에는 사람들에 대한 믿음이 상실되어 가면서 오히려 하나님에 대한 믿음이 보다 굳건해지기도 한다:

* 부모님은 복음에 합당하게 행동하는 것이 '옳은' 일임을 가르치려고 항상 노력하셨습니다. 나의 신앙은 교회 안에서 두드러지게 나타나는 외식의 모습 때문에 오히려 강해졌다고 할 수 있습니다. 인간은 결코 인간을 신뢰하기보다는 하나님을 신뢰해야만 합니다. 우리는 각자가 나약한 인간이라는 사실을 인식하고 외식에 빠져들 수 있는 위험성을 줄이기 위해 항상 깨어 있어야 합니다.

* 중요한 것은 다른 사람들이 하나님과 어떤 관계를 맺는지 안 맺는지가 아니라 '내가 하나님과 어떤 관계를 맺고 있느냐'라는 것을 곧 알게 되었습니다. 또한 다른 사람들을 주시하던 일도 그만 두어야 한다는 사실을 터득했지요. 다른 사람들을 주시한다는 것은 나의 시각이 하나님이 아닌 사람들에게 맞추어져 있다는 것을 의미하기 때문에 머지 않아서 하나님을 외면하게 될지도 모른다고 생각했습니다.

다음의 피케이들은 다른 이들의 악행에 초점을 맞추기보다는 자신에 대해서 보다 정직하게 평가하며 다른 이들에 대해서는 관대하게 판단해

야 한다고 배운 이들이다 :

＊ 내가 그런 생활 방식을 싫어했던 것이 오히려 내게는 나의 생활과 감정에 매우 솔직하도록 도움을 주었습니다. 나는 비록 내가 좋아하지 않는 생활 방식을 가진 사람이라도 어느 누구든지 기꺼이 수용한답니다. 판단하는 것은 내가 할 일이 아니니까요. 크리스천으로서 우리는 다른 사람들의 생활 방식이 맘에 들지 않는다고 할지라도 그들을 수용해야 하니까요.

＊ 분명히 어느 정도의 외식이 있다고 생각하지만 그다지 심하게 인식하지는 않습니다. 또한 내가 보았던 것이 나의 신앙에 그다지 영향을 끼치지 않습니다. 나는 우리 모두 타락한 사람들이라는 사실을 인정하며 내가 완전하지 않다는 것도 잘 알고 있습니다.

＊ 실제로 그런 모습으로 인해서 하나님을 향한 나의 신앙이 성장했으며 나는 점차 내 자신의 외식적인 모습에 대해 인식하게 되었답니다.

＊ 내 주위에 있는 불신자들이 크리스천이라고 말하는 사람들 모두가 외식적이지는 않으며 또한 크리스천이라고 완전한 인간은 아니라는 것을 알도록 하기 위해서 나는 하나님을 기쁘시게 하는 삶을 살고자 노력하게 되었습니다.

목회자 부모가 자녀들에게 인간의 본질과 은혜 그리고 죄에 관해서 솔직하고 실제적으로 가르치고자 노력한다면 피케이들은 교인들이 일으키는 폭풍을 견디어 낼 수 있을 것이다.

그러나 말로만 가르친다고 해서 이 목표에 이르겠는가? 십중팔구 그렇지 않을 것이다. 아마도 목회자 부모가 자녀를 가르치는 교훈의 내용보다 가르치는 방법이 훨씬 중요할 것이다. 목회자 자녀들은 부모들이 가르친 교훈 그대로 행하는 모델을 직접 볼 수 있어야 한다. 이렇게 될 때, 피케이들은 도움이 될만한 견고한 모델을 갖게 되어서 교인들이 드러내는 문제에 대해서 적절한 관점을 갖고 대처할 수 있을 것이다. 다음의 부모들은 자신들이 설교한대로 실천에 옮기는 사람들이다:

* 그 당시에 나는 극도로 반발하고 싶었습니다. 그러나 그렇게 했더라면 나는 위선자가 되었을 것입니다. 어떤 의미에서 나는 아빠를 모델로 바라봅니다. 아빠는 한 번도(아니면 거의) 위선적인 행동을 하는 법이 없었습니다. 나도 아빠처럼 되고 싶습니다.

* 우리 부모님은 내게 외식의 문제를 결코 한 번도 말로 언급하신 적이 없습니다. 그분들은 몸소 모범을 보이셨죠. 그분들은 자신들의 가치관과 윤리관에 따라서 각자의 삶을 살아가셨습니다. 부모님은 우리가 부모님과 동일한 생활 방식대로 살아갈 것이며 동일한 모범이 될 것으로 기대하셨습니다.

* 나는 어느 누구도 불완전하며 결점을 가지고 있다는 사실을 인정하게 되었습니다. 부모님은 자신들의 삶 속에서 상당히 일치성을 유지하셨습니다. 성장기 동안 내게 그토록 훌륭한 부모님이 계셨다는 사실에 나는 행운아라고 느낍니다.

자신의 신앙대로 실천하며 살아가는 부모는 신앙과 자비, 용서, 그리고 화해를 자녀들의 마음에 불어넣는다 :

* 부모님은 믿을 수 없을 만큼 굳세게 그 시기들을 통과하셨습니다. 그것은 그분들이 주님을 신뢰했음을 입증하는 것이었습니다. 부모님은 어떠한 방해가 있거나 일이 잘 되어 가지 않는 동안에도 우리가 사역의 자리를 지켜야 하는 한 가지 이유는 주님이 그 어떤 다른 곳으로 우리를 보내지 않으시기 때문이라고 설명해주셨습니다.

* 부모님은 교회 안에서 일어나는 문제들로 처음에는 고통스러워하고 힘들어 하셨지만 곧 용서와 용납을 잘 발휘하면서 해결해 나가셨습니다.

* 부모님은 종종 상처를 받았지만 문제를 해결하려는 노력의 일환으로 그들과 직접 이야기를 나누면서 화해하고자 애쓰셨습니다.

* 부모님은 모범적인 삶으로 나에게 많은 가르침을 주셨습니다. 교인들이 부모님께 몹시 심하게 대할 때에도 그분들은 그들 뒤에서 비난하지 않으시고 악으로 악을 갚지 않았습니다. 그분들은 "네가 대접받고 싶은 대로 다른 사람들에게 대접해 주렴" 이라고 여러 번 내게 말씀하셨지요. 이것은 내 인생에서 내가 따라가야 할 매우 훌륭한 모범이 되었답니다.

이 문제의 또 다른 측면에는 목회자 가정 안에서 발생하는 외식이라는 해로운 결과가 있다. 목회자 자녀들은 자신들의 가정에서도 별 수 없구나 하고 생각하면 교회에서 접하고 경험하는 어려움을 해결할 수 없게

된다. 그들의 영적인 정체성은 고통을 겪게 될 것이다:

* 특히 우리 가정에는 많은 외식의 모습이 있었지요. 나는 비현실적인 것을 무척 많이 목격했고 그것은 내가 십대 후반을 반항의 시기로 보낸 원인이 되었지요. 좋은 때도 있고 진정한 영성생활도 종종 있었지만 부모님의 일관성이 결여된 모습을 보면서 나는 빗나가게 되었습니다.

* 나는 다른 이들에게서는 그다지 외식의 모습을 발견하지 못했지만 우리 집에서는 무척 많이 목격했습니다. 나는 내 삶에서 옳지 못한 일이 조금이라도 있다면 목회하는 것을 그만두려고 하는 정반대의 반응을 보여왔습니다.

분명히 신앙은 교인들에게서 드러나는 문제들과 상관없이 가정에서 시작된다. 목회자 부모는 자녀들을 자신들의 말과 행동으로 가르치는 것이다.

경계선 설정하기

부모는 가정과 교회 사이에 한계선들을 설정해서 교인들의 행동이 자녀들에게 미치는 영향력을 조정할 수 있다. 제2장과 제7장에서 살펴봤듯이 목회자 부모의 개인적인 한계선들은 자신들이 맡아야 할 책임과 교인들이 감당해야 할 책임이 구분될 수 있도록 한다. 한 피케이가 교회 안의 사소한 논쟁과 권력의 남용에 대해 이야기하면서 다음과 같이 말했다:

* 내가 성장하던 시절 교회에는 사소한 논쟁과 권력의 남용 둘 다 존재했다고 생각합니다. 부모님은 그 이슈들을 잘 해결하셨습니다. 부분적으로 부모님이 해결하는 데 도움을 주기도 했지만 문제 해결 전체를 부모님이 맡으려고 하지 않으심으로 적절하게 관여하셨습니다.

경계선들이 지나치게 유동적인 경우에 목회자 부모는 자녀들에게 자신들이 겪는 좌절감을 쏟아냄으로써 자녀들로 하여금 비슷한 감정을 갖게 한다. 어떤 피케이는 자신의 부모님이 언제나 교인들에 대해서 비판적이었는데 부모로부터 물려받은 이런 비판적 태도는 '내가 나이가 들어가면서 버려야 할 가장 큰 문제점' 이었다고 기록하고 있다. 또 다른 목회자 자녀는 부모님의 태도가 어떻게 자신의 태도를 규정지었는지에 대해서 다음과 같이 응답했다 :

* 우리는 교회 안에서 일어나는 갈등들에 대해서 어떻게 생각해야 할지에 대해서 부모님을 통해 간접적으로 자주 이야기를 듣게 되었습니다. 우리들은 부모님의 견해를 통해 교인들에 대한 고정관념을 갖게 되었습니다. 나는 비방하는 소문을 퍼뜨렸던 일을 고백해야 할 것 같습니다. 심지어 나는 '골치 아픈 교인' 의 아들에게 면전에 대놓고 '세속적인 아이' 라고 별명을 부르기도 했습니다. 그 아이는 왜 그런지 이유를 몰랐겠지만 화를 냈습니다.

상당히 경직된 경계선들을 긋는 부모는 자녀들을 교회의 문제들로부터 차단시켜 버린다 :

* 부모님은 그런 문제들에 대해서 보안을 유지하셨으며 정작 내가 이런 어려움을 인식하게 된 시기에 나는 집을 떠나게 되었습니다.

이런 보호는 자녀의 인식 수준 정도에 따라 달라진다. 목회자 부모들 가운데에는 아이들이 이미 그와 같은 문제들을 완전히 인식하고 있으며 그 문제를 충분히 이해하도록 어느 정도의 도움이 필요하다는 사실을 깨닫지 못하는 이들도 있다. 오히려 그들 자신이 아이들의 유익을 위해서 아이들을 보호하고 있다고 믿고 있을 수도 있다:

* 때때로 그분들은 간단히 설명하시기도 했지만 대부분의 경우 우리는 우리가 들었던 갖가지 헛소문이 맞는지 그렇지 않은지에 대해서 궁금해하는 수밖에 없었습니다.

* 내가 어렸을 때 나는 누군가가 교회를 떠나면 그 이유에 대해서 종종 의아해 하면서 대부분의 일들을 그저 주시했을 뿐입니다. 나는 부모님이 나를 보호하기 위해서 그러셨다고 짐작합니다. 십대 후반에 이르면서 나는 많은 일들을 주시하고서 엄마에게 물어보았습니다(아빠는 우리가 몰라도 된다고 생각하셨습니다). 나는 기본적으로 사람들이 교회를 떠나는 이유를 몰랐습니다. 우리에게는 그 도시와 교회를 떠나게 했던 한 사건이 있었는데 그 사건에 대해서는 엄마가 약간 설명하셨는데 아직도 그 상황에 대해서 나는 잘 모릅니다.

* 나는 부모님이 교회에서 발생한 일들에 대해 우리 자녀들이 잘 알고 있다는 사실을 깨닫지 못하셨다고 생각합니다. 왜냐하면 그분들은 우리에게 그 일에 대해 별로 설명해주지 않으셨기 때문입니다. 아마도 그분들이 우

리가 그 일들에 대해서 잘 알고 있다는 사실을 파악하셨다면 우리에게 일일이 설명해 주셨을 것입니다.

* 나는 점점 성장해 가면서 사람들이 내게 보여준 신뢰 이면을 늘 꿰뚫어 보았습니다. 부모님은 내가 모든 것을 다 아는 것이 좋은 것은 아니라고 느꼈던 것 같습니다. 그러나 나는 그 진상을 그대로 설명할 수 있을 정도로 분명히 알고 있었습니다.

목회자 부모들 중에는 교회 문제들에 대해서 자녀들과 기꺼이 대화하려는 부모들이 있지만 물론 여기에도 정도의 차이가 있다. 어떤 부모들은 자녀들이 질문하거나 알아야 할 필요가 있다고 생각되는 문제들만을 논의한다 :

* 아빠는 하나님께서 목사로서 자신과 엄마에게 교회 안의 문제들을 처리할 능력을 부여하셨기에 우리에게 그런 일들을 짐 지울 필요가 없다고 생각하셨습니다(물론 지금도 마찬가지입니다). 따라서 그분들은 가능한 한 사소한 논쟁과 권력다툼으로부터 우리를 보호하셨지요. 물론 때때로 누가 봐도 금방 알아차릴 수 있는 일이 벌어져서 우리가 그 일에 관해 질문하면 엄마는 설명해주시려고 노력하곤 했습니다.

아무런 이야기를 하지 않는 것이 다소 위험한 일이라면 정반대로 자녀들에게 너무 많이 이야기하는 것 역시 해로운 일이다 :

* 너무 많이 알고 있다는 사실이 내게는 문제였습니다. 나는 내가 들은 정

보나 내가 취해야 할 입장을 감당할 능력이 늘 부족했거든요.

문제는 자녀들이 베일 뒤에 남겨져 있다고 느끼느냐의 여부에 달려 있다. 목회자 부모는 당면한 문제들을 개방적이면서도 '자녀들의 호기심과 이해에 적합한 방식으로' 논의할 수 있어야 할 것이다. 이것은 수많은 부모들이 우려하는 '큰' 질문, 즉 자신이 어디서 태어났는지를 질문하는 것과 비슷하다. 우리는 한 꼬마가 아버지에게 다가와서 "아빠, 나는 어디에서 왔어요?"라고 질문하는 우스운 상황을 떠올릴 수 있다. 꼬마의 아버지는 깊게 한숨을 내쉬고 나서 생식에 관한 장황하고 상세한 설명에 돌입한다. 마침내 아버지의 설명이 끝나자 그 아이는 얼굴을 찡그리면서 "어, 이상하다. 톰은 클리블랜드Cleaveland 시에서 왔다고 하던데"라고 중얼거린다.

그 아버지가 무엇보다도 먼저 아이가 진정으로 알고 싶은 것이 무엇인지를 파악했다면 그 엄청난 헛수고를 하지 않아도 됐을 것이다. 아이들은 호기심의 수준에서도 매우 차이가 있고 충분한 설명이라고 생각하는 것에서도 마찬가지로 수준 차이가 있다. 따라서 부모들은 아이들이 하는 질문에 대해 자신들이 갖고 있는 불안으로 인해서 지나친 부담을 준다거나, 이해하고자 하는 그들의 호기심을 불만족스럽게 해서는 안 될 것이다.

논지는, 각 대화의 주제는 저마다 다르겠지만 각 대화의 원리는 동일하다는 것이다. 목회자 자녀들은 교회 안에서 성도답지 못한 행위들을 무수히 많이 볼 수도 있으며 따라서 그러한 일들을 이해하는 데 도움이 필요하다. 아이들 중에는 여느 아이들보다 훨씬 호기심이 많은 아이들이 있다. 그리고 자신들이 목격한 사실 때문에 보다 많이 힘들어하는 아이들도 있다. 목회자 부모는 자녀들에게 어떤 문제들을 설명할 경우에 이런 차이점들을 고려해야 할 것이다. 따라서 아이들이 호기심을 갖지 않는 문제들을 설명하는 것은 별 도움이 되지 않는다 :

* 대부분의 경우에 당면한 일들에 대해서 자세한 설명을 들었지만 때때로 나는 그 일에 전혀 관심이 없었기에 오히려 매우 혼란스러웠습니다.

아이들은 자신들의 개인적 경계선들을 존중받는 범위 안에서 당면한 문제들을 이해할 수 있도록 도움을 받아야 한다. 예를 들어, 부모는 피케이들이 점점 성장해 감에 따라서 자세하게 설명을 해주는 식으로 그들의 연령 수준에 맞추어 설명할 수도 있다.

* 내가 어렸을 때 그분들은 내게 당면한 일들에 대해서 대강 설명해 주셨지만 나는 실제로 거의 이해하지 못했습니다. 그러나 일단 고등학교에 입학하자 그분들은 이런 상황들에 대해서 내게 상당히 거리낌 없이 이야기하셨습니다.

앞에서 예로 들었던 위원회에 처음 참석한 피케이를 기억하는가? 그 위원회의 위원들은 새로 장만할 카펫의 색깔로 거의 주먹다짐을 하기에 이르렀고 그 후로 그 피케이는 다시는 그 위원회에 참석하지 않았다. 그 이야기는 긍정적인 결과를 담고 있다. 그 피케이의 부모는 아이의 경계선들을 지키는 범위 안에서 그 아이는 물론이고 그 위원회와 그 문제에 대해서 토의했다. 그리고 그 문제는 적절하게 해결되었다 :

＊ 부모님과 나는 몇 차례에 걸쳐서 그 일에 관해 이야기했습니다. 그분들은 내가 그 문제를 이해하도록 도우려고 애쓰시면서 나 스스로 결정을 내리게 하셨습니다. 다음 모임이 다가왔을 때 나는 참석하지 않았으며 한 위원이 아빠에게 내가 어디 있는가를 물어왔습니다. 아빠는 단호하게 사실대로 대답하셨고 그러자 위원회 자리에는 충격적인 침묵이 감돌았습니다. 그 중 어떤 이는 매우 당혹스러운 표정을 감추지 못했습니다. 그들은 "목사님, 아들에게 다시는 그런 일이 없을 것이라고 말해주십시오"라고 말했습니다. 그러자 이어지는 아빠의 대답이 명답이었습니다. "아마도 당신들이 직접 그 아이에게 말하셔야 될 겁니다." 믿거나 말거나 간에 그들은 내게 사과를 했으며 나는 그 모임에 다시 참석하게 되었답니다. 물론 우리 모두는 그 일로 인해서 매우 소중한 교훈을 얻게 되었지요.

그 부모는 두 가지 면에서 아들의 경계선들을 존중했다. 첫째, 부모들은 그 문제에 대해서 철저히 토론하고 난 뒤에 아들이 스스로 결정하도록 위임했다. 둘째, 그 목회자는 아들을 대변하는 역할을 하는 대신에 양자 간의 중개인 역할을 거부하고 그 위원회가 아들에게 직접 사과를 하도록 했다. 적절한 설명과 경계선의 존중이 서로 잘 결합된 이 사건은 관련된 모든 이들에게 건설적인 교훈을 남겼다. 요점은 피케이들이 민감한 상황에 대해 설명을 필요로 할 때 부모가 자신들을 도울 것이라고 확신을 갖고 그들의 부모에게 의지할 수 있어야 한다는 것이다 :

＊ 부모님은 자신들이 필요하다고 느끼면 언제나 당면한 일들에 대해서 설명하셨습니다. 혹시 내가 질문이라도 하는 경우에, 그분들은 언제나 기꺼이 대답해 주셨지요. 내가 어렸을 적에 나는 당면했던 일들에 대해서 거의

몰랐습니다. 몇 년 전에 교회가 분열되었을 때에야 비로소 나는 무슨 일이 벌어지고 있었는가를 깨달았으며 엄마와 아빠 역시 자신들도 감당하기 힘드셨던 일들을 우리들에게 설명해 주셨습니다.

기쁠 때나 슬플 때나

목회자 자녀에게 교인들은 확대 가족과 같기 때문에 그들은 피케이에게 긍정적이건 부정적이건 영향을 미칠 수 있다. 교인들이 피케이들에게 호의적이며 적절한 기대들을 갖고 있다면 피케이들은 밀착된 돌봄의 공동체 안에서 생활하는 갖가지 이점들을 얻게 될 것이다. 예를 들면, 가족이 병들었을 때 각별한 돌봄을 받는다거나 정직한 신앙의 귀감이 되는 어른들과의 교제가 이점들이다. 그러나 이와 정반대로 교회 안에 불화를 일으키고 권모술수를 행하고 외식적인 교인들이 너무 많아지면 결과적으로 피케이들은 혼란과 불신, 노여움, 쓰라림의 감정들을 경험할 수 있다.

지금까지 살펴 본 결과, 발생하는 갈등들을 부모들이 어떻게 처리하느냐는 중요한 요인이다. 부모들은 자녀의 인식 수준에 맞추어서 그들이 이해할 수 있도록 돕고 있는가? 의견 차이가 난무하는 교회라는 세계는 혼란을 줄 수 있는 곳이기에 목회자 자녀들이 멋대로 생각하고 행동하도록 방치되어서는 안 될 것이다.

목회자 부모들은 그들의 말이나 살아가는 방식을 통해서 인간 본질에 관해서 무엇을 가르치고 있는가? 목회자 내외가 크리스쳔의 인품을 갖고 생활해 나갈 때 피케이들은 외식에 대해서 적절한 관점을 갖고 바라볼 수 있다. 실제로 종종 피케이들은 변덕스럽고 외식이 있는 인간을 신뢰하는 것보다 언제나 동일하신 하나님을 신뢰하라는 부모들의 가르침이 진실임을 깨닫게 될 수 있다. 그 결과 신앙심이 깊어질 수 있다. 물론 여기에는 목회자 부모가 참된 기독교 정신을 실제적으로 자신의 삶 가운데 드러내는 것이 전제되어야 할 것이다.

목회자 자녀들에게는 부모로부터 주어지는 기본적인 특성과 끊임없이 뒷받침되는 지지에 비해 교인들이 미치는 영향력은 이차적인 것 같다. 이러한 견해는 부모가 교인들에 대하여 가족들의 경계선들을 어떻게 지킬 것인가 하는 원점의 문제로 되돌아가게 된다. 부모들이 경계선을 빈약하게 설정할 경우에는 자신들의 정서 상태가 자녀들의 삶을 침해한다는 사실을 확실히 인식해야 할 것이다. 물론 가정에서 교회 내의 문제들에 대한 모든 논의가 배제될 만큼 경계선이 경직되어서도 안 될 것이다. 거기에는 각각의 아이의 호기심과 이해 능력에 따라서 그 아이에게 맞게 설명이 주어져야 한다는 적절한 경계선이 존재해야 한다.

한편, 부모의 역할을 강조한다는 것이 교인들의 역할을 완전히 배제하는 것을 의미하는 것은 아니다. 만일 교인들이 미치는 영향력을 부정한다면 주변의 모든 사람들이 피케이들의 삶에 좋지 않은 영향을 미치는 부분에 대해서 목회자 부모가 전적으로 책임을 져야 할 것이다. 목회자 가족들은 교인들의 불합리한 행동으로 상처를 받기 때문에 전 가족들은 그런 고통을 헤쳐 나갈 여유를 가지고 있어야 한다. 교인들에게 연임을 거부당했던 한 목회자 가족은 그런 상황을 믿음 안에서 건설적으로 해결하려고 용감하게 노력했다. 그러나 그런 노력들을 한다고 해서 피케이들의 상처받은 감정들이 모두 소멸되는 것은 아니다:

* 부모님은 그 일로 상처를 받았습니다. 그러나 그분들을 증오하지 않으려고 애쓰셨습니다. 그분들은 자신들과 우리 모두를 위해서 열심히 기도하셨지요. 또한 부모님은 우리들 중에 어느 정도 자란 형제들과 그 같은 상황에 대해서 함께 이야기하시며 우리들이 이해할 수 있도록 도와주려고 애쓰셨습니다. 그렇다고 해서 내 안에 증오의 감정이 생겨나는 것을 막을 수는 없었습니다. 사실 나는 그 상처를 극복하는 데 수년이 걸렸답니다.

교회 안에서 자신이 접해왔던 잔인하고 외식적이고 미성숙한 행동에 신물이 난 다음의 목회자 자녀는 교인들이 자신의 아버지에 대해서 갖는 불만족을 표현하는 데 보다 건설적인 방법들을 모색하도록 그들에게 조언해 주었다 :

* 나는 크리스천들의 모임인 교회가 얼마나 잔인할 수 있는가를 그들이 모두 알았으면 좋겠습니다. 만일 교회 내에 문제가 발생한다면 대부분의 경우 그것은 목회자의 잘못으로 여겨지지요. 그러나 언제나 그렇지는 않습니다. 성경은 "네 눈 속에서 들보를 빼어라 그 후에야 밝히 보고 형제의 눈 속에서 티를 빼리라"고 말씀합니다. 교회 안에서 발생하는 대부분의 문제들이 목회자의 잘못은 아닐 것입니다. 그리고 사실 교인들이 목회자 자녀들보다 잘못 행동하는 경우가 훨씬 더 많습니다. 교인들은 자신들의 마음대로 되지 않으면, 다른 교회로 옮겨가거나 목회자와 그의 가족들을 매우 힘들게 하지요. 내가 권고하고 싶은 것은 그들이 하나님의 말씀을 선포하는 목회자를 비난하기 전에 자신들의 삶을 점검하라는 것입니다. 만일 그런 후에도 여전히 자신들이 옳다고 생각된다면 그들은 목회자의 인생을 초라하게 만드는 대신에 목회자에게 찾아가 대화를 나누어야 할 것

입니다.

목회자 부모는 교회생활이 자녀들에게 어떠한 영향을 미치는가를 확인하면서 지도적인 역할을 감당해야 하겠지만, 그런 역할을 성공적으로 수행하기 위해서는 그 외의 배역을 맡은 이들의 전폭적인 지원이 필요할 것이다. 그 누구도 목회자 자녀의 인생 드라마에서 자신이 맡은 부분을 간과할 수는 없을 것이다.

에 필 로 그 **요약**

제10장 · 새로운 무대와 보다 나은 대본

… 사역자 자녀 상담
Counseling for Pastors' Kids

제10장
새로운 무대와 보다 나은 대본

　드라마는 진행된다. 무대가 설치되었고 대본도 완성되었으며 배역들도 정해졌다. 목회자 자녀들은 교인들을 배경으로 정체성을 추구하는 연기를 하며 수많은 요인들로 인해 도움을 받기도 하며 방해를 받기도 할 것이다. 이 책에서는 극히 일부 요인들만 다루었다. 그 요인들에는 사회적 경계선들의 사용, 의사소통 규칙들, 만연된 고정관념들과 기대들, 자녀들의 개인적인 성격, 그리고 부모, 또래 친구들, 교인들과의 관계가 포함된다. 어느 한 요인도 다른 요인에 우선하지 않는다. 개인의 인생을 다룬 드라마를 만들기 위해서 모든 요인들이 각기 다른 곳에서 각기 다른 방식으로 그 역할을 감당할 것이다.

　이제 무대 커튼을 내리고 지금까지 이야기해왔던 것을 복습하고자 한다. 목회자 자녀들 중에는 가정에서 진심으로 사랑받으며 성장한 이들이 있는데, 그들은 대부분 고정관념이나 교인들의 권력다툼에 희생되지 않았다. 그들의 부모들은 서로 사랑하며 언행이 일치하는 크리스천들로서 가정을 양육의 장(場)으로 제공한 이들이다. 다음은 피케이들에게서 얻은 '최고의' 응답들 중에서 몇 가지를 나열한 것이다 :

* 나는 피케이라는 특권과 크리스천 가정에서 성장하게 된 것에 대해서 정말 기쁘게 생각합니다.

* 나에게 피케이의 역할을 맡겨주신 하나님께 감사합니다. 'Jesus Christ'라는 말이 욕으로 사용되지 않는 환경에서 자라게 해 주신 것도 감사합니다.

* 나는 내가 피케이라는 사실이 기쁩니다. 그로 인해서 나는 훌륭한 교육을 받았고 인생에서 유리한 출발을 하게 되었거든요. 또한 그 역할을 감당하며 인생과 사람들에 대해 많은 것을 알게 되었고 그것을 어떻게 다루어야 하는지 알게 되었습니다. 나는 지금 아빠의 있는 모습 그대로를 기쁘게 생각합니다. 그분은 정말 사랑이 많습니다. 그는 내가 어떤 인물이 되어야 할 지를 보여주신 분이랍니다.

모든 일이 순조롭게 진행될 경우 피케이는 자신이 여느 아이들과 '다른' 존재라는 사실 조차 인식하지 못할 수도 있다 :

* 나는 우리 가족과 교회와 일반적인 삶 자체를 늘 사랑해왔습니다. 따라서 나는 피케이라는 사실이 내게 해로운 영향을 미쳤다고는 생각하지 않습니다. 그 말은 분명히 긍정적이었다고 하는 말이겠지요. 살면서 '피케이'가 특별히 다르다고 한 번도 생각해본 적이 없습니다. 나는 그냥 좋은 가정

에서 성장한 것에 대해서 늘 감사해왔을 뿐입니다.

그러나 일부 피케이들의 평가는 이 정도까지 긍정적이지는 않다. 그들은 이익과 불이익을 함께 경험한 이들이다. 그들은 전반적으로 피케이로 태어난 것에 대해서 행복해하지만 동시에 피케이의 삶에 있어서 힘든 부분도 경험했다고 말한다 :

* 힘든 시기가 있기는 했지만 나는 내가 피케이라는 사실이 기쁩니다.

* 우리에게는 어려운 시절도 있었지만 큰 보상도 있었습니다. 영적 유산과 성령의 감동을 받는 부모님이 계시다는 것은 누구에게나 축복일 것입니다.

* 당신이 피케이라는 사실은 보통의 십대들이 결코 경험할 수 없는 일들을 겪게 된다는 것을 의미합니다. 그러나 기본적으로 그 삶은 결코 평범한 삶이 아닙니다.

* 피케이로서의 삶은 결코 편안한 것이 아니었지만 나는 그 삶을 즐겼습니다. 그 삶에는 많은 이점들이 있습니다(물론 잊혀지지 않는 불이익들도 있었습니다). 피케이로서의 삶은 분명 힘겨운 삶이지만 누군가는 그 삶을 살아가야 합니다. 그렇다면 나라고 예외일 수 있을까요?

* 고통을 겪고 고민하며 아픔을 겪는 것은 그만한 가치가 있습니다. 적어도 나는 그렇게 생각합니다.

피케이들은 많은 어려움에도 불구하고 자신들의 삶이 '보람된 것'이라고 생각하기 때문에 목회자 가족들에 대한 그들의 조언은 '견뎌내라'는 것이다 :

* 포기하지 마세요.

* 역경을 딛고 최선의 것으로 만들어 보세요.

* 우리 모두는 배우고 성장하기 위해서 그런 어려움을 견뎌내야 하며 거기에는 항상 그만한 이유가 있습니다. 사람이란 어려움을 참고 견뎌내야 하며 문제점을 직면해야 하지 쉽게 단념해서는 안 됩니다.

부모와 교인들에게 깊은 상처를 받아온 목회자 자녀들에게 이러한 권면은 공허하게 들릴 수도 있다. 이런 피케이들의 응답은 가장 부정적이다. 그들에게 "만일 당신이 다시 인생을 살 수 있다면 당신은 어느 부분을 바꾸고 싶은가요?"라고 물어본다면, 목회자 가정에서 태어나지 않았으면 한다고 대답할 것이다 :

* 만일 피케이가 되는 것에 선택권이 있다면 나는 절대로 피케이가 되지 않겠습니다. 그것은 무시무시하고 비참하며 크리스쳔으로서의 나의 삶에 손해가 되었거든요. 솔직히 말해서 나는 내가 피케이라는 사실이 너무도 싫습니다.

* 만일 내게 선택권이 주어진다면 다시는 그 길을 가지 않겠습니다. 왜냐

하면 나는 그 길에서 정신적으로 많은 상처를 받았기 때문입니다.

피케이들은 목회 사역을 준비하는 사람들에게 하고 싶은 말이 있을 것이다:

* 그 일은 하지 마세요.

* 사역에 뛰어들지 마세요.

만일 연예계 논평들을 읽는다면 그것들이 우리를 얼마나 혼란스럽게 하는지 알 수 있을 것이다. 한 비평가가 혹평을 한 작품에 대해 다른 비평가는 격찬을 할 것이다. 실제적으로 작품에 대한 가치를 신뢰하는 것과 개인적으로 선호하는 것은 별개의 문제이다. 결국 그 논평 자체는 당신이 그 작품을 관람할 것인지를 결정할 때 거의 도움을 줄 수 없을 것이다. 그렇다고 하면 여기서 무슨 이야기를 덧붙일 필요가 있겠는가?

필요가 있다. 생태학적 접근을 취하는 요지는 목회자 자녀로 태어난 것이 좋은지 나쁜지에 대해 어떤 가치 평가를 내리는 것이 아니다. 우리는 한 인간의 경험이 다양한 요인들로 이루어져 있다는 사실과 이러한 요인들이 어떻게 상호 작용하는가에 대해 어느 정도 인식하고 있어야 한다. 이런 이해를 바탕으로 할 때 우리는 상황들을 보다 나은 방향으로 변화시켜 나갈 수 있을 것이다.

이런 목표를 이루기 위해 우리는 단순히 피케이들의 '서술' 뿐만 아니라 그들이 권고한 사항들에도 주목할 필요가 있다. 그들은 교인들과 목회자 그리고 다른 피케이들에게 도움을 줄 수 있는 제안이나 의견들을 수많이 제안하고 있다. 나는 앞에서 각 장별로 논의된 주제에 따라 피케이들의 권고 사항들을 개괄적으로 분류해 보았다.

명확한 경계선 유지하기

제2장에서 우리는 명확한 사회적 경계선을 설정하는 것의 중요성에 주목하면서 경계선의 침범에 대한 몇 가지 예를 살펴보았다. 목회자 자녀들은 경계선이 지나치게 느슨하거나 지나치게 경직되는 데 따른 문제들을 인식하고 있다.

가장 기본적인 단계에서 적절한 경계선을 설정하는 것은 피케이의 개성을 존중한다는 것을 의미한다. 이러한 존중은 정체성 발달의 전 영역에 있어서 핵심적이다:

* 자녀들이 성장해 감에 따라서 그들이 스스로 개인적 정체성을 형성해 갈 수 있도록 해주십시오.

* 서로 간에 각자의 독특함을 편안히 인정해 주십시오.

몇몇의 사례에서는 고정관념과 비현실적인 기대로 개인의 정체성이 거의 희박해져 있었다. 목회자 자녀들은 교회 안에서(자신이 감당해야 할 배역으로서가 아니라) 한 인간으로서 있는 그대로의 모습으로 받아들여지길 원한다:

* 부모님은 나를 교회를 위한 전시물이나 진열품, 모범으로서가 아닌 한 인간으로서 사랑하시고 관심을 가지셨습니다. 이 사실이 나의 학창 시절에 있어 매우 소중하게 기억되는 부분이라고 생각합니다.

* 아이들에게 피케이로서 잘 행동할 것을 강요하지 마십시오. 그들에게 자신을 찾으라고 가르치고 그들이 그렇게 할 수 있도록 도와주십시오. 우리 부모님은 실제로 내가 나 자신이 되도록 도와주셨는데 심지어는 나를 위해서 자신들이 곤란에 빠질 위험을 자초하기까지 하셨답니다. 바로 이 부분이 중요한 것입니다.

평범하게 취급하기

피케이들의 말에 따르면, 그들은 보통 아이들과 뭔가 다르게 구분되기보다는 '평범한' 아이들처럼 취급받기를 원한다. '평범' 이라는 용어에는 많은 의미가 포함될 수 있다. 첫째, 그들에게 거는 기대들이 현실적이어야 한다는 것이다 :

* 피케이들을 무조건적인 사랑으로 대해주십시오. 너무 비현실적인 기대를 하지 말아 주십시오. 한 개인으로서 그들을 받아주십시오. 그리고 교인들에게도 그와 같이 하도록 가르쳐 주세요.

* 목회자들은 자신의 자녀들을 '평범하게' 대해 주어야 합니다. 나는 어느 정도 우리가 모범을 보이는 것이 중요하다고 생각합니다. 만일 우리가 그렇게 하지 않으면 이로 인해 아빠의 체면이 손상될 것이고 그렇게 되면

사람들이 아빠를 존경하지 않을 수도 있으니까요. 그러나 나는 피케이들에게 비현실적인 기대를 해서는 안 된다고 생각합니다.

* 당신의 자녀들을 평범한 아이들같이 대해주십시오. 지나치게 엄하지도 않고 지나치게 관대하지도 않게 말입니다. 우리는 이미 교회에서 '팔방미인' 이라는 얘기를 수없이 듣는답니다.

* 당신의 자녀들이 완벽하기를 기대하지 마십시오.

* 그들에게 지나치게 높은 기대를 하지 마십시오.

둘째, 피케이들은 개인으로서 각자 자신들 나름대로의 의견들과 관점을 가지고 있을 것이다. 그들에게 이런 것들을 표현할 수 있도록 해 주어야 한다 :

* 그들이 아이답게 살 수 있도록 해 주시고 자신들의 의사와 감정을 표현할 수 있도록 해 주십시오.

* 그들에게 표현할 기회를 주십시오.

* 그들을 평범한 아이들과 같이 대해주시고 그들이 자신을 표현할 수 있게 해 주십시오.

셋째, 정체성을 형성하는 데 있어 중요한 것은 시행착오를 겪을 수 있

으면서 결정할 수 있는 어느 정도의 자유를 가지는 것이라는 점을 우리는 기억해야 한다:

* 당신의 자녀들이 청소년기에 해결해야 할 이슈들을 교인들에게 빼앗기지 않도록 하십시오. 설사 당신이 찬성하지 않는 어떤 일을 한다고 하더라도 할 수 있도록 해주어 그들이 자신을 찾아갈 수 있도록 해주십시오. "얘들아, 네가 원하는 대로 해보거라"라고 말하십시오.

* 나는 부모가 자녀를 억압하고 이 세상으로부터 그들을 보호하려고 애써야 된다고 생각하지 않습니다. 나는 자녀들이 원한다면 세상에서 돌아가는 일들을 자유로이 맛볼 수 있도록 해 주어야 한다고 생각합니다. 부모는 자녀들이 올바른 선택을 할 수 있도록 충고할 수는 있겠지만 자녀들 대신 선택해 주어서는 안 될 것입니다.

* 너무 비판적이 되지 않도록 노력하십시오. 그들이 즐기는 일들을 찾아서 열정을 가지고 그 일에 매진할 수 있게 해 주십시오.

* 당신이 마땅히 추구해야 할 바라고 규정해 놓은 대로 자녀가 살아갈 것이라고 기대해서는 안 된다고 생각합니다. 당신이 자녀에게 옳은 방향을 제시해 줄 수는 있지만 결정은 그들 스스로 내리도록 해야 합니다.

* 피케이들에게 스스로 결정할 수 있는 자유를 주십시오. 만일 그들이 '당신이 그들을 신뢰하고 있다'는 사실을 알게 된다면 당신과 그들의 관계는 두터워질 것이고 그들은 자신감을 갖게 될 것입니다.

크리스천이 먼저, 피케이는 다음

이 모든 제안에 근간을 이루는 원리는 한 개인으로서 피케이의 경계선을 존중해 주는 것이다. 이 원리는 특히 영적인 정체성에 있어 중요하다. 피케이들이 제안하는 개인적인 자유는 크리스천의 행위에 대한 모든 기준을 무시하겠다는 의미가 아니다. 이 자유는 절대적인 것이 아니다. 그것은 최소한 이중 잣대를 피하자는 의미를 수반하고 있다. 따라서 만일 피케이들에게 하나의 기준이 세워져야 한다면 그 기준은 또한 모든 크리스천에게 적용되는 기준이어야 할 것이다. 그러므로 그들은 피케이로서 취급받기 이전에 우선적으로 크리스천으로서 취급받아야 한다. 특별한 행동을 기대하거나 허락하지 않을 경우 그것은 모든 크리스천들에게 그런 행동이 적절하거나 부적절하기 때문이지 단순히 피케이들에게만 그렇게 되어서는 안 될 것이다 :

* 그들에게 교회에서 어떤 특정한 방식으로 행동하라고 말하지 마십시오. "교회에서는 네 여동생의 머리카락을 잡아당기지 말아라" 라고 말하지 말고 "네 여동생의 머리카락을 잡아당기지 말아라" 라고만 말하십시오.

* 내가 피케이라는 사실이 마음에 들지 않는 한 가지 이유는 다른 사람들이 내가 크리스천이기 때문이 아니라 피케이이기 때문에 착하다고 믿는 것입니다. 그러나 나는 대체적으로 다른 모든 사람과 아주 똑같이 취급받았습니다. 왜 나는 내 자신의 존재로 인정받을 수 없나요? 나는 아빠의 목사직과 아무런 상관이 없는데 말입니다. 아무튼 부모로 인해 어떤 사람들을 고정관념 속에 집어넣는 것은 어리석은 일입니다. 나는 피케이로서가 아니

라 크리스천이었기 때문에 교회생활과 중고등부 모임을 정말로 좋아했습니다.

* 그들을 피케이로서 기대하지 말고 그들 나름대로의 권리를 갖고 있는 하나님의 자녀로서 기대하십시오.

* 일차적으로 나의 역할은 한 사람의 크리스천이자 예수 그리스도의 종이 되는 것이지 다른 사람들이 나에 대하여 갖는 기대와 태도를 맞추어 주는 종이 되는 것은 아닙니다.

한 목회자 자녀가 다른 목회자 자녀들에게 이중 잣대를 피해야 한다는 지혜로운 권고를 하고 있다 :

* 순간적으로 사람들에 의해서 다듬어지지 말고, 점차적으로 하나님에 의해서 다듬어지세요. 하나님은 당신이 감당할 수 없는 기대를 하시지 않는답니다. 그러나 사람들은 금방 당신이 괜찮은 사람이 되기를 기대할 것입니다.

피케이들이 어떤 역할들을 감당하도록 압박하는 것은 그들을 부모의 사역의 연장선상에 놓고 바라보는 것이다. 목회자 자녀들이 그들의 부모와 지나치게 동일시되어서는 안 된다. 그들은 자신의 권리에 맞게 개별적인 존재로서 인정받아야 하며 피케이라는 이유로 인해 교회에 헌신하는 다른 교인들 더 교회 일에 참여하도록 요구받아서는 안 될 것이다 :

＊ '특송'이나 행사에 당신의 자녀들을 다른 사람들보다 더 세우거나 덜 세우지 마십시오.

＊ 부모는 자녀들이 가능한 평범하게 자라도록 의식적으로 노력을 기울여야 합니다. 자녀들에게 '작은 목회자들'이 될 것을 강요하지 마십시오. 평범한 아이라면 누구나 교회에 대해서 관심을 갖는 일에 있어서 여러 단계를 거치게 될 것입니다. 그러므로 피케이가 정상적인 흐름대로 이런 국면들을 겪게 내버려두십시오. 지나치게 기대하지 마십시오. 어떤 식으로 행동하기를 요구하는 부모의 압력으로 인해 아이는 반항하게 될 가능성이 높기 때문입니다.

＊ 그들이 교회 밖의 활동도 할 수 있도록 하십시오. 그들에게 교회의 모든 행사에 다 참여하라고 강요하지 마십시오.

＊ 피케이들은 부모 사역의 연장선상에 있는 것이 아닙니다. 그들은 부모의 직업의 질이나 신앙의 질을 확인해주는 이가 아닙니다. 그들은 아이일 뿐이며, 얼마든지 그들도 '실패할 수 있는 여지'가 있음을 인정해야 합니다. 궁극적으로 피케이들은 그들 자신의 힘으로 성공을 해야만 합니다.

가정에서의 안정

피케이의 개별성을 보호한다는 것은 다른 의미를 포함하고 있는데 이는 엄밀히 말해서 경계선의 문제와 관련되어 있다. 피케이들은 목회자 부모가 사역으로 인해 자신의 가정생활을 어느 정도 방치했는지를 살펴

보아야 한다고 권고한다 :

* 당신의 가정을 안전한 낙원으로 만들기 위해 노력하십시오. 가능한 한 교회 업무를 집안에 끌어들이지 마십시오. 당신의 자녀들은 당신이 생각하는 것보다 훨씬 더 많이 스트레스를 인식하고 있답니다.

* 늘 가족이 있다는 것을 명심하십시오. 주변 상황이나 교회가 당신의 가족 사이에 끼여들지 못하게 하십시오. 자녀들에게 어떤 일이 벌어지고 있는지 설명해 주고 최선을 다하여 사랑해 주면 그들 역시 당신을 이해하고 사랑하게 될 것입니다.

* 당신의 업무(사역)는 일터에 남겨 두려고 노력하십시오. 목회자들이 기독교적인 봉사의 모델이 되어야겠지만 끊임없이 당신의 업무를 가정에 끌어들이는 것과 훌륭한 모범이 되는 것은 별개의 것입니다.

* 가족들을 보호하고 타인의 이목이 집중되지 않도록 노력하십시오. 삶이 훨씬 편안해질 것입니다.

목회자는 집에 있는 경우에도 여전히 교회의 직무를 감당하고 있는가의 여부를 알아보기 위해서 스스로 진단해보라고 충고를 받는다 :

* 당신의 자녀들이 아빠가 필요할 때에는 목회자가 아닌 아빠가 되어 주십시오. 그리고 설교가 아닌 아빠로서 충고를 해 주십시오.

교회와 가정 사이에 명확한 경계선들을 유지한다는 것은 그들이 자녀들을 교육하는 방법과 시기의 결정에 있어 교인들이 어떤 압력도 행사하지 못하도록 하는 것을 의미할 것이다 :

* 다른 부모들에 비해 좀 더 엄하게 혹은 좀 더 너그럽게 벌하지 마십시오.

* 자녀들을 직접 양육하십시오. 그 누구에게도 그 일을 맡기지 마십시오. 다시 말해서 이것은 어떤 교인도 당신의 자녀들에게 훈계하지 못하게 하는 것을 의미하는 것입니다. 규칙을 정하고 당신부터 그것을 준수하십시오. 이중 기준보다 더 나쁜 것은 없습니다. 혹시 이사를 하게 되더라도, 그리고 새로운 교회 교인들이 당신이 지나치게 관대하다고 혹은 지나치게 엄격하다고 생각한다고 그 규칙들을 변경시키지 말고 일관성 있게 지켜 나가십시오. 교인들의 규칙에 적응하지 마십시오. 만일 이전 교회에서 허용된 일이라면(영화감상이나 댄스파티처럼) 그것은 교회를 옮긴 지금까지도 허용되는 일입니다.

모든 사람들은 어느 정도의 기대를 받으며 살아간다. 어느 누구나 다른 사람들과의 관계 속에 영향을 받으며 성장해 간다. 목회자 가정에서 명확한 경계선을 유지한다는 것은 급진적인 개인주의를 지향한다는 의미가 아니다. 그런 급진적인 개인주의란 엄격하며 융통성 없는 경계선, 즉 목회자 자녀들이 부모나 교인들에게 어떤 식으로든 영향을 받지 않도록 보호하는 견고한 내면의 벽을 의미한다. 이는 바람직하지도 않으며 또한 비현실적이다. 그렇다고 해서 그 반대의 경우도 더 나을 바 없다. 경계선이 전혀 규정되지 않은 경우 피케이들은 다른 사람들의 뜻에 거의

'동화' 될 것이다. 그들의 정체성은 하나님이 그들을 어떤 모습으로 창조하셨는가에 의해서가 아니라 다른 이들이 그들에게 거는 기대를 얼마나 만족시키는가에 의해 규정될 것이다.

이 양극단 사이의 어딘가에 현실적인 절충안이 틀림없이 있을 것이다. 명확한 경계선을 갖는다는 것은 다른 이들과의 관계를 유지하면서도 자신의 개성을 높이 평가하고 또한 다른 이들에 의해서 좌우되지 않으면서도 그들로부터 영향을 받는다는 의미일 것이다. 이는 그리스도의 몸인 교회가 내포하는 균형의 원리와 다를 바 없다. 즉 지체 중 어느 부분도 배제할 수 없으며 한 지체가 다른 지체들의 역할을 하찮게 여긴다 해도 다른 지체들이 없다면 그 육체는 적절한 기능을 할 수 없다는 것이다.

의사소통의 통로를 열어 놓기

가정이 이러한 균형을 이루고 유지해 나아가기 위해서는 건강한 의사소통이 필수적이다. 피케이들은 부모와 대화를 하며 정서적인 지지를 받아야 할 그들의 필요성에 대해서 반복해서 강조한다. 피케이들은 자신의 부모들이 스트레스를 받으면서 목회 한다는 사실을 알고 있다. 그러나 그들은 또한 자신들이 자녀로서 도움을 얻고 자신들의 이야기를 경청해 줄 부모에게 다가가 도움을 청할 수 있다는 사실을 알고 싶어 한다:

* 자녀들에게 당신이 얼마나 그들을 사랑하는지에 대해 이야기해 주고 교회 밖에서도 그들이 소중한 존재임을 느낄 수 있게 해 주십시오.

* 서로 지지해 주는 가정이 되십시오. 의사소통은 절대적으로 중요한 부분입니다.

* 내가 하고 싶은 한마디 말이 있다면 언제나 대화를 하라는 것입니다. 의사소통은 가장 중요한 일 중의 하나이지요. 어렵더라도 계속해서 대화하십시오.

* 반드시 의사소통의 통로를 열어 놓으십시오. 그들은 당신의 지지를 필요로 할 것이며 자신들이 겪게 될 어떤 문제들도 당신에게는 이야기할 수 있다는 사실을 알게 될 것입니다. 격려와 사랑이 수반된 의사소통이 문제 해결의 열쇠입니다.

* 목회자의 가정도 완벽한 사람들로 구성된 것이 아니기에 문제가 발생하면 서로 상의해서 해결할 수 있다는 사실을 자녀들이 깨달을 수 있도록 해 주십시오.

* 우리는 자신의 삶 속에서 하나님의 소명을 받은 남성과 여성의 자녀라는 특권을 누리고 있다고 느낍니다. 그러나 어떤 필요가 있을 때 가족들에게 설명해 주십시오. 피케이에게는 해결해야 할 문제가 생기기 때문에 그때에는 그들을 위해서 곁에 있어주십시오.

건강한 의사소통에는 교회 안에서 발생한 문제들을 자녀에게 숨기지 않는다는 의미가 포함되어 있다. 어떤 교회들은 특정한 문제들과 감정들에 대해서는 터놓고 논의하지 않는다는 암묵적인 규칙을 갖고 있는 것 같다. 그러나 목회자 자녀들은 상당한 부분을 알고 있다. 즉 뜬소문, 예배 마치고 나누는 얘기들, 주고받는 빈정거림과 얼굴 표정들, 그리고 긴장된 침묵과 같은 것들이다. 무슨 일이 진척되고 있든지 간에 그것이 피케이들에게 직접적으로든 간접적으로든 다소 영향을 끼칠 가능성이 높기 때문에 그 일에 대해서 분명히 부모들과 허심탄회하게 이야기할 수 있어야만 한다. 그래서 피케이들은 자신의 부모님이 당면한 어려운 사태(문제)에 대해서 자신들에게 솔직하게 이야기해 달라고 말한다 :

* 자녀들에게 숨기지 말고 솔직하게 당면한 어려움에 대해 함께 의논해 주십시오.

* 개방성과 솔직한 의논을 격려해 주십시오. 대화의 주제가 없어도 좋습니다.

* 교회의 주된 문제들을 설명해 주십시오.

* 교회 내에 존재하는 어려운 문제들을 함께 나누십시오.

* 가족들을 교인들로부터 보호하되 진행되고 있는 사건들을 그들에게 비밀로 하지는 마십시오. 자녀들도 알아야 할 필요가 있습니다.

* 자녀들에게 당면한 일들을 숨기지 마십시오. 결국에는 그들 역시 당면한 일들을 당신에게 숨기게 될 것입니다.

그러나 솔직하다는 것이 아이들에게 무책임하게 얘기를 쏟아놓는다거나 분노를 발산한다거나 사사건건 불쾌한 일을 이야기하는 것을 의미하는 것은 아니다. 제9장에서 살펴보았듯이 부모는 자녀의 호기심과 인식의 수준에 적절하게 자신들의 설명을 맞출 수 있어야 한다:

* 무엇보다도 의사소통이 매우 중요합니다. 한 가족으로서 당면한 일들을 논의할 수 있어야 합니다. 또한 부모가 자녀에게 모든 일을 이야기해서는 안 된다고 생각합니다. 왜냐하면 논의해서는 안 될 일이 있으며 보다 장성한 아이들과 논의해야 할 일도 있기 때문입니다.

* 자녀들이 교회의 어려움에 대해서 받아들일 준비가 되기 전에 어른들의 시각으로 그들의 생각을 채우지 마십시오.

* 만일 자녀들이 이야기하고 싶어하지 않는다면 강요하지 마십시오.

그것은 이야기해야 하는 부모의 필요와는 달리 알고자 하는 자녀들의 필요에 대한 만족 정도의 문제이다. 이것은 자발적으로 다가와 질문하는 자녀들과 자녀들의 필요를 충족시키는 대답을 기꺼이 해주려는 부모에게 달려 있다.

그러나 부모들이 주도권을 잡고 당면한 일들에 대해서 자녀들을 준비시켜야 할 때도 있다. 목회자는 스트레스를 많이 받게 되는 변화 상황이나 가정의 전환기를 예측할 수 있다. 부모는 건강한 의사소통의 좋은 전통을 세워나가야 한다:

* 이사를 결정할 때에 자녀들을 적절하게 참여시키고 그들이 맞이하게 될 환경에 대해서 가르쳐 주십시오.

* 가족들이 서로에게 끊임없는 지지와 관심을 보내고 함께 이야기를 나누는 등 평소에 형성된 가족 간의 강력한 유대감을 통해 주기적으로 살던 곳을 옮겨야 하는 부담감을 극복할 수 있도록 해주십시오.

* 교회 내의 예기치 못한 일들로 가족의 계획이 무산되거나 지연될 수 있음에 대해서 어린 자녀들에게 설명해주고 대비할 수 있도록 애쓰십시오. 그러면 정작 그 일이 발생했을 때(또한 앞으로 발생한다 하더라도) 그들은 어쨌건 그 일에 대해서 어느 정도는 이해할 것입니다.

명확한 경계선들을 유지하는 것과 건강한 의사소통을 유지해 나가는 일은 밀접하게 연결되어 있다. 만일 피케이가 무시당했다고 느낀다면 그들은 지지해주는 환경 속에서 이런 감정을 풀어가야 할 것이다. 의사소통의 통로를 열어 놓을 수 있는 목회자 부모는 자녀들이 피케이로서 갖는 여러 가지 어려운 정체성의 이슈들을 해결하는 데 도움이 될 것이다.

가족을 가장 최우선순위에 놓고 그 사실을 입증하기

피케이들이 가장 많이 제시했던 주제는 가족의 우선순위 문제이다. 많은 목회자 부모들은 교회와 가정 사이에 명확한 경계선을 지킬 수 없는 것처럼 보인다. 피케이들의 관점에 따르면 그들의 부모가 보내는 주된 메시지는 목회자 가정이 고유의 권리를 존중받을 만큼 소중하지 않다는 것이다. 목회자 자녀들은 가족을 최우선에 놓아야 한다고 거듭 강조하고 있다 :

* 당신의 가족을 사랑하십시오. 그렇지 않으면 당신의 사역은 헛된 것입니다. 당신의 가족은 첫 열매이자 사역을 증명해주는 곳입니다.

* 가족이 최우선입니다. 성경은 자녀를 양육하는 문제에 대해서 끊임없이 이야기하고 있습니다. 만일 당신에게 자녀가 있다면 그들을 최우선으로 여기십시오.

* 가장 중요한 것은 가정을 최우선순위에 놓는 것입니다. 만일 필요하다면 그들을 사역에 관여시키되 결코 자녀들을 팽개치고 사역을 최우선하지 마십시오.

* 자녀들에게 교회가 아닌 하나님을 신뢰하도록 끊임없이 강조해 주십시오. 이 사실을 그들에게 보여주는 가장 좋은 방법은 하나님을 섬기는 일이며 교회를 섬기지 않는 것입니다. 이것은 당신이 인생에서 우선순위를 매길 때 도움이 될 것입니다.

* 당신의 우선순위를 바르게 세우십시오:
  (1) 하나님 (2) 배우자 (3) 가족 (4) 직무

* 당신의 우선순위를 바르게 세우십시오. 당신의 가족이 당신을 필요로

한다면 그 요구 사항들(합당한 요구들일 경우에)은 당신의 사역에 앞서서 반드시 우선시 되어야 합니다. 그들 역시 당신의 교회의 일원입니다. 당신은 또한 그들의 목회자입니다.

* 자녀들과 결혼생활이 최우선이어야 합니다. 그리고 우선순위가 결정되면 그대로 지켜져야 합니다.

* 당신의 가족을 가장 우선시 하고 당신의 교인들이 그 사실에 대해서 알 수 있게 하십시오.

* 당신의 가족을 잊지 마십시오. 그렇게 하기가 매우 쉽습니다. 당신이 자녀들을 잃었다는 사실조차 모를 정도로 교회 사역에 열중하지는 마십시오. 만일 당신이 그렇게 한다면 당신의 자녀들은 교회를 원망할 것입니다.

* 당신의 우선순위들을 바르게 가지십시오:
  (1) 하나님 (2) 가족 (3) 교회

* 자녀는 교회보다 우선되어야 합니다.

* 세상을 얻고 자녀를 잃지 마십시오. 비록 가끔 사역이 우선시될 수는 있으나 사역은 당신의 우선순위에서 하나님과 당신의 아내 다음의 순위를 차지해야 합니다.

가정생활을 최우선순위로 삼는 데 있어서 말이나 정신적인 헌신만으로는 충분하지 않다. 설사 피케이가 자신이 부모들에게 소중한 존재라는 것을 느낀다 해도 우선순위는 실제적으로 표현되어져야 한다. 이에 대해서 여러 가지 권면이 있다 :

* 당신의 자녀의 필요들을 인식하고 사랑을 베푸십시오.

* 당신의 자녀의 감정에 민감하게 반응해 주십시오.

* 반드시 그들에게 충분한 관심을 기울이십시오.

목회자 자녀들은 부모가 자기에 대해서 생각하고 있으며 자신의 필요와 감정에 대해서 생각하고 있다는 사실을 알아야 할 필요가 있다. 그들에게 이것을 어떻게 보여줄 것인가? 한 목회자에게 있어서 좋았던 한 방법은 출타 중일 때 자녀들과 계속 연락을 취하는 것이다 : "어느 정도 기간 떨어져 있어야 할 때에는 항상 연락을 주고받으십시오." 빌리 그래함의 자서전에는 그의 자녀들은 아버지가 출타 중일 때 그가 자녀들을 위해서 기도하고 있다는 사실을 늘 알고 있었다고 기록되어 있다.[70] 드와이트 무디 Dwight Moody의 아들인 폴 Paul은 자신의 아버지에 대해서 다음과 같이 회상하고 있다 :

아빠는 출타 중에는 아무리 바쁘더라도 가족의 생일을 기억해서 편지나 전보를 보내셨습니다. 그리고 그분에 대해서 상상이 되겠지만 선물 주는 것을 즐거워 하셨습니다.[71]

목회자의 마음에 가득 차 있는 모든 중요한 사역들을 제치고 자녀가 우선순위의 가장 상단을 차지한다는 사실을 확인하는 것은 피케이들에게 있어 매우 기쁜 일이다. 자신의 마음속에 자녀가 우선순위를 차지하고 있다고 입증 할 수 있는 목회자 부모는 자녀들이 특별한 존재임을 느끼게 해줄 수 있다.

시간을 내기

아마도 피케이들이 가장 많이 공통적으로 제안했던 것은 두말할 나위 없이 목회자 부모가 자녀들과 함께 '질' 과 '양' 을 갖춘 시간을 보낼 필요가 있다는 것이다 :

* 자녀들을 사랑하며 그들과 충분한 시간을 함께 보내십시오.

* 그들과 알찬 시간을 보내십시오.

* 자녀들과 함께 외출하는 시간을 가지십시오. 만일 그들이 당신을 필요로 한다면 그들의 필요를 무시하지 마십시오.

* 내가 할 수 있는 가장 중요한 권면은 자녀들이 존중받는다고 느낄 수 있는 알찬 시간을 내주라는 것입니다.

* 당신은 반드시 자녀들과 함께 시간을 보내십시오. 이것은 단순히 시간의 질만을 의미하는 것이 아니라 시간의 양도 포함하는 것입니다.

이러한 권면은 모든 연령에 해당되는 것이다. 몇 년 전에 유행했던 'Cat's in the Cradle'이라는 제목의 노래는 너무 바빠서 아들과 함께 놀 시간을 갖지 못했던 한 남자의 이야기를 담고 있다. 그 노래는 소년의 나이의 변화에 맞춰서 각 절을 이루고 있다. 각각의 시기마다 소년은 아빠에게 함께 놀자고 얘기하지만 그 아버지는 변명하면서 다음에 함께 놀아 주겠다고 약속을 한다. 결국 그 아들은 자기의 인생을 찾아 집을 떠날 만큼 장성하게 된다. 이제 그 아버지는 아들이 자신과 얼마간의 시간을 함께 보내야 한다고 억지로 요구하지만 장성한 아들은 전에 아버지가 자신에게 했던 것처럼 지금은 너무 바쁘다고 변명한다. 목회자 자녀들의 인생에서 부모들이 시간을 내주는 것이 중요하지 않은 시기가 있을까? 피케이들은 없다고 말한다 :

* 피케이들의 인격이 형성되는 시기 동안 자녀들과 함께 하십시오.

* 피케이들의 유년 시절에 함께 시간을 보내십시오.

* 비록 그들이 어느 정도 성장했다 하더라도 자녀들과 함께 여가 시간을 보내십시오.

자녀들과 함께 시간을 보낸다는 것은 자녀들을 부모의 활동에 무리하게 끌어들이라는 의미가 아니다. 자녀들의 관심사에 초점을 맞추라는 것이다 : "반드시 자녀들이 하고 싶어하는 일을 하면서 시간을 함께 보내십시오." 이것은 특히 부모의 관심을 받기를 원하는 피케이들이 교인들과 사랑을 놓고 경쟁해야만 할 때 존재 자체로서 자신들이 소중한 사람임을

느끼도록 해 준다 :

* 무엇보다도 자녀들을 위해서 시간을 가지십시오. 그들을 사랑해주되 그들이 교인들보다 훨씬 의미 있는 존재이며 언제라도 당신이 교인들보다 우선적으로 그들을 선택하리라는 사실을 알도록 해 주십시오.

* 항상 자녀들을 위해 시간을 할애하십시오. 교인들의 요구로 인해 그들의 존재를 무시하지 마십시오. 우리는 부차적인 존재로 취급받는다는 것을 어린 나이에도 파악할 수 있습니다. 자녀들을 사랑한다고 말로만 하지 마시고 당신이 그들을 사랑한다는 사실을 실제로 보여 주십시오.

* 부모는 반드시 자녀들과 함께 할 시간을 충분하게 따로 떼어놓아야 합니다. 아이들은 가족이 최우선이라는 사실을 확인해야 할 필요가 있습니다.

* 교인들과 함께하는 시간만큼 자녀들과 함께 하도록 노력하십시오. 자녀들이 자신의 요구보다 교인들의 요구가 훨씬 중요하게 여겨진다고 느끼지 않도록 하십시오.

사역에 참여시키기

시간을 함께 보내는 한 가지 방법은 자녀들을 사역에 참여시키는 것이다. 몇몇의 피케이들은 다음과 같이 제안한다 :

* 남들의 웃음거리로 만들지 않는 범위 내에서 당신의 사역에 자녀들을 참여시키십시오.

* 당신의 사역에 자녀들을 참여시키고 어디든지 그들을 데리고 다니면서 그들의 미래의 삶 속에 함께하실 하나님에 대해 끊임없이 대화한다면 그들이 누릴 수 있는 최고의 가정을 이룰 것입니다.

* 당신의 자녀들을 사역의 일원으로 삼으십시오. 그리고 그들이 사역에 중요한 존재임을 이야기해 주십시오.

* 사역은 단지 어머니와 아버지의 몫이 아니며 반드시 자녀들도 참여되어야 합니다.

자녀들은 사역이 그들의 부모에게 있어서 개인적으로 중요한 일이라는 것을 아는 것은 물론이고 사역 그 자체로도 중요한 일임을 알기 때문에 사역에 참여한다는 사실은 그들이 특별한 존재임을 느끼게 할 수 있다.

한계점 인정하기

자녀들을 위한 시간을 갖는다는 것은 분명 교회와 가정의 경계선들을 의도적으로 세운다는 의미일 것이다. 그것은 목회자가 자신들의 한계를 인정하는 데서 시작될 것이다:

* 당신의 가족들을 위해서 시간을 가지십시오. 교회 안의 모든 사람들에게 다 잘 해주려고 하지 마십시오.

* 나는 당신이 가족들과 함께 했던 활동들이 기억나야 하며 당신의 머릿속에 끊임없이 교회 활동이 떠올라서는 안 된다고 생각합니다. 분명히 말해서, 나는 당신이 할 수 있는 능력만큼 일해야 하며 그 이상은 하지 않아야 한다고 생각합니다.

경계선들을 세우는 데는 신중한 계획과 조직, 그리고 좋은 후속 계획이 수반되어야 할 것이다 :

* 목회자는 교회의 조직에 있어 교회의 모든 책임을 다 떠맡지 않도록 해야 할 것입니다. 그러나 너무도 많은 목회자들이 자녀들보다 사역을 우선시하며 교회 안에 머무르고 있기 때문에 책임을 분담하는 것이 쉽지 않습니다. 만일 피케이들이 교회보다, 목회자가 감당하는 모든 책임들보다 자신이 더 소중한 존재라는 사실을 깨닫는다면 목회자 가정은 살아남을 수 있으며 하나님께 영광을 돌릴 수 있으리라고 생각합니다.

* 목회자 가정에서는 가족을 위해서 미리 정해진 시간을 따로 구분하는 것이 매우 중요합니다. 전화기 선을 뽑아버리십시오. 그 시간에는 가족이 가장 중요합니다.

매끄럽게 진행되는 임무를 해내기까지는 대개 시간이 걸린다. 부모 노릇도 예외는 아니다. 목회자 부모가 자녀들과 시간을 함께 보내지 않는다면 그들은 자녀들이 가치관을 형성하는 데 있어 아무런 영향을 미치지 못한다. 자녀들의 이야기에 귀기울이고 놀아주는 데 시간을 들인다는 것은 그 목회자의 가슴에 가족이 중요하게 자리잡고 있음을 분명하게 입증하는 것이다.

영적인 지도

목회자 가정에서 우선순위에 두어야 할 또 다른 측면은 자녀들의 영적인 지도이다. 모든 크리스천 부모들은 이와 같은 영적인 지도의 책임을 갖고 있다. 그러나 교인들은 목회자의 영적 지도에 또한 의존하고 있다. 피케이들이 자신의 목회자로 의지해야 할 사람은 누구인가? 목회자들이 자신들의 양떼를 먹일 것이라고 기대하지만 그들은 정작 자신의 자녀들을 그 양떼 가운데 포함시키는 일을 간과할지도 모른다. 목회자 자녀들은 목회자 부모들이 자신들의 영적인 필요를 돌봐야 한다고 하면서 가정예배의 중요성을 강조한다 :

* 교회 안의 교인들뿐만 아니라 자녀들의 영적인 생활에 대해서 무엇인가를 해 주십시오.

* 자녀들에게 하나님께 마음을 다하는 법을 가르치십시오. 막연히 그들이 영적으로 잘 성장할 것이라고 기대하지 마십시오.

* 자녀들을 수많은 상처와 기대로부터 보호하기에 충분한 능력이 있는 예수님과 활기차고 역동적이며 개인적인 관계를 맺을 수 있도록 해주십시오.

＊ 당신의 자녀가 날마다 하나님과 함께 개인적인 헌신의 걸음을 걸어가도록 도와주십시오.

＊ 자녀들이 구원받고 하나님과 함께 걸어갈 수 있는 기반을 다지기에 충분한 시간을 자녀들과 함께 보내십시오. 특별한 노력을 기울인 후에야 비로소 피케이들은 스스로 하나님을 알아가며 하나님과의 인격적인 관계를 확실히 맺게 될 것입니다. 정기적인 가정예배를 드리십시오.

영적으로 지도하라는 것은 영적으로 억압하라는 의미가 아니다. 피케이들은 신앙과 관련된 문제들에 대해 개인적으로 관심을 갖도록 도움을 받아야 할 뿐 강요당해서는 안 된다. 그들을 협박한다고 해서 그들이 하늘나라에 들어갈 수 있는 것은 아니다. 자발적으로 헌신하도록 기다려야 할 것이다.

＊ 자녀에게 신조와 성경과 기독교 윤리를 가르쳐야 할 필요가 있는 반면에, 그것들을 '억지로 목구멍에 밀어 넣어서' 결과적으로 그것에 대해 심한 거부감을 느끼게 해서는 안 될 것입니다.

＊ 자녀들과 많은 시간을 함께 보내며 그들이 종교와 인생의 다양한 면들을 탐구할 수 있게 해주십시오. 그들에게 신앙의 문제를 결단하라고 조급하게 강요하지 마십시오. 그것은 그들을 교회에서 멀어지게 할 뿐입니다.

이런 영적인 지도의 기초는 당연히 기도일 것이다. 목회자의 전 가족이 시간을 정해서 함께 모여 기도할 수 있다. 그러나 최소한 그들의 자녀

들을 하나님께 위탁하는 것이 부모의 책임이다:

* 한 가족이 모여서 함께 기도한다는 적극적인 결단은 반드시 필요한 것입니다. 흔들릴 수 있는 모든 것은 언젠가 흔들릴 것입니다. 문제가 발생하면 즉각적으로 인식하고 행동에 옮기십시오. 자녀들을 사랑해주며 그들을 위해 기도해 주십시오. 자녀들에게 마땅히 행할 주님의 길을 가르치십시오. 그리하면 늙어도 그것을 떠나지 않을 것입니다.

* 부모님은 나의 영적인 성장을 정기적으로 점검하셨고 혹시 나의 거친 부분들을 발견하기라도 하면 즉시 무릎을 꿇으셨습니다.

* 나는 당신이 사역의 길에 들어서기 전부터 당신의 배우자와 자녀들을(태어나기 전부터라도) 위해서 기도하기를 권면합니다.

* 매일 당신의 자녀들을 제단에 올려놓으십시오.

우리는 목회자 부모들이 자신의 자녀들을 소중히 여긴다는 사실을 표현할 수 있는 여러 가지 방법을 살펴보았다. 자녀들의 필요와 감정을 염두에 두고, 그들과 함께 시간을 보내며, 그들의 영적인 평안을 인도하는 것. 이러한 것들은 피케이들이 각각의 개인으로서, 그리고 크리스천으로서 안정된 정체감을 형성하도록 돕는 데 절대적으로 중요한 연결고리로서 서로 상호 작용한다.

크리스천이 소유할 인품의 진정한 모범

제9장에서 살펴봤듯이 목회자 가정에서의 외식은 피케이의 영적인 정체성에 심각한 피해를 입힐 수 있다. 목회자 부모 자신들의 삶이 극도의 모순으로 훼손되고 있을 때 그들은 과연 어떻게 자녀들에게 견고한 영적 지도를 해 줄 수 있을까? 목회자 자녀들은 부모가 자신들의 삶 속에 진정한 신앙의 모델이 되어주는 것이 얼마나 중요한가를 강조한다. 한 피케이에게 이 조건은 가족이 함께 보내는 시간의 '양' 이상으로 중요했다:

* 피케이들이 탈선하는 것은 부모들이 그들과 함께 시간을 보내지 않기 때문이라고 자주 강조하는 데 나는 그렇게 생각하지 않습니다. 오히려 부모가 확실한 사람이 되어서 하나님과 진정한 관계를 맺고, 사춘기와 같은 중요한 시기에 자녀들에 대해서 깊이 알며, 행복한 결혼생활을 해나가는 것이 훨씬 중요한 일일 것입니다. 피케이들에게는 헌신되고 자기 희생적인 삶의 방식에 대한 도전과 가르침이 필요합니다. 그들에게 사랑을 베풀면 그들은 열정적인 사람이 될 것입니다. 정작 그들을 파괴하는 것은 외식입니다.

외식적으로 행동하는 부모는 자녀들의 믿음생활에 아무런 기반도 제공해줄 수 없다. 그러나 자신이 설교한대로 실천하는 목회자는 자녀들에게 신뢰할 수 있는 역할 모델이 될 것이다.

사역이 단순히 하나의 역할일 수는 없다. 그리고 신앙생활은 도덕적인 연극 상연일 수 없다. 그것은 부모의 정체성이 자연스럽게 표출된 삶의 방식이어야 한다. 목회자 자녀들은 부모들이 '진실한' 사람이자 '진실한' 크리스천의 인품을 소유하고 있기를 원한다 :

* 당신의 자녀들에게 진실하고 그냥 그들을 사랑해 주십시오.

* 당신이 할 수 있는 한 진실하십시오. 하나님은 당신에게 사역의 소명을 주시기 훨씬 이전에 당신 자신이 되라고 부르셨습니다. 그리고 당신 역시 당신 가족의 모든 구성원이 진실할 수 있도록 해 주어야 합니다.

* 진실하지 않거나 꾸민 듯한 생활은 하지 마십시오.

* 자녀들에게 고매한 교훈과 가치관과 기준들을 가르치고 설명해 주십시오. 당신의 자녀들에게 하나님의 말씀이 얼마나 중요한가를 보여주십시오. 상황에 따라서 절충된 기준을 제시하지 마십시오. 자녀들은 회상할 때 부모님의 인품을 회상할 것입니다.

* "네 마음을 다하고 목숨을 다하고 뜻을 다하고 힘을 다하여 주 너의 하나님을 사랑하라. 네 이웃을 네 몸과 같이 사랑하라." 이것이 바로 기독교의 생활정신입니다.

목회자 부모들이 일관된 신앙으로 살아가지 않을 때 자녀들의 영적 발달에 괴리감을 갖게 할 수도 있다 :

* 성장기 때 집에서 드렸던 가정 예배는 정말 지겨웠습니다. 그 외의 시간

에는 우리 가정에서 기독교 신앙은 아무런 의미가 없는 것 같았습니다. 또한 부모님은 내게 한 번도 하나님과의 개인적인 관계에 대해서 물어보지도 않으셨습니다. 그러나 정말 흥미로운 것은 오늘날 내 삶에서 가장 어려운 부분이 바로 하나님과 개인적인 관계를 유지하는 것이라는 사실입니다. 나는 부모님이 실패했던 바로 그 부분에서 엄청나게 실패한 것입니다.

크리스천의 인품을 아주 잘 보여 줄 수 있는 증거는 부모의 결혼생활의 깊이이다 :

* 나는 목회자 가정에서 가장 중요한 것은 긍정적인 방식으로 삶의 실제적인 이슈들을 해결해 나갈 수 있는 견고하고 애정 있는 결혼생활이라고 생각합니다. 목회자 부부는 함께 즐거운 시간을 갖는 데 역점을 두며 자신들의 약점에 정직하게 직면하고 그들이 믿는 바대로 살아나가야 합니다.

목회자 자녀들은 부모가 자신들의 신앙을 지도해 주기를 원한다. 그러나 이런 지도는 그 가르침이 살아 있는 증거로 뒷받침될 때 영향력을 가질 뿐 그렇지 않은 경우 그 가르침은 공허하게 될 것이다. 그리고 그런 피케이들은 신앙에 헌신하는 데 상당한 갈등을 겪게 될 것이다.

다른 이들로부터 지지받기

부모의 잘못으로 피케이의 발달에 결함이 생겼다면 그 결함들은 지지와 지도를 제공해 줄 수 있는 교인들을 통해서 회복될 수 있다. 자녀들을 배려해 주는 부모와 지지해 주는 교인들 모두와 충분한 관계를 맺어온 목회자 자녀들은 목회자 가정에서 태어난 것에 대해서 진심으로 감사할 것이다. 그 외에 부모로부터 지지 받지 못했다고 느끼는 상황에 놓인 피케이들에게 타인들이 어느 정도 위안을 제공해 줄 수도 있다. 다음의 피케이는 자신의 중고등부 목사님이 인내를 갖고 자신에게 귀기울여 준 것에 대해서 감사하고 있다 :

* 나는 교회 일에 관여하시느라 눈코 뜰 새 없이 바쁜 부모님으로부터 방치된 듯한 이 공허감을 하나님이 메워 주시리라고 생각합니다. 나는 내가 놓쳤다고 생각했던 것들을 하나님이 풍성하게 채워주셨다고 느낀답니다. 성인이 된 이제야 나는 그런 시각을 갖게 되었고 그것의 진가를 인정할 수 있게 되었지요. 나는 내 말에 관심을 갖고 경청해주셨던 중고등부 담당 목사님으로부터 상당한 지지를 받았습니다. 바로 그것이 내가 필요로 했던 것이거든요. 그분의 지지는 내게 큰 도움이 되었습니다. 내가 반항기를 벗어나 하나님께로 되돌아 간 것은 바로 그분의 도움이 있었기 때문이었다고 확신합니다.

만일 목회자 자녀라는 사실이 보통 사람들과 다르다는 것을 의미한다면 다른 피케이들과 함께 모여서 서로를 지지해 준다는 것은 의미 있는 일일 것이다 :

* 비슷한 일을 겪어 온 아이들이 함께 모인다는 것은 멋진 일입니다.

* 지지 그룹은 반드시 필요합니다. 우리는 우리 혼자서 극복해서는 안 됩

니다. 피케이 캠프의 진가를 높이 평가하며, 그 캠프가 아니었더라면 하나님을 위해서 살아가며 그분의 뜻 안에서 행복해 하는 오늘날의 나는 존재할 수 없었을 것입니다.

＊ 피케이 캠프는 정말 대단합니다.

목회자와 교인들은 피케이들의 삶 속에서 자신들의 역할들을 고찰하는 것 외에도 그들을 위해서 지원 시스템을 개발할 수 있다. 피케이들을 위한 특수 캠프들은 소속감과 건전한 생각을 부여하는 데 괄목할 만한 성공을 거두어 왔다. 공동체 안의 또 다른 이들은 기꺼이 지지 그룹의 후원자가 될 수도 있다. 어떤 대안을 내놓든지 그런 노력은 목회자 자녀들의 독특한 요구들을 실제적으로 인정 해주는 것이 될 것이다.

전인성에 이르는 길

이 책의 목적은 바로 목회자 자녀들의 독특한 필요들을 인정해 주는 데 있다. 교인들과 목회자 후보생들은 사역 환경이 자녀의 정서 발달을 강화하거나 반대로 어렵게 만들 수 있는 특수한 장(場)임을 인식해야 할 것이다. 이 책의 각 장에서는 피케이의 세계를 이루고 있는 '생태학' 의 독특한 측면을 제시하는 데 전념했다. 만일 고통스러운 측면들이 상당히 강조되었다고 생각된다면 그 부분은 피케이로서 어떤 식으로든 침해를 받아온 이들이 대부분 공감과 희망을 필요로 했던 측면이기 때문이다. 첫째, 희망은 피케이들이 다른 이들과 비슷한 경험들을 공유했다는 사실을 인식하는 가운데 생겨난다. 나의 연구에 참여했던 일부 피케이들은 자신들의 경험이 독특한 것이 아니라는 사실을 알아야 할 필요가 있는 이들이었다. 그것은 그들이 약간 정신이 이상한 사람들이 아니라는 것을 의미한다. 또한 하나님이 모든 인간들 중에서 그들을 특수한 운명으로 고생하도록 선택하신 것이 아니라는 사실을 의미한다.

더 나아가 상처를 받아왔던 사람들 중에는 전인성에 이르는 길을 발견한 이들이 있다는 사실을 앎으로써 희망을 얻을 수 있다. 치유는 문제를 정직하게 인식하는 것과 더불어 시작되며 그 문제에 대해서 정직하게 감정적으로 느끼기 시작하면서 시작된다. 다음의 피케이는 교회를 향해 자신이 가지고 있는 매우 뿌리 깊은 분노를 발견했다. 비록 그는 자신이 느끼고 있는 분노를 숨김없이 표출하지는 않지만 최소한 자신이 느끼는 분노 자체를 부인하지는 않는다 :

* 근본적으로, 나는 지금까지도 '착한 피케이의 덫'에 빠져 있습니다. 지금 이 순간 나는 정말로 교회에 가는 것이 싫고 성경 공부나 교회의 가르침에 별로 가치를 발견하지 못하고 있습니다. 지금도 여전히 나는 교회라는 덫에 걸린 사람처럼 느껴집니다. 만일 내가 공공연하게 교회와 인연을 끊는다면 나는 우리 가족에게 어떤 비난이 가해질지 두렵습니다. 또한 내 자녀들이 어떻게 느끼게 될지도 두렵습니다. 과거를 회상하면서 "나는 교회와 가족 사이에서 동반 의존적인 공생 관계와 역기능적인 관계를 모두 발전시켜왔으니 얼마나 슬픈 일인가"라고 나도 모르게 읊조려지더군요. 나는 이것이 단지 피케이였기 때문에 생겨난 결과라고 생각지 않지만 내 경우에 피케이라는 사실이 아마도 그런 감정을 더욱 악화시킨 것 같습니다. 나는 화가 납니다. 이것은 내가 마침내 그 문제를 볼 수 있게 되었다는 점

에서 이 자체가 치료적이라고 생각합니다. 나는 이제야 비로소 나의 여정을 시작했다는 생각이 듭니다.

또 어떤 이들은 그와 같은 여정에서 더 나아간다. 그들은 종종 상담을 통해서 자신이 갖고 있는 진솔한 감정을 표현할 수 있는 능력을 터득하게 된다. 자신의 분노를 표출해내는 다음의 피케이는 용서의 과정에 돌입하기 시작했다. 비록 그녀가 자신의 궁극적인 목표에 도달하지는 않았지만 그녀 안에 점진적으로 이루어지는 정서상의 치유가 시작되었다는 것 그 자체가 희망의 메시지일 것이다:

* 나는 지금 어디에 서 있는가? 나는 조직화된 기독교에 대해 분노하며 냉소적으로 바라보았음에도 불구하고 하나님을 사랑하기 위해서 상당히 맹렬하게 싸워왔습니다. 그 싸움을 위해 내가 취한 무기는 나만의 치료법이 되었습니다. 그 무기는 하나님의 임재를 인식하는 것이었습니다. 나는 목회자 자녀로 성장하는 것이 내포하는 긍정적인 부분들을 점차적으로 인식해 나갔습니다. 사소한 일들에 대해서 분노했던 나의 이야기들을 표현했을 때 공감을 받았고 인정을 받았으며 그로 인해 나는 점차적으로 떠나보낼 수 있었습니다. 이렇게 불쾌하고 분노를 느끼는 시기가 지나면서 나는 부모님이 성자의 위치에 서 있었지만 동시에 그들도 한 인간이었음을 인식하고 차츰 용서하기 시작했습니다. 내게 너무 많은 것을 바랐던 그 외의 사람들 또한 용서하게 되었습니다. 더 나아가 여러 가지 단점을 가지고 있는 내 자신을 또한 용서하게 되었습니다. 내가 그분들을 용서하는 것이 내가 그렇게 해야겠다고 결심했기 때문이 아니라, 내가 과거에 받았던 상처들과 그로 인해 느꼈던 나의 부족한 부분들만을 느끼며 살기에 내 인생이 아직

너무 많이 남아 있기 때문입니다.

나는 아직도 우리 부모님이 내가 어떤 생각을 하고 있는지 모르셔야 한다고 보호하려는 생각을 갖고 있습니다. 그 사실은 내 마음속에 방금 스쳐 지나가는 생각이 가장 잘 표현해 줄 것 같습니다 : "나는 이 글이 절대로 우리 부모님 손에 들어가지 않기를 바랍니다." 내가 생각한 바를 솔직하게 그분들이 볼 수 있도록 하는 것이 어쩌면 내가 넘어야 할 마지막 장애물일지도 모르겠습니다. 아니면 내가 계속 풀어가야 할 과제이겠지요.

이 책에는 주제에 대한 결정적인 결론이나 조언을 하지 않았다. 수많은 목회자 자녀들의 직접적인 경험과 설명을 한 저자의 시각을 통해 다시 한 곳에 모아 둔 것이다. 여기에 제시된 견해들은 그 자체로 반성과 변화를 위한 촉매가 될 것이다.

연극 대본에 빗대어 볼 때 진정으로 위대한 대본은 결코 한 번에 써지는 것이 아니라 거듭 고쳐 써야 하는 것이다. 우리는 잠시 복습하기 위해서 커튼을 내렸다. 그러나 다시 커튼을 올려야 할 시간이 되었다. 다음 막이 시작된 것이다. 어떻게 그 막이 진행될 것인가? 우리는 비슷한 대사를 중얼거리며 비슷한 방법의 무대 연출을 지속할 것인가? 나는 필요한 부분에서 피케이들의 삶 속에 등장하는 목회자와 교인들의 역할을 수정하고 상연할 연극의 무대 장치를 변화시키는 데 이 책이 도움이 되기를 기도한다. 무엇보다 이 책을 통해 비극적인 대본대로 살아온 피케이들이 그 드라마의 다음 막에서는 하나님의 은혜로 치유의 해결책을 얻기 바란다.

Footnotes

미주

1) Thomas Maeder, *Children of Psychiatrists* (New York: Harper &Row, 1989), 49.
2) Kathy Cronkite, *On the Edge of the Spotlight* (New York: Morrow, 1981), 17.
3) Ibid., 18.
4) 특히 Erik Erikson, *Childhood and Society* (New York: Norton, 1963)와 *Identity: Youth and Crisis* (New York: Norton, 1968)를 보라.
5) Erikson, *Identity: Youth and Crisis*, 87.
6) Cronkite, *On the Edge of the Spotlight*, 263.
7) Alyene Porter, *Papa Was a Preacher* (New York: Abingdon-Cokesbury, 1944), 17.
8) Edward M. Friffin, *Jonathan Edwards* (Minneapolis: University of Minnesota Press, 1971), 6-7.
9) J. Lee Shneidman and Conalle Levine Shneidman, "Suicide or Murder? The Burr-Hamilton Duel," *Journal of Psychohistory* 8 (1980): 161.
10) Suzaannee Geisler, *Jonathan Edwards to Aaron Burr, Jr.: From the Great Awakening to Democratic Politics* (New York: Edwin Mellen, 1981), 108.
11) Jim Conway and Sally Conway, "What Do You Expect from a PK?" *Leadership* 5 (Summer 1984): 84.

12) Stephen Arterburn and Jack Felton, *Toxic Faith: Understanding and Overcoming Religious Addiction* (Nashville: Oliver Nelson, 1991).
13) Terry Pringle, *The Preacher's Boy* (Chapel Hill, N. C.: Algonquin, 1988).
14) Jim and Sally Conway, "What Do You Expect from a PK?" *Leadership* 5 (Summer 1984): 84.
15) 이와 유사한 논의는 Cameron Lee and Jack Balswick, *Life in a Glass House* (Grand Rapids: Zondervan, 1989)에서 찾아 볼 수 있다. 특히 제 3장의 '가족내의 가족'을 참조하라.
16) Daniel Stern, *The First Relationship: Infant and Mother* (Cambridge: Harvard University Press, 1977): 110-14.
17) Murray Bowen, *Family Therapy in Clinical Practice* (New York: Jason Aronson, 1978). 그 개념은 Lee and Balswick, *Life in a Glass House*에서 현저하게 나타난다.
18) Kathy Cronkite, *On the Edge of the Spotlight* (New York: Morrow, 1981), 192.
19) Carmen Rence Berry, *When Helping You Is Hurting Me: Escaping the Messiah Trap* (San Francisco: Harper &Row, 1988))과 Carmen Rence Berry and Mark Lloyd Taylor, *Loving Yourself as Your Neighbor* (San Francisco: Harper Collins, 1990) 참조.
20) Wiliam Douglas, "Minister and Wife: Growth in Relationship," *Pastoral Psychology* 12 (December 1961): 38.
21) Thomas Maeder, *Childern of Psychiatrists* (New York: Harper &Row, 1989), 50.
22) Cronkite, *On the Edge of the Spotlight*, 150.
23) D. W. Winnicott, *The Maturational Process and the Facilitating Environment* (New York: International Universities Press, 1965)를 참조하라. 또한 Bruno Bettelheim, *A Good Enough Parent* (New York: Alfred A. Knopf, 1988)를 참조하라.
24) Lyman C. Wynne, Irving M. Ryckoff, Juliana Day, and Stanly I. Hirsch, "Pseudo-Mutuality in the Family Relationship of Schizophrenics," *Psychiatry* 21 (1958): 205-20.
25) Theodore Lidz, Alice Cornelison, Dorothy Terry Carlson, and Stephen Fleck, "Intrafamilial Environment of the Schizophrenic Patient: The Transmission of

Irrationality," *Archives of Neurology and Psychiatry* 79 (1958): 305-16.
26) Alan E. Bayer, Laura Kent, and Jeffrey E. Dutton, "Children of Clergyman: Do They Fit the Stereotype?" *Christian Century* 89 (1972): 708.
27) William E. Hulme, Milo L. Brekke, and William C. Behrens, *Pastors in Ministry: Guidelines for Seven Critical Issues* (Minneapolis: Augsburg, 1985), 73.
28) Alyene Porter, *Papa Was a Preacher* (New York: Abingdon-Cokesbury, 1944), 17.
29) S. L. Carson, "Presidential Children: Abandonment, Hysteria and Suicide," *Journal of Psychohistory* 11 (1984): 534.
30) Erik Erikson, *Identity: Youth and Crisis* (New York: Norton, 1968), 172-76을 참조하라.
31) Ed Dobson and Ed Hindson, "Why Preachers' Kids Go Bad," *Fundamentalist Journal* 2 (May 1983): 12.
32) Ibid.
33) Louis Genevie and Eva Margolies, *The Motherhood Report* (New York: Macmillan, 1987), 5. 이 연구는 1985년 미국의 18세에서 80세 사이의 1,100명의 어머니들을 대상으로 실시한 조사에 기초한 것이다.
34) Murray Leiffer, *The Layman Looks at the Minister* (New York: Abingdon, 1947), 141.
35) John Pollock, *Billy Graham: Evangelist to the World* (San Francisco: Harper &Row, 1979), 141.
36) Ed Dobson and Ed Hindson, "Why Preacher' s Kid' s Go Bad," *Fundamentalist Journal* 2 (May 1983): 12.
37) Patti Roberts and Sherry Andrews, *Ashes to Gold* (Waco, Tex.: Word, 1983), 55.
38) David Edwin Harrell, *Oral Roberts: An American Life* (Bloomington: Indiana University Press, 1985).
39) Roberts and Andrews, *Ashes to Gold*, 86-87.
40) Anthony Holden, *Laurence Oliver: A Biography* (New York: Atheneum, 1988), 15를 재인용한 것임. 이 인용의 원래 출처는 1967년 BBC-TV의 Kenneth Tyman과의 인터뷰 내용이다.

41) Holden, *Laurence Oliver: A Biography*, 12ff를 참조하라.
42) Holden, *Laurence Oliver: A Biography*, 16에서 재인용 한 것임. 이 인용의 원래 출처는 Thomas Kiernan, *Sir Larry* (New York: Times Books, 1981)이다.
43) Peter Neubauer and Alexander Neubauer in *Nature's Thumbprint* (Reading, Mass: Addison-Wesley, 1990)에서 언급하고 있는 사례들을 그 예로 살펴 보라.
44) Walter Toman, *Growing Up Firstborn*, 3d ed. (New York: Springer, 1976).
45) Kevin Leman, *Growing Up Firstborn* (New York: Delacorte, 1989), 30.
46) 한 예로 Carmen Rence Berry, *When Helping You Is Hurting Me: Escaping the Messiah Trap* (San Francisco: Harper &Row, 1988)에서 특히 제2장을 참조하라.
47) 이와 관련된 현상을 *The Drama of the Gifted Child*라는 번역 작품에서 Alice Miller가 설명하고 있다. *Hildergaard Hannum and Hunter Hannum* (trans.) (New York: Basic Books, 1981).
48) 정신과 의사인 Stella Chess와 Alexander Thomas가 책임을 맡아 진행한 New York Longitudinal Study를 특히 참조할 것. Chess and Thomas, *Temperament in Clinical Practice* (New York: Guilford, 1986)와 보다 잘 알려진 그들의 저작인 *Know Your Child* (New York: Basic Books, 1987)을 참조할 것. 이 장에서 다룬 논쟁은 그들의 연구에 철저하게 입각하고 있다.
49) 그 예로 Chess and Thomas, *Known Your Child*의 제4장을 참조하라.
50) Ibid., 65-66.
51) David Ritz, *Divided Soul: The Life of Marvin Gaye* (New York: McGraw-Hill, 1985)를 참고하라.
52) 그와 같은 조사 연구에 대한 훌륭한 개론서로는 Henry B. Biller, *Paternal Deprivation: Family, School, Sexuality, and Society* (Lexington, Mass.: Lexington Books, 1974), and Michael E. Lamb, "Fathers and Child Development: An Integrative Overview," in *The Role of the Father in Child Development*, ed. Michael E. Lamb (New York: John Wiley, 1981), 1-70을 참조하라.
53) Michael E. Lamb, J. H. Pleck, and . A. Levine, "Effects of Increased Paternal Involvement on Children in Two-Parent Families," in *Men in Families*, ed. R. A. Lewis and R. E. Salt (Beverly Hills: Sage Publications, 1986).
54) 예를 들어서, Pauline Boss, "A Clarification of the Concept of Psychological Father Presence in Families Experiencing Ambiguity of Boundary," *Journal of*

Marriage and the Family 39 (1977): 141-51을 참조하라.
55) John Pollock, *Billy Graham: Evangelist to the World* (San Francisco: Harper &Row, 1979), 139-41.
56) Ivan Boszormenyi-Nagy and Geralding Spark, *Invisible Loyalties* (New York: Harper &Row, 1973) 참조.
57) Jerry Falwell, *Strength for the Journey: An Autobiography* (New York: Simon &Schuster, 1987), 268.
58) Pollock, *Billy Graham*, 145.
59) Ibid.
60) Ibid, 139에서 인용.
61) Paul Moody, *My Father: An Intimate Portrait of Dwight Moody* (Boston: Little, Brown 1938), 82-83.
62) William R. Moody, *The Life of Dwight L. Moody* (New York: Fleming Revell, 1900), 24.
63) Jim and Sally Conway, "What Do You Expect from a PK?" *Leadership* 5 (1984): 84.
64) Albert Schweitzer, *Memories of Childhood and Youth*, trans. C. T. Campion (New York: Macmillan, 1950), 9.
65) Ibid., 11.
66) 특히 "A Family Within a Family"에서 제3장을 참조하라. 또한 Edwin Friedman의 초기 연구인 *Generation to Generation: Family Process in Church and Synagogue* (New York: Guilford, 1985)를 참조하라.
67) William Hulme, *Managing Stress in Ministry* (San Francisco: Harper &Row, 1985), 5.
68) Ibid.
69) Suzanne Geisler, *Jonathan Edwards to Aaron Burr, Jr.: From the Great Awakening to Democratic Politics* (New York: Edwin Mellen, 1981), 86-87.
70) John Pollock, *Billy Graham: Evangelist to the World* (San Francisco: Harper &Row, 1979), 143.
71) Paul D. Moody, *My Father: An Intimate Portrait of Dwight Moody* (Boston: Little, Brown, 1938), 78.